DAS KOMPAKTE

REISE BUCH

UNTERWEGS IN SÜDTIROL UND DEN DOLOMITEN

Weltbild

UNTERWEGS IN SÜDTIROL UND DEN DOLOMITEN

Zu diesem Buch

Das Gebiet am Südrand der Alpen blickt auf eine bewegte Geschichte zurück. Immer noch erinnert vieles an die gemeinsame Vergangenheit, die die autonome italienische Provinz Bozen mit dem österreichischen Bundesland Tirol teilt. Zeugnis reicher Historie legen zahllose Burgen und Schlösser ab, prachtvolle Kirchen sind kunstgeschichtliche Kleinode. Doch natürlich steht Südtirol vor allem für grandiose Naturlandschaften: erhabene, schroffe Felszacken, steile Wände und alpine Matten – die landschaftliche Vielfalt der Dolomiten reicht vom Friulanischen, über Sexten und Ladinien und bis hin zum Etschtal. Diese wundervolle Welt südlich des Alpenhauptkamms besteht aber nicht nur aus hart erkämpften Gipfeln. Deutsch, Italienisch und Ladinisch – an diesem sprachlichen Dreieck leben Menschen, aus denen Berühmtheiten wie Reinhold Messner oder Luis Trenker hervorgegangen sind.

Inhalt

Oben: Auf dem Klettersteig Piazzetta ist nicht nur Trittsicherheit gefragt – schwindelfrei sollte man auch sein.

Links: Traditionelle Brettljause mit Schüttelbrot.

Bilder auf den vorherigen Seiten:
S. 2/3: Eine etwas außergewöhnliche Wandergruppe: Ziegen an der Oberkaseralm im Naturpark Texelgruppe.
S. 4/5: Blick auf die Drei Zinnen von Süden (Venetien) aus, dahinter liegt schon Trentino in Südtirol.

HIGHLIGHTS *

1 Bozen
Romantische Altstadtgassen, üppige Obst- und Gemüsemärkte und ein Museum mit dem weltberühmten »Ötzi«.

2 Meran
Ein legendärer Kurort, in dem schon Kaiserin Sisi gerne verweilte. Viel mediterranes Flair und jede Menge Jugendstil.

3 Schloss Trauttmansdorff
Die botanische Gartenanlage des Schlosses ist eine Erlebniswelt für die ganze Familie.

4 Messner Mountain Museum, Kronplatz
Futuristisches, von der Architektin Zaha Hadid entworfenes Bergsteigermuseum mit Panoramablick auf die Alpen.

5 Pragser Wildsee
»Perle der Dolomitenseen« in wildromantischer Lage. Im Sommer kalt, aber badefähig.

6 Naturpark Schlern-Rosengarten
Eine atemberaubende Landschaft und die größte Hochalm Europas (Seiser Alm) bietet das älteste Naturschutzgebiet Südtirols.

7 Dom zu Brixen
Der bedeutendste Sakralbau Südtirols beeindruckt durch romanische Fresken im Kreuzgang.

8 Kaltern und Kalterer See
Im milden Klima reifen hier Feigen und die berühmte Vernatsch-Traube. »Törggelen« ist hier ein Hochgenuss.

9 Canazei (Trentino)
Für Freunde der Lüftlmalerei ein Eldorado.

10 Churburg
Eine der besterhaltenen und meistbesuchten mittelalterlichen Burgen Südtirols.

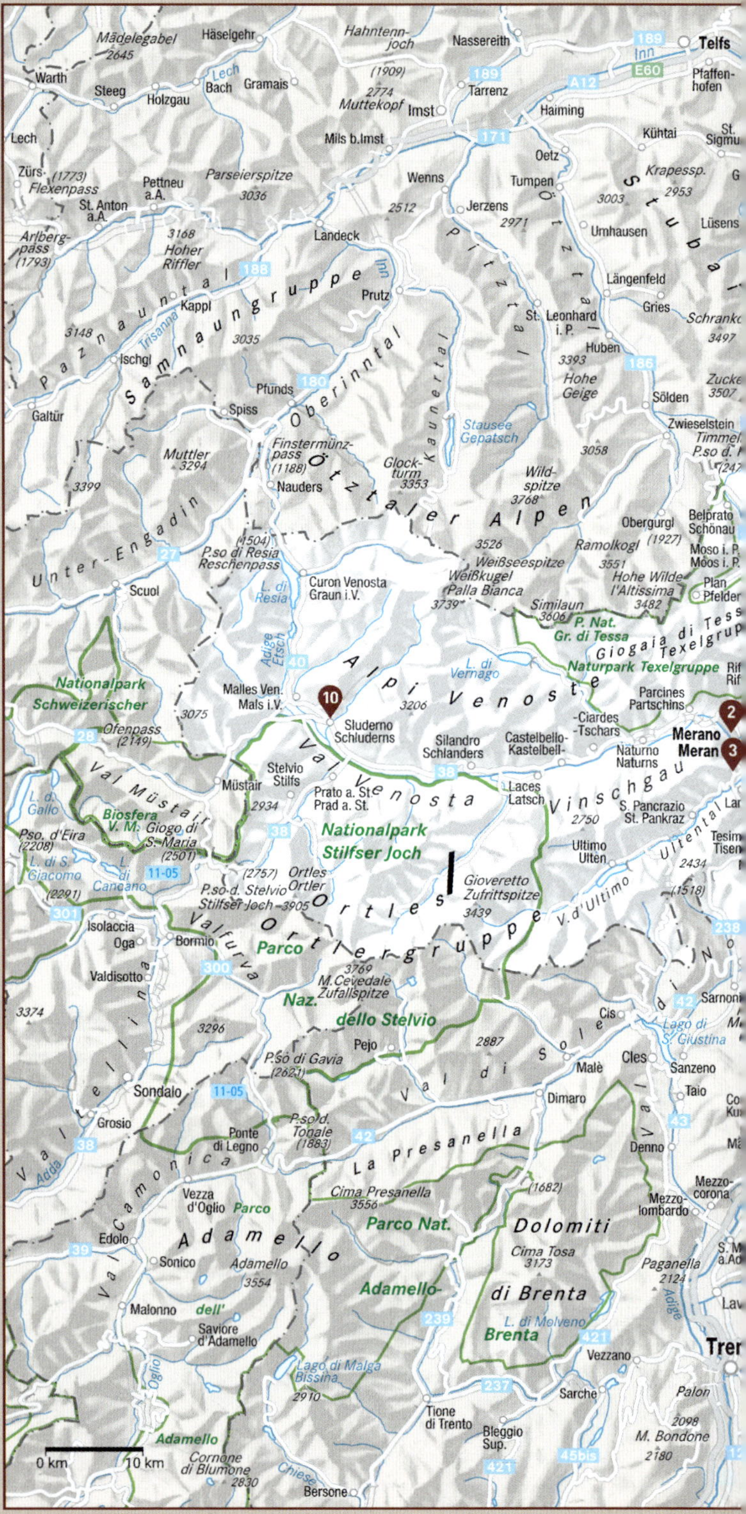

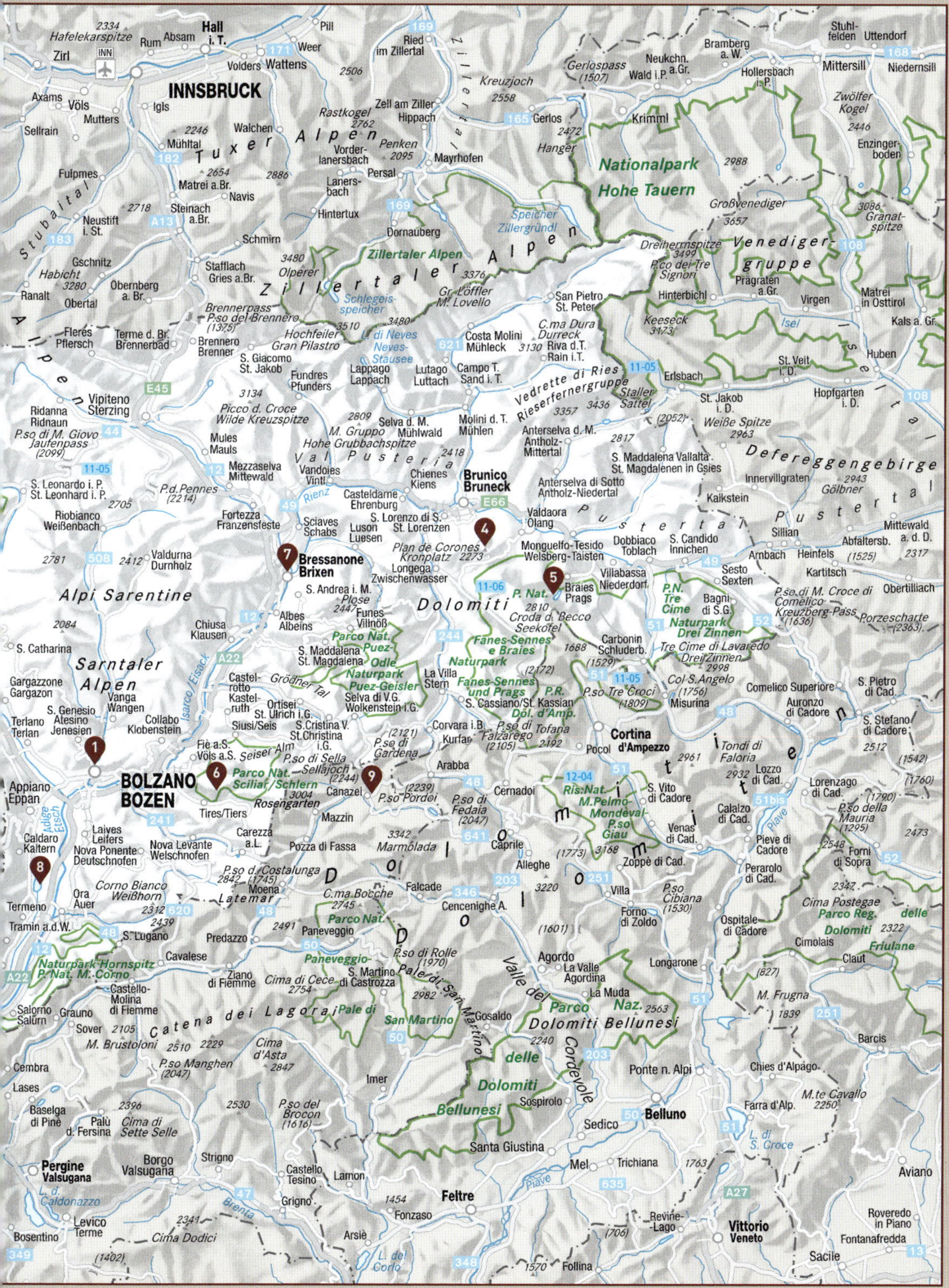
INNSBRUCK
Hall i. T.
Hafelekarspitze
Rum
Absam
Zirl
Pill
Weer
Volders
Wattens
Ried im Zillertal
Axams
Völs
Igls
Mutters
Sellrain
Mühltal
Walchen
Tuxer Alpen
Rastkogel
Zell am Ziller
Hippach
Vorderlanersbach
Penken
Mayrhofen
Fulpmes
Matrei a.Br.
Navis
Lanersbach
Persal
Stubaital
Neustift i. St.
Steinach a.Br.
Hintertux
Dornauberg
Schmirn
Gschnitz
Habicht
Obernberg a. Br.
Stafflach
Gries a.Br.
Olperer
Zillertaler Alpen
Zillertaler Alpen
Schlegeis-speicher
Gr. Löffler
M. Lovello
Ranalt
Obertal
Brennerpass
P.so del Brennero
Flerés
Pflersch
Terme d. Br.
Brennerbad
Brennero
Brenner
Hochfeiler
Gran Pilastro
L. di Neves
Neves-Stausee
S. Giacomo
St. Jakob
Fundres
Pfunders
Lappago
Lappach
Lutago
Luttach
Campo T.
Sand i. T.
Costa Molini
Mühleck
Riva d.T.
Rain i.T.
C.ma Dura
Durreck
San Pietro
St. Peter
Vipiteno
Sterzing
Ridanna
Ridnaun
P.so di M. Giovo
Jaufenpass
Picco d. Croce
Wilde Kreuzspitze
M. Gruppo
Hohe Grubbachspitze
Selva d. M.
Mühlwald
Molini d. T.
Mühlen
Vedrette di Ries
Rieserfernergruppe
Staller Sattel
Anterselva d. M.
Antholz-Mittertal
Mules
Mauls
Mezzaselva
Mittewald
Val Pusteria
Vandoies
Vintl
Chienes
Kiens
Brunico
Bruneck
S. Leonardo i. P.
St. Leonhard i. P.
P.d.Pennes
Riobianco
Weißenbach
Fortezza
Franzensfeste
Casteldarne
Ehrenburg
Sciaves
Schabs
Luson
Lüsen
S. Lorenzo di S.
St. Lorenzen
Anterselva di Sotto
Antholz-Niedertal
Valdaora
Olang
Plan de Corones
Kronplatz
Valdurna
Durnholz
Bressanone
Brixen
Longega
Zwischenwasser
Monguelfo-Tesido
Welsberg-Taisten
Alpi Sarentine
S. Andrea i. M.
Plose
Dolomiti
Braies
Prags
P. Nat.
Villabassa
Niederdorf
Dobbiaco
Toblach
S. Candido
Innichen
Chiusa
Klausen
Albes
Albeins
Funes
Villnöß
Croda d. Becco
Seekofel
Parco Nat. Puez-Odle
Naturpark Puez-Geisler
Fanes-Sennes e Braies
Naturpark Fanes-Sennes und Prags
Carbonin
Schluderb.
P.N. Tre Cime
Naturpark Drei Zinnen
Bagni di S.G.
Tre Cime di Lavaredo
Drei Zinnen
Sesto
Sexten
S. Catharina
Sarntaler Alpen
S. Maddalena
St. Magdalena
Gröden
La Villa
Stern
S. Cassiano/St. Kassian
P.R. Dol. d'Amp.
P.so Tre Croci
Misurina
Col S.Angelo
Comelico Superiore
Gargazzone
Gargazon
Vanga
Wangen
Castelrotto
Kastelruth
Ortisei
St. Ulrich i.G.
Selva di V.G.
Wolkenstein i.G.
Corvara i.B.
P.so di Falzarego
Tofana
Cortina d'Ampezzo
Auronzo di Cadore
S. Pietro di Cad.
S. Stefano di Cadore
S. Genesio Atesino
Jenesien
Terlano
Terlan
Collabo
Klobenstein
Siusi/Seis
S.Cristina V.
St.Christina i.G.
P.so di Gardena
Kurfar
Pocol
Tondi di Faloria
Fiè a.S.
Völs a.S.
Seiser Alm
P.so di Sella
Sellajoch
BOLZANO
BOZEN
Parco Nat. Sciliar/Schlern
Canazei
P.so Pordoi
Arabba
Cernadoi
Ris.Nat. M.Pelmo-Mondeval-P.so Giau
S. Vito di Cadore
Lozzo di Cad.
Lorenzago di Cad.
Appiano
Eppan
Rosengarten
Tires/Tiers
Mazzin
P.so di Fedaia
Calalzo di Cad.
P.so della Mauria
Caldaro
Kaltern
Laives
Leifers
Nova Ponente
Deutschnofen
Nova Levante
Welschnofen
Carezza a.L.
Pozza di Fassa
Marmolada
Caprile
Venas di Cad.
Pieve di Cadore
Forni di Sopra
P.so di Costalunga
Alleghe
Zoppè di Cad.
Perarolo di Cad.
Corno Bianco
Weißhorn
Moena
Latemar
C.ma Bocche
Falcade
Cencenighe A.
Villa
P.so Cibiana
Termeno
Ora
Auer
Forno di Zoldo
Ospitale di Cadore
Cima Postegae
Parco Reg. delle Dolomiti Friulane
Tramin a.d.W.
S. Lugano
Parco Nat.
Paneveggio
Predazzo
Cimolais
Cavalese
Paneveggio-Pale di San Martino
P.so di Rolle
Agordo
La Valle Agordina
Longarone
Claut
Naturpark Hornspitz
P. Nat. M. Corno
Ziano di Fiemme
Cima di Cece
S. Martino di Castrozza
Pale di San Martino
Valle del Cordevole
La Muda
Parco Naz. Dolomiti Bellunesi
M. Frugna
Castello-Molina di Fiemme
Salorno
Salurn
Grauno
Catena dei Lagorai
Pale di San Martino
Gosaldo
Sover
M. Brustolon
Cima d'Asta
P.so Manghen
Nationalpark Dolomiti Bellunesi
Barcis
Cembra
Imer
Ponte n. Alpi
Chies d'Alpago
Lases
Sospirolo
Farra d'Alp.
M.te Cavallo
Baselga di Pinè
Palù d. Fersina
Cima di Sette Selle
P.so del Brocon
Belluno
Sedico
L. di S. Croce
Santa Giustina
Pergine Valsugana
Borgo Valsugana
Strigno
Castello Tesino
Lamon
Mel
Trichiana
Aviano
L. di Caldonazzo
Brenta
Grigno
Feltre
Fonzaso
Piave
Revine-Lago
Vittorio Veneto
Roveredo in Piano
Levico Terme
Cima Dodici
Arsiè
Fontanafredda
Bosentino
L. del Corlo
Follina
Sacile
Gerlospass
Neukchn. a.Gr.
Wald i.P.
Bramberg a. W.
Hollersbach i. P.
Stuhlfelden
Uttendorf
Mittersill
Niedernsill
Kreuzjoch
Gerlos
Krimml
Hanger
Zwölfer Kogel
Enzingerboden
Nationalpark Hohe Tauern
Speicher Zillergründl
Großvenediger
Venedigergruppe
Granatspitze
Dreiherrnspitze
P.co dei Tre Signori
Prägraten a.Gr.
Hinterbichl
Virgen
Matrei in Osttirol
Isel
Keeseck
Kals a. Gr.
St. Veit i. D.
Huben
Iseltal
Erlsbach
Hopfgarten i. D.
St. Jakob i. D.
Weiße Spitze
Defereggengebirge
S. Maddalena Vallalta
St. Magdalenen in Gsies
Innervillgraten
Gölbner
Kalkstein
Pustertal
Sillian
Mittewald a. d. D.
Abfaltersb.
Arnbach
Heinfels
Kartitsch
Obertilliach
P.so di M. Croce di Comelico
Kreuzberg-Pass
Porzescharte
Alpen
Alpen
Dolomiten
Eisack/Isarco
Rienz
Adige/Etsch
Plose

Die schönsten Reiseziele

Gleich drei italienische Provinzen werden in Teilen vom gewaltigen Gebirgsmassiv der Dolomiten beherrscht: Südtirol, Trentino und Venetien. Die landschaftliche Vielfalt des steinigen UNESCO-Weltnaturerbes offenbart sich in steilen Felswänden und dazwischen liegenden Tälern mit warmen Seen, die zum Baden einladen. In dem erstaunlich milden Klima reifen Trauben, Kirschen und Kakis; Kastanienbäume locken mit schattigen Rastplätzen. In dieser wundervollen Welt südlich des Alpenhauptkamms leben Menschen am Schnittpunkt dreier Sprachen, die bedeutende kunsthistorische Schätze geschaffen haben. Die hiesigen Wintersportler gehören zu den besten der Welt, und Südtiroler – man denke an Luis Trenker oder Reinhold Messner – haben Geschichte geschrieben. In den Städten wird an dreisprachigen Universitäten gelehrt und in zahlreichen Museen darf gestaunt werden.

Südtirol

Wenn es im Herbst kalt wird, in gemütlichen Gastwirtsstuben bei gebratenen »Keschten« (Kastanien) und einem Glas Wein in geselliger Runde zusammensitzen, Wandern, Skifahren, Baden oder eine von 800 Burgen besuchen und Kirchen bestaunen: Die Südtiroler Regionen Vinschgau, Burggrafenamt, Wipptal, Eisacktal, Salten-Schlern, Bozen, Überetsch-Unterland und Pustertal laden ein – mit einer überwältigend schönen Landschaft, viel Kultur und Geschichte, einer herzlich-bodenständigen Gastfreundschaft und jeder Menge Entschleunigung.

Vinschgau

Die Hänge gegenüber dem höchsten Berg der Ostalpen, dem Ortler, sind so steil, dass es fast kein Halten gibt. Und dennoch haften die Bergbauernhöfe wie Schwalbennester an den Abhängen. Darunter fließt munter die Etsch, der zweitlängste Fluss Italiens, durchs Tal und immer weiter gen Süden. Von dort kommend bauten einst die Römer ihre Via Claudia Augusta den Fluss entlang über den Reschenpass bis ins schwäbische Augsburg. Klöster, Kirchen und Burganlagen erinnern noch heute an die vergangenen Zeiten.

Unterwegs im Vinschgau

Der obere Teil des Etschtals mit seinen Seitentälern ist eine der vielfältigsten Regionen Südtirols. Die mächtigen Ausläufer der Ötztaler Alpen im Norden, die Sesvennagruppe im Westen und die Ortler-Alpen im Süden überragen ihre malerischen Dörfer, Seen und Wälder.

Einsam ragt der romanische Kirchturm des 1950 gefluteten Dörfleins Graun aus dem Reschensee.

*** Reschensee

Nördlich von St. Valentin wurde 1950 der Reschensee aufgestaut, um Strom gewinnen zu können. Sein Wasser treibt jetzt über einen 12 Kilometer langen Stollen die Turbinen eines Kraftwerks in Schluderns an. Der See selbst ist etwa 6 Kilometer lang und an der breitetesten Stelle rund 1 Kilometer breit, das Wasservolumen beträgt 120 Millionen Kubikmeter. Bei seiner Stauung versenkte man das gesamte Dorf Graun und einen Großteil des Dorfs Reschen, 163 Häuser wurden zerstört und 523 Hektar fruchtbarer Kulturboden überflutet.Am Rand des Stausees baute man in den 1950er-Jahren ein neues Dorf Graun auf. Vom historischen Ort zeugt bis heute der kurios aus dem Wasser ragende Turm der Pfarrkirche. Er ist ein begehrtes Fotomotiv und Touristen tummeln sich am Ufer scharenweise, wenn sie auf dem Weg über den Reschenpass in den Süden hier Halt machen.

** Burgeis

Hauptattraktion des zur Gemeinde Mals gehörenden Dorfs ist das Kloster Marienberg. Man erreicht es von hier aus in einem etwa halbstündigen Spaziergang oder auf einer kleinen Fahrstraße. Nicht versäumen sollte man allerdings auch die Besichtigung des im Jahr 1160 erstmals urkundlich erwähnten, 1201 Meter hoch gelegenen Ortes selbst, der wie kein zweiter im Vinschgau durch sein gut erhalten gebliebenes, gelungen saniertes Erscheinungsbild überzeugt. Idealer Ausgangspunkt ist der Dorfplatz mit dem Michaelsbrunnen und dem seit 1655 in Familienbesitz befindlichem Gasthaus »Zum Mohren«. Sehenswert sind die romanische Pfarrkirche St. Nikolaus am nördlichen Dorfrand und die am südlichen Rand gelegene, im Jahr 1280 von den Churer Fürstbischöfen errichtete Fürstenburg. Sie beherbergt heute eine Fachschule für Land- und Forstwirtschaft.

* Mals

Ihren Aufstieg zum wirtschaftlichen und verwaltungspolitischen Zentrum des Obervinschgaus verdankt die Marktgemeinde der im Jahr 1906 eröffneten, in Mals endenden Vinschgauer Eisenbahn. Besonders malerisch ist das Ortsbild am Oberen Marktplatz mit dem Ansitz Lichtenegg und schönen Gasthöfen.

*** St. Benediktkirche** Wertvolle karolingische Fresken birgt das Innere der um das Jahr 800 vermutlich als Filialkirche des Klosters in Müstair gegründeten, am Westrand von Mals gelegenen Kirche St. Benedikt. Diese gehören zu den ältesten im deutschen Sprachraum.

** Glurns

Im Jahr 1519 machten die Stadtherren von Glurns ihren Mäusen den Prozess. Anklage und Verteidigung hatten das Wort, dann mussten

Der ruhige Anblick trügt: Hohe Windstärken machen den Reschensee in jeder Saison zu einem Paradies für Kitesurfer und Eissegler.

Altarraum der Dorfkirche St. Pankratius bei Glurns.

einer Überlieferung zufolge die Nager aus den mittelalterlichen Stadtmauern »in freiem Geleit« in die Schludernser Leitn hinüberziehen. In Schluderns war man darüber nicht erfreut, doch gegen die Bürger von Glurns und die über ihrem Ort ansässigen Herren der Churburg hatten die Bauern nichts zu sagen. Die Macht von Glurns, der heute kleinsten Stadt Südtirols, wurzelte im Salzhandel, dessen Wege entlang der Etsch gen Norden über den Reschenpass und gen Westen in die Schweiz führten. Mit den Mäusen fanden sich die Schludernser dann irgendwann ab. Sind die Glurnser auf ihr Städtchen mit der vollständig erhaltenen Stadtmauer, den Lauben und den herbstlichen »Seala-Markt«, den Seelenmarkt, stolz, so sind es die Schludernser auf ihre Burg – seit über 500 Jahren in Händen der Adelsfamilie Trapp.

**** St. Pankratius** Südlich von Glurns steht auf einer kleinen Anhöhe die Pfarrkirche St. Pankratius. Besondere Beachtung verdient das Außenfresko an der Nordwand des Glockenturms, eine Darstellung des Jüngsten Gerichts (1496).

Abtei Marienberg

Seit mehr als 900 Jahren folgt das Leben in der Abtei Marienberg den Regeln des heiligen Benedikt. Als Stiftung der Edlen von Tarasp im 12. Jahrhundert gegründet, ist die auf etwa 1350 Meter Höhe über dem Dorf Burgeis thronende Anlage die höchstgelegene Benediktinerabtei der Welt. Ihre ersten Äbte und Mönche kamen aus dem süddeutschen Kloster Ottobeuren. Der Bau des festungsartigen weißen Klosters mit seinen hohen Mauern, Türmen und Zinnen geht zurück auf den Abt Matthias Lang aus Weingarten, unter dessen Ägide es zu Beginn des 17. Jahrhunderts eine enorme Blüte erlebte. Besonders sehenswert ist die im Jahr 1160 geweihte und etwa 15 Jahre später ausgemalte Krypta der Klosterkirche – eine der bedeutendsten Schatzkammern romanischer Freskokunst.

Die Passstraße Stilfser Joch ist für Radfahrer eine sportliche Herausforderung.

Nur in den Sommermonaten zugänglich: das »Bärenbad«, ein Badeteich in Sulden am Fuße des Ortlers.

* Schluderns

In Schluderns beginnt der Süden, sagt man im Vinschgau. Wahrzeichen des Ortes, dessen Name auf der zweiten Silbe betont wird, ist die am Sonnenberg über dem Dorf thronende Churburg mit ihren charakteristischen Schwalbenschwanzzinnen. Im 13. Jahrhundert errichtet, ist sie der best erhaltene Wehrbau des Landes. Das Ortsbild schmückt am Großen Platz eine Statue des »Pseyrer Josele« (Josef Pichler, 1765–1854), der als Jäger auf der Churburg tätig war und 1804 als Erster den Ortlergipfel bestieg. Das Vintschger Museum im Dorfzentrum zeigt Ausstellungen zu den Themen Schwabenkinder und Waalwege und präsentiert auch archäologische Funde der Bronze- und Eisenzeit. Auf den umliegenden Wiesen finden im Sommer die Südtiroler Ritterspiele statt.

*** St. Katharina** Am Friedhof von Schluderns, auf dem unter anderem der Ortlerbezwinger Josef Pichler begraben liegt, steht die Pfarrkirche St. Katharina, von derem romanischem Vorgängerbau noch der wuchtige Glockenturm mit seinem gemauerten Viereckhelm erhalten ist. Im Inneren des spätgotischen Baus – im 20. Jahrhundert erweitert – erinnern Totenschilde und Grabdenkmäler an die Grafen von Trapp.

*** Nationalpark Stilfser Joch

Steinböcke springen von Stein zu Stein, Gämsen grasen, Murmeltiere pfeifen, Bäche rauschen, Gletscher funkeln, Alpenrosen leuchten: Willkommen in einem der größten Nationalparks Europas, dem 134 600 Hektar umfassenden und bereits 1935 gegründeten Nationalpark Stilfser Joch. Der Adler, sein Wahrzeichen, kreist hier über vier Provinzen, von denen eine Südtirol ist. Aus der zweiten Provinz, dem Trentino, wanderte der Bär wieder ein, und wegen der von ihm erlegten Schafe fluchen die Hirten auch in den Provinzen von Sondrio und Brescia. Von den 650 Meter hoch gelegenen Talböden im Vinschgau bis auf den Gipfel des Ortlers (3905 Meter) weist der Park alle alpinen Klimazonen auf. Und weil er an andere große Naturparks angrenzt, hat sich auch ein weiterer ehemaliger Bewohner wieder eingefunden: der Wolf.

*** Panoramastraße Stilfser Joch

Sie gilt als »Königin der Passstraßen« und ist nicht nur für Autofahrer und Motorradfans ein Erlebnis: Mit ihren 49,24 Kilometern windet sich die Stilfser-Joch-Passstraße in engen Haarnadelkurven den Berg hinauf. Zwischen den Kurven beruhigen spektakuläre Ausblicke, etwa wenn sich das Ortler-Massiv im Süden zeigt. Bis auf 2700 Meter Höhe führt die Serpentinenstraße die Menschen in die Berge, in denen oft ein gewaltiger Temperaturunterschied herrscht, so kommt der Niederschlag im Sommer oft noch als Schnee herunter. Dass die Kehren derart lang sind, begründet sich historisch – erbaut wurde die Passstraße 1820 von Ingenieur Carlo Donegani für Pferdefuhrwerke. Damals gehörte die Lombardei noch zum österreichischen Kaiserreich und sollte auf diese Weise angeschlossen werden. Bis heute hat sich an der Streckenführung kaum etwas geändert.

*** Suldental

Klaustrophobisch darf man in Sulden nicht veranlagt sein, sonst drückt der laut Sage schlafende Riese des Ortlers (3905 Meter) aufs Gemüt und ängstigt die Menschenmengen im Tal. War der Weiler Sulden (1905 Meter) vor 50 Jahren noch Heimat weniger bäuerlicher Großfamilien, so verfügt die Skihochburg heute über 2000 Gästebetten, nimmt mit Freude Tagestouristen auf und beherbergt eines von Reinhold Messners fünf Bergmuseen sowie seine Yakherde. In den Ort zu Füßen des höchsten Bergs der Ostalpen kommen die Besucher wegen der schneesicheren Lage, wegen der schier endlosen Wanderwege oder wegen der grandiosen Kulisse, gebildet von insgesamt 70 3000ern und über 100 Gletschern.

Die Landschaft des Nationalparks Stilfser Joch hat viele Gesichter.

Pfarrkirche St. Katharina in Schluderns.

Die Churburg

Strategisch günstig am Eingang des Matscher Tales gelegen, erhebt sich hoch über dem Dorf Schluderns auf einem schon in vorgeschichtlicher Zeit besiedelten Bergsporn eine der besterhaltenen Burganlagen Südtirols. Errichtet wurde der zinnengekrönte Bau ab der Mitte des 13. Jahrhunderts unter Heinrich von Bontfort, dem Bischof von Chur, zu dessen Bistum der Vinschgau bis zum Jahr 1816 gehörte. Ab 1297 brachten die gegen den Bischof konkurrierenden Vögte von Matsch die Festung in ihren Besitz, seit 1504 gehört sie dem Geschlecht derer von Trapp, die die Anlage im Renaissancestil umbauten und erweiterten. Architektonisches Juwel ist der Loggienhof mit seinem freskierten Arkadengang, weltberühmt die Rüstkammer – die größte Sammlung ihrer Art in Familienbesitz.

Blühende Apfelbäume mit der Wallfahrtskirche Maria Lourdes in Laas.

Mit ihrer weiß gekalkten Fassade weithin sichtbar: St. Ägidius in Kortsch.

Der Mittelpunkt des Vintschgaus: Schlanders.

** Laas

Seinen Beinamen »Marmordorf« verdankt das erstmals im Jahr 1209 urkundlich erwähnte Laas dem bereits seit dem 15. Jahrhundert aus den umliegenden Bergflanken gebrochenen, mit ausgeklügelter Technik ins Tal gebrachten und dort zu Rohblöcken, Platten und Marmorstaub verarbeiteten reinweißen Gestein. Dieses wird für seine enorme Wetterbeständigkeit gerühmt und soll qualitativ hochwertiger sein als der ungleich bekanntere Carrara-Marmor. Höhepunkt eines Stadtrundgangs ist die Besichtigung der mit originalen mittelalterlichen Werkstücken rekonstruierten Apsis der auf einen romanischen Vorläuferbau zurückgehenden Pfarrkirche. Einen kleinen Spaziergang lohnt am nordwestlichen Ortsausgang die auf einer kleinen Anhöhe hinter einer Umfassungsmauer gelegene vorromanische Kirche St. Sisinius, eine der ältesten Kirchen im Vinschgau.

* Kortsch

Wahrzeichen von Kortsch ist die sich oberhalb des Dorfs an die Felsen des Sonnenbergs schmiegende, mit romanischen und gotischen Fresken geschmückte Kirche St. Ägidius. Prunkstück der Pfarrkirche im hübschen Ort selbst ist ein spätgotischer Flügelaltar (um 1520) aus der Werkstatt Hans Schnatterpecks.

*** Schlanders

Geografisches, administratives und wirtschaftliches Zentrum im Vinschgau ist die Marktgemeinde Schlanders (knapp 6000 Einwohner). Deren erste schriftliche Erwähnung wird auf das Jahr 1077 datiert (zunächst als »Schlanderes«, ab 1101 als »Schlanders«). Die Ursprünge der heute auch die Ortschaften Kortsch, Göflan, Sonnenberg, Nördersberg und Vetzan umfassenden, teils auf dem Gebiet des Nationalparks Stilfser Joch liegenden Gemeinde reichen aber noch viel weiter zurück: bis in die Jungsteinzeit. Das Ortsbild überragt die Pfarrkirche Mariä Himmelfahrt, deren von einem gotischen Spitzhelm gekrönter Kirchturm mit 97 Metern der höchste in ganz Südtirol ist. Außerdem sehenswert: die gotische Spitalkirche in der mit ihren vielen Läden und Einkehrmöglichkeiten zur Fußgängerzone erklärten Hauptstraße, der heute das Rathaus beherbergende Ansitz Freienturm am Plawennplatz und die sich am nördlichen Ortsrand erhebende Schlandersburg (um 1600) mit ihrem hübschen zweigeschossigen Arkadenhof.

*** Martelltal

Eingerahmt von den hohen Bergspitzen der westlichen Ortlergruppe, hat das Martelltal wie kaum ein anderes Tal Südtirols seinen ländlichen Charakter bewahrt. Unterhalb des Zufrittstausees und des einst umkämpften Cevedale-Gletschers leben gerade mal 900 Einwohner, die sich heute teilweise auf den Gemüseanbau spezialisiert haben. Etwa 50 Bauern produzieren auf den höchstgelegenen Erdbeeranbaugebieten Europas bis auf 1800 Meter Höhe 900 Tonnen jährlich. Wenn die Erdbeersaison vorbei ist, werden hier die Bergerdbeeren erst reif und erzielen gute Preise. Im Winter verlocken die 3000er zu beiden Seiten des Tals Skitourengänger zu herrlichen Pulverschneefahrten.

* Latsch

Schon früh bildete die am Eingang des Martelltals, zwischen Kastelbell-Tschars und Schlanders auf einem der für den Vinschgau typischen Murkegel gelegene Marktgemeinde Latsch einen wichtigen Verkehrsknotenpunkt: Hier traf die vielbegangene Handelsroute vom Nonsberg über das Ultental auf die Römerstraße Via Claudia Augusta im Vinschgau. So entwickelte sich der Ort zu einem wichtigen kulturellen Zentrum, dessen bedeutendster Kunstschatz der spätgotische, in den Jahren 1517 bis 1520 entstandene und nahezu vollständig erhaltene Flügelalter des schwäbischen Meisters Jörg Lederer in der Spitalkirche zum Heiligen Geist ist. Erst 1992 entdeckte man bei Restaurierungsarbeiten im Altar der Bichlkirche einen etwa 5000 Jahre alten marmornen Figurenmenhir mit Ritzzeichnungen. Westlich des Ortskerns, an der Hauptstraße, steht der barocke Ansitz Mühlrain.

Impressionen des Martelltals: ein durch die Schneeschmelze reißender Wildbach.

Ortlergruppe

Nach den Dolomiten ist die Ortlergruppe, ein den Vinschgau gen Süden abgrenzendes, 50 Kilometer langes und 40 Kilometer breites Gebirge, die meistbesuchte Region der Ostalpen. Mehr als 70 Gipfel der überwiegend in den Nationalpark Stilfser Joch integrierten Ortlergruppe erreichen die 3000er-Marke. Am höchsten ragt der 3905 Meter hohe, Ortler auf: Erstmals bezwungen wurde das mächtige Felsmassiv, bei dem es sich der Sage nach um einen versteinerten Riesen handelt, im September 1804 von Josef Pichler, einem Gämsenjäger und Bergführer aus dem Passeirertal. Weitere Hauptgipfel: Königsspitze (3851 Meter), Monte Cevedale (3769 Meter), Monte Zebrù (3735 Meter), Palon della Mare (3703 Meter), Thurwieserspitze (3652 Meter) und Trafoier Eiswand (3565 Meter).

Ötzi

Über 5300 Jahre lag ein rund 40-jähriger bewaffneter Mann unbeachtet unter dem Eis der Ötztaler Alpen im hintersten Winkel des Schnalstals. Bis zum 19. September 1991, als Wanderer seine eisige Ruhe störten. Durch Eispickel zerhackt, auf das kleinste Bakterium im Darm studiert und schlussendlich den Schaulustigen im Bozner Archäologiemuseum

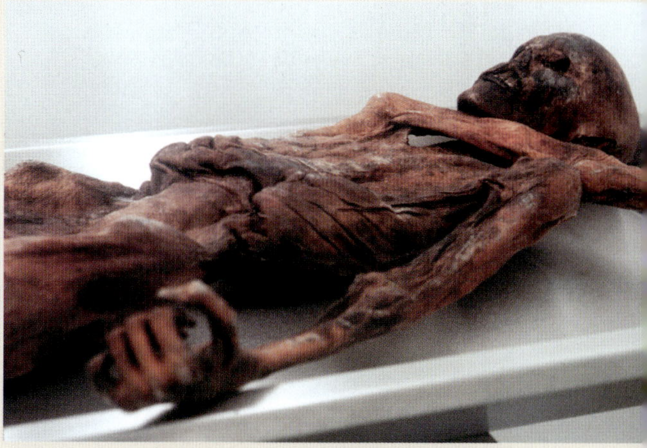

tiefgekühlt entblößt präsentiert – das konnte nur in einem Fluch des Mannes vom Hauslabjoch enden: Bisher starben sieben Menschen, die mit ihm, dem Ötzi, zu tun hatten. Unter ihnen sein deutscher Entdecker Helmut Simon und der Wissenschaftler Konrad Spindler. Doch Forscher kennen keine Furcht, weshalb die Eismumie weiterhin Jahr für Jahr unter die Lupe genommen wird. Pfeile mit Feuersteinspitzen, ein Bogen aus Eschenholz, eine wertvolle Kupferaxt, Kleider und Schuhe aus Bärenhaut, Hirschleder und Ziegenfell, Verletzungen und Tätowierungen sowie der Zustand der Zähne geben Anlass zu weiteren Spekulationen. 300 000 Museumsbesucher zieht der Steinzeitmann jährlich an.

Einst Burg, heute Schloss: Kastelbell, umgeben von Weingärten.

Malerisches Martelltal: Apfelbäume in Blütenpracht und eine Burgruine als Kulisse.

Auch das Renaissanceschloss Goldrain war zunächst eine mittelalterliche Burganlage.

* Schloss Goldrain

Nordwestlich von Latsch ähnelt das vieltürmige Schloss Goldrain von Weitem einer Burg. Bereits im 14. Jahrhundert stand hier auch ein wehrhafter Wohnturm, den die Grafen Hendl von Goldrain später im Stil der Renaissance zu ihrem geräumigen Stammsitz erweiterten. 1606/1607 wurde das Schloss von einer Ringmauer mit vier 20 Meter hohen, wuchtigen Rundtürmen umgeben. Heute hat hier nach umfangreichen Renovierungsmaßnahmen das Bildungszentrum des Vinschgaus seinen Sitz.

** Schloss Kastelbell

Malerisch auf einem senkrecht abstürzenden Felsen direkt über der zur Doppelgemeinde Kastelbell-Tschars führenden Talstraße erhebt sich am linken Ufer der Etsch das erstmals im Jahr 1238 erwähnte, aber wohl schon früher entstandene Schloss Kastelbell. Errichtet wurde es für die Herren von Montalban, ein einstmals sehr mächtiges, zu Beginn des 13. Jahrhunderts von den Grafen von Tirol bekämpftes Adelsgeschlecht. Sein heutiges Aussehen erhielt das Schloss in der ersten Hälfte des 16 Jahrhunderts: Nach mehrfachem Besitzerwechsel ging es im Jahr 1531 als Pfandlehen an die Grafen Hendl über, die die ursprüngliche Anlage erheblich veränderten und erweiterten. In den Jahren 1813 und 1824 durch Brände zerstört, bauten die Grafen nur einen kleinen Teil des Schlosses zu Wohnzwecken wieder auf. Inzwischen restauriert und in Landesbesitz, wird es heute für kulturelle Veranstaltungen genutzt. Eine Besichtigung verdeutlicht auch gut den architektonischen Übergang von einer Burg zum Schloss.

** Schloss Juval

Umgeben von den ältesten Fresken im deutschen Sprachraum, Ruinen historischer Siedlungsstätten, Schlössern und Burgen, wird Kultur in Naturns zum Erlebnis. Die Fresken von St. Prokulus zählen zu den bedeutendsten vorkarolingischen Kunstschätzen in Mitteleuropa. Oberhalb des Ortes zeigt sich das Zusammenspiel von Kultur und Natur: Der erfolgreichste Bergsteiger aller Zeiten ist dort Burgherr geworden: »Die Natur der Berge und Kulturgut aus der ganzen Welt bewahren und pflegen«, umreißt Reinhold Messner die Vision, die auf dem geschichtsträchtigen Hügel Juval Wirklichkeit geworden ist und Schloss Juval selbst im burgenreichsten Fleckchen Europas eine Sonderstellung verleiht. Glückliche Fügung: Juval liegt direkt am Eingang des Schnalstals, mitten im einstigen Lebensraum der über 5000 Jahre alten Gletschermumie »Ötzi«.

Texelgruppe, in deren Tälern sich dichte Wälder und leuchtende Seen verstecken.

*** Naturpark Texelgebirge

Spricht man vom größten der sieben Naturparks Südtirols, so ist von »Wasser und Licht« die Rede. Es ist der Kontrast zwischen den trockenen, sonnendurchfluteten Lärchenwäldern im Süden und Westen und den schattigen Fichtenwäldern im niederschlagsreicheren Norden und Osten, der die Texelgruppe kennzeichnet. Doch genauso machen die strahlend blauen Seen und der wolkenlose Himmel die Vielfalt des insgesamt 33 000 Hektar umspannenden Naturparadieses aus. Oder der formenreiche Gegensatz zwischen der submediterranen Talstufe um Meran (200 Meter) und der Hochgebirgsregion um Roteck (3337 Meter) und Hohe Weiße (3318 Meter). Erleben kann man dies alles am besten entlang des Meraner Höhenwegs. Allein mit Lust und Laune ausgestattet, mag es fast schon genügen, um die wenigen Höhenunterschiede entlang von Wasserwaalen und alpinen Steigen zu bezwingen – und die Ruhe inmitten der Ötztaler Alpen zu genießen.

Schnalstal und Pfossental

Seit dem Fundjahr 1991 ist das Schnalstal vom Ötzi nicht zu trennen. Aber dieses steile und meisterschlossene Tal des Vinschgau ist mehr als nur »ArcheoParc Schnals«, ein großes Museum mit Freigelände, das den Lebensraum des Mannes aus dem Eis vorstellt. Am Talende, hinter den hoch gelegenen (1953 Meter) Kornhöfen von Kurzras, direkt an der Waldgrenze, befinden sich die Schnalstaler Gletscherbahnen – das erste Sommergletscherskigebiet Südtirols. Etwas tiefer ist der riesige Vernagtstausee angelegt worden. Er sammelt alles Wasser, das von den Ötztaler Alpen als der größten Massenerhebung der Ostalpen hier zu Tal fließt. Das größte Seitental vom Schnalstal ist das Pfossental. Ein Teil des Meraner Höhenwegs führt hier durch und der Ausblick auf die Texelgruppe ist berauschend.

Burggrafenamt

Ihren Namen trägt diese Region nicht etwa aufgrund einer großen Anzahl von hier errichteten Burgen, sondern weil sie im Mittelalter dem Burggrafen von Tirol unterstand. Landschaftlich geprägt vom Lauf der Etsch und mit der Kurstadt Meran als Zentrum herrscht hier an der Südseite der Alpen ein submediterranes Klima mit durchschnittlich 300 Tagen Sonnenschein. Beste Voraussetzungen für wunderschöne Sommer, leuchtende Herbsttage und milde Winter.

Unterwegs im Burggrafenamt

Das Herz des Burggrafenamtbezirks schlägt ohne Frage in der Kurstadt Meran mit ihrem mediterranen Flair. Aber die Region bietet noch mehr: großartige Bergrouten, beste Weinanbaugebiete und jede Menge Burgen und Schlösser und sogar einen Nationalhelden.

Mit spektakulären Aussichten wird man auf der Timmelsjoch-Hochalpenstraße belohnt.

Passeiertal

Das Jahr 1810 ist das Todesjahr des bedeutendsten Tiroler Freiheitshelden, Andreas Hofer. Der bärtige Kaufmann und Kämpfer stammte vom heute noch bewirtschafteten Sandhof im Passeiertal zwischen Sarntaler Alpen und Texelgruppe. Mehrmals befehligte er erfolgreich die Bauernschützen gegen die einfallenden Heere der Franzosen und Bayern. Als Tirols Kurzzeitregent mit Sitz in Innsbruck verbot der konservative Hofer den Frauen die Zurschaustellung unbedeckter Haut und setzte Sittenwächter zur Kontrolle ein. Verraten vom österreichischen Kaiser, musste er schließlich den Feinden weichen. Er versteckte sich, bis erneuter Verrat zur Verhaftung und Erschießung in Mantua führte. Bis heute wird Andreas Hofer verehrt. Das Tal selbst entfaltet seine landschaftliche Schönheit von Meran bis zu den alten Bergstollen der Stubaier Alpen.

** Dorf und Schloss Tirol

Die Namen Süd- und Nordtirol kennt fast jeder, den Ursprung des Namens dagegen fast niemand. Nach dem Überfall auf einen Botenzug zum Papst wurde der Sitz der mächtigen Grafen von Hocheppan vom Kaiser vernichtet und damit der Weg zur Macht für die Grafen von Vinschgau geebnet. Diese hatten vor dem 11. Jahrhundert in der Nähe von Dorf Tirol, der ältesten Siedlung im Land an der Etsch, Schloss Tirol errichtet und Mitte des 12. Jahrhunderts auch den Namen übernommen. Im 13. Jahrhundert wurden sie während der Blütezeit des Adelsgeschlechts Tirol unter Meinhard II. geeint. Das unterhalb der Burg liegende Meran wurde dabei Hauptstadt. 1420 ging das gesamte Gebiet in den Besitz der Habsburger über. Heute ist Schloss Tirol Sitz des Südtiroler Landesmuseums für Kultur- und Landesgeschichte und mit Dorf Tirol ein wahrer Besuchermagnet.

*** Timmelsjoch

Die spektakuläre Timmelsjoch-Hochalpenstraße über den 2491 Meter hohen Pass verbindet das Passeiertal mit dem österreichischen Ötztal. Sie wird zu Recht als Erlebnisstraße bezeichnet, die besonders Motorradfahrern Fahrspaß und Kurvenfeeling bietet. Der Pass ist Österreichs höchstgelegener Straßengrenzübergang und einer der höchsten Alpenpässe. Seit Baubeginn 1933 unter dem italienischen Diktator Benito Mussolini dauerte es bis 1968, ehe die Verbindung als Mautstraße in beide Richtungen freigegeben werden konnte. Beliebt und gefürchtet ist die Ausflugsstraße von Radfahrern, die hier auf 30 Kilometern rund 1800 Höhenmeter zu überwinden haben! Im Rahmen eines architektonischen Straßenprojektes, das sich »Timmelsjoch-Erfahrung« nennt, informieren beeindruckende und auffällige Architekturskulpturen am Straßenrand über die zwei Grenztäler.

*** Schenna

Auf den vorgeschobenen Rücken des Burggrafenamts lebt es sich am schönsten. Ein weiter Blick lädt zum Träumen über das Etschtal ein, Passeirer- und Vinschger-Wind hielten früher die Mücken der Talbodensümpfe fern und sorgen im Sommer auch heute für angenehme Luft. In dieser einmaligen Landschaft schmiegen Dorf und Schloss Tirol sich an die Südhänge der Texelgruppe, östlich der Passer stützen sich Dorf und Schloss Schenna an die Ausläufer von Ifinger und Hirzer. Besitzer von Schloss Schenna sind die Grafen von Meran als Nachkommen von Erzherzog Johann von Österreich, der mit seiner gar nicht-standesgemäßen Frau Anna Plochl für Aufregung sorgte und mit ihr im nahen Mausoleum beigesetzt ist. Die zahlreichen Besucher des Schlosses erfahren dort alles über den weitverzweigten Stammbaum des Adelsgeschlechts und können die größte private Andreas-Hofer-Sammlung bestaunen.

Algund

Wer vom Vinschgau kommend an der Geländestufe der Töll über den Meraner Talkessel blickt, ist beeindruckt: Ein üppiges grünes Becken breitet sich aus, die Berge treten zurück, Weinberge, Obstgärten, Wiesen und Felder überziehen weitläufig die Geländeterrassen, dazwischen liegen Dörfer, Weiler, einzelne Bauernhöfe, Kirchen, Burgen. Gegen Süden zieht die Etsch als silbernes Band durchs breite Tal, zu Füßen des Zweigestirns von Hirzer und Ifinger liegt die Kurstadt Meran, und im Vordergrund breitet sich sonnenverwöhnt das Dorf Algund aus, durch die hohen Berge der Texelgruppe geschützt. Viele Wanderwege schlängeln sich rund um Algund, lohnend ist ein Spaziergang auf dem Waalweg, am Bewässerungskanal entlang bis vor die Tore von Meran. Sehenswert sind die vielen Kirchen, das altehrwürdige Kloster Maria Steinach und die Burg Forst, von der die nahe Brauerei, eine der bedeutendsten Italiens, den Namen übernommen hat.

Die Burg gab dem Land seinen Namen: Schloss Tirol, Residenz der Landesfürsten.

Direkt über dem Meraner Stadtteil Obermais und gegenüber von Dorf Tirol liegt der Ort Schenna.

*** Meran

Meran ist – gleichermaßen vom Klima und der Anmutung her – eine sehr mediterrane Stadt und liefert ein komplettes Rundumpaket: Neben den Kuren, die hier genossen werden können, bietet die Stadt auch so einiges für das Auge. Gesehen und gesehen werden ist hier die Devise und gilt nicht nur für Sehenswürdigkeiten. An der Pfarrkirche steht lebensgroß der heilige Nikolaus und deutet mit erhobenem Finger durchs Bozner Tor hinaus zur Passer, als wolle er sagen: »Bürger von Meran, passt auf ihre Fluten auf!« Die Schäden von früher sind vergessen, seit flussaufwärts Staubecken die Wassermengen regulieren. Die eleganten Laubengeschäfte stammen aus der Zeit um 1420, als Meran Landeshauptstadt war, und lassen kaum ahnen, dass sich hier früher Kuhställe befanden. Entlang der Passer wird jetzt sorgenlos promeniert, in den nahen Geschäften geshoppt, im Kursaal getanzt und im Jugendstiltheater applaudiert. Das milde Klima beglückt die 37 000 Einwohner große Stadt (Südtirols zweitgrößte nach Bozen), die deshalb seit Jahrhunderten von Persönlichkeiten wie Kaiserin Elisabeth besucht wird. »Sisi« residierte in Schloss Trauttmansdorff inmitten des wunderschönen Botanischen Gartens. Im 2015 eröffneten Palais Mamming Museum wird die Stadtgeschichte Merans aufbereitet. Abgesehen vom bezaubernden Flair des barocken Gebäudes beeindrucken die nach modernsten pädagogischen Leitlinien präsentierten Objekte.

Das Kurhaus von Meran an der Passer-Promenade.

Kirche St. Nikolaus in Meran.

Kuren und promenieren

Ist kein Thermalwasser da, wird danach gebohrt. So tief und kostspielig wie eben nötig, und wenn es bis zur Magma reicht, denn das heilende Wasser ist für die Kurstadt Meran ein Muss und es verdankt ihm den über die Landesgrenzen bekannten Ruf. Das Kuren begann hier nach den Empfehlungen eines Habsburger Leibarztes 1837. Aber nicht irgendwelchen Wassers wegen, sondern weil Trinkkuren mit Molke und Trauben, vor allem aber das milde Etschtalwetter dem adeligen Körper und Geist Wohlempfinden schenkten. Die Noblesse reiste seit 1850 per Bahn an, gefragt waren Licht-, Luft- und Dampfbäder, Massage und Heilgymnastik, Inhalations- und pneumatische Therapien. Am wichtigsten wurden und sind nach wie vor die gegen Herzkrankheiten und Gelenkbeschwerden erfolgreichen Terrainkuren wie Wandern. Auf den vielen Spazierwegen und Promenaden zeigte sich immer mehr großstädtisches Kurpublikum, unter anderem Rainer Maria Rilke, Franz Kafka und Stefan Zweig.

Via Giuseppe-Verdi-Straße
Via Monte Benedetto
Hauptstraße
Jaufenstraße - Via Giovo
Via Purenweg
LAZAG
LAZAGO
Schlendweg
Via Salita Silvana
Segenbühelweg
Monte Benedetto
514
Sankt-Franziskus-Straße
Via San Francesco
Karl-Wolf-Straße - Via Karl Wolf
Via Vittorio-Alfieri-Str.
Via J. W. Goethe-Straße
Sessellift - Seggiovia
Feuerwehr
Vigili del Fuoco
SS44
Klosterstraße - Via Monastero
Galileo-Galilei-Straße
Via Galileo Galilei
Zenoburg
11
Vinschgauer Tor
Kapuzinerkirche
Chiesa dei Capuccini
10
1
Landesfürstliche Burg
Castello Principesco
Via Ortenstein
Vicolo Ortenstein
Lazagsteig - Vicolo Lazago
Via Mainardo
Via Alpini
Alpinistraße
Otto-Huber-Straße - Via Otto Huber
Scuole Elementari San Nicolò & Leonardo da Vinci
Musikschule
Scuola di musica
Rathaus
Municipio
Museum
Museo
St. Barbara
8
Stadtmuseum
Museo civico
Passer - Passirio
Ortensteingasse
Parco Rosegger Park
St.-Georgen-Str.
Via San Giorgio
Vergilstraße - Via Virgilio
2
Kunsthaus
Pfarrkirche St. Nikolaus - Duomo San Nicolò
Passeirer Tor
Freiheitsstraße - Corso della Libertà
3
Teatro Puccini Theater
9
Bozner Tor
Rennw. - V. delle Corse
Maria Himmelfahrt
Kurhaus
4
Vigili del Fuoco
Feuerwehr
Sankt Georg
San Giorgio
Evangelische Kirche -
Chiesa Evangelica
Passerpromenade - Passeggiata Lungo Passer
Thermenplatz -Piazza delle Terme
5
Spitalkirche zum Heiligen Geist
Via Cavourstr.
Passer - Passirio
A.-Manzoni-Straße - Via A. Manzoni
Jüdisches Museum
Museo Ebraico
Kurbad Terme
Schloss Winkel
Castello Winkel
F. Petrarca-Straße - Via F. Petrarca
V. Ugo-Foscolo-Str.
6
Via Friedrich-Schiller-Str.
Feuerwehr Vigili del Fuoco
Piavestraße - Via Piave
Via Giuseppe-Garibaldi-Str.
Romstraße - Via Roma
Via F. Innerhofer-Str.
Via Anne-Frank-Str.
Via Schafferstraße
Parkgasse Via Parco
Parco Monte Tessa -Texelpark
Scuola elementare G. Galilei -Grundschule O. v. Wolkenstein
Texelstraße - V. Monte Tessa
G.-Leopardi-Str.
Maiastraße - Via Maia
Weingartenstraße Via Vigneti
Karl-Grabmayr-Straße
Via Karl Grabmayr
Maiser Park
Parco Maia
Via Winkelweg
Via Fluggigasse
Romstraße
Via Tobias-Brenner-Str
Karl-Grabmayr-Straße - Via Karl Grabmayr
Via Schafferstraße
Via Enrico-Toti-Straße
Tennisstr.
Via Tennis
Sent. Marlengo
Piavestraße - Via Piave
Romstraße - Via Roma
Maiastraße - V. Maia
F.-Defregger-Str.
Via F. Defregger
G.-Parini-Strasse
Via G. Parini
Lorbeerg.
Vic. del Lauro
Waalweg
Via dei Campi
Vic. della Roggia
Hl. Kreuzg.
Via S. Croce
St.-Katharina-Straße - Via St. Caterina
Pferderennplatz Untermais -Ippodromo Maia Bassa
UNTERMAIS
MAIA BASSA
Sybillastraße
Via Sibilla
Mittelweg
Via di Mezzo
Maria-Trost-Straße -
Via S. M. del Conforto
Lorbeergasse
Vic. del Lauro
Schallhofweg - Via Schallhof
7
Via delle Palade
Pfarrgasse
Via Adige
Via J. Mayr Nusser

Merans Laubengasse wurde im 13. Jahrhundert auf Geheiß des Grafen von Tirol erbaut.

1 ** Landesfürstliche Burg Die relativ kleine Burg im Herzen der Stadt Meran ließ Erzherzog Sigmund von Österreich Ende des 15. Jahrhunderts erbauen. Im 16. Jahrhundert erfolgte eine Umgestaltung. Die Inneneinrichtung stammt aus der Gotik bzw. der Renaissance. Zu sehen sind eine Waffensammlung und eine Sammlung historischer Musikinstrumente.

2 ** Laubengasse Zu einem Stadtbummel lädt die Meraner Laubengasse ein, die vom Pfarrplatz zum Kornplatz führt. Die Besonderheit der Häuser, die durchweg sehr schöne Fassaden mit Erkern besitzen, ist der Laubengang, durch den man an den Schaufenstern entlangspazieren kann. Torbögen geben interessante Einblicke in hübsche Höfe. Die heutige Hauptgeschäftsstraße Merans bot schon im Mittelalter einen ganz ähnlichen Anblick.

3 ** Stadttheater Das Bühnenhaus wurde vom Münchner Architekten Martin Dülfer entworfen, ein Vertreter des deutschen Jugendstils. Die Fassade des 1900 eingeweihten Baus ist klassizistisch geprägt, das Innere hingegen schwelgt in Jugendstildekorationen. Das Haus wird nur bei Gastspielen bespielt.

Südtiroler Landesmuseum

In dem wunderschönen Schloss Trauttmansdorff, umgeben von seinen paradiesischen Botanischen Gärten, die allein schon einen Ausflug wert sind, befindet sich ein weiteres Highlight: Das Südtiroler Landesmuseum für Tourismus – das »Touriseum«. In lebendig inszenierten Räumen können sich die Besucher auf eine spannende Zeitreise begeben, die 200 Jahre Tourismusgeschichte aufdeckt. Den Höhepunkt bildet ein Parcours mit 20 Räumen, der wie eine Reise durch diese lange Geschichte führt. In dem Erlebnismuseum erzählen Mechanische Theater, detailgetreue Modelle und Filme dem Besucher die Historie aus der Sicht der Reisenden wie der Bereisten. Neben der Hauptausstellung werden auch zahlreiche Sonderausstellungen zu verschiedenen Themen gezeigt.

4 * Mariensäule Die Mariensäule aus weißem Marmor erhebt sich inmitten der kleinen Grünanlage am Sandplatz. Sie wurde 1706 zum Dank dafür errichtet, dass die Stadt während des Spanischen Erbfolgekrieges (1701–1714) verschont blieb.

5 * Heiliggeistkirche Das gotische Kirchlein wurde 1271 als Kapelle für ein heute nicht mehr existierendes Spital außerhalb der Stadtmauern errichtet. Bei einem Hochwasser der Passer wurde es im 15. Jahrhundert zerstört und dann neu errichtet. Sehenswert ist das gotische Portal mit einer Marienstatue mit Kind; im Innern stellen Fresken die dramatische Überschwemmung dar.

6 * Jüdisches Museum und Synagoge Die Synagoge entstand 1901, zu einer Zeit, als jüdische Ärzte stark dazu beigetragen hatten, den Ruf Merans als Kurort im Bild der Weltöffentlichkeit zu festigen. In ihrem Untergeschoss ist heute ein Museum untergebracht, das die Geschichte der jüdischen Gemeinde Merans sowohl zu ihrer Blütezeit – als unter anderem Franz Kafka hier als Kurgast weilte – als auch in der Zeit der Verfolgung und Deportation während des Zweiten Weltkriegs dokumentiert.

Speck aus Meran

Bei einer Reise durch Meran darf man es nicht verpassen, die lokalen Speisen und Spezialitäten der Stadt und der Region zu testen, und vor allem zu genießen – denn sie sind Ausdruck einer gelebten Kultur, die eng mit dem Land verbunden ist. Neben Äpfeln, die nicht nur im Essen, sondern auch in Kosmetika vorkommen, und Weintrauben als Grundlage exzellenter Weine ist vor allem auch der Speck ein wichtiger Bestandteil der regionalen Küche und eine Köstlichkeiten. Er erhält durch das Gütesiegel »Südtiroler Markenspeck g.g.A.« seine Qualitätsgarantie. Man verarbeitet ihn in vielen Gerichten, unter anderem in Knödeln. Der mild geräucherte Rohschinken reift mindestens 22 Wochen, die Methoden des Lufttrocknens und Räucherns werden hier also kombiniert.

Blick von der eleganten, im Jugendstil 1909 errichteten Postbrücke auf die Passer und die Meraner Altstadt.

7 * Schloss Trauttmansdorff** Ein kleines Paradies liegt fast in Sichtweite von Meran: Zwischen Palmen, Feigen- und Orangenbäumen hat sich schon Kaiserin Sisi erholt. Der 12 Hektar große Park mit seinen Teichen, dem Schloss und den 80 Gartenlandschaften zählt zu den schönsten Anlagen seiner Art in Italien. Immer wieder entdecken Besucher Neues, wenn sie zwischen den Bäumen wandeln, etwa einen Hexengarten ganz nah am Schloss mit Giftpflanzen und merkwürdigen Schnitzereien, die ein wenig an Voodoo erinnern. Oder eine wackelige Abenteuerbrücke. Oder den Matteo Thun'schen Gucker – eine Aussichtsplattform, bei der die Besucher wie auf einem riesigen Fernglas im Himmel zu schweben scheinen. Zwischendurch fasziniert die Gartenkunst, ob am nördlichsten Olivenhain Italiens oder bei den fast senkrecht bepflanzten Lehmwänden. Sogar eine kleine asiatische Teeplantage gibt es. Grandiose Ausblicke auf die Stadt Meran und die umliegende Bergwelt inklusive!

8 ** Stadtpfarrkirche St. Nikolaus Die dreischiffige gotische Kirche erhebt sich am Ende der Laubengasse. Ihr Turm ist mit seinen 83 Metern einer der höchsten Kirchtürme in Südtirol. In ihrer heutigen Form wurde das Gotteshaus 1465 geweiht. Auch die Innenausstattung hat sich rein gotisch erhalten.

9 ** Kurhaus Der ältere Teil des Kurhauses wurde 1874 eröffnet. Doch heute wird der Gesamteindruck vom 1913/14 neu gebauten Trakt dominiert, zu dem auch die Rotunde und der Große Kursaal gehören. Der neue Trakt wurde von Friedrich Ohmann entworfen, einem Vertreter der Wiener Secession und Meister des Jugendstils. Schön ist auch die Lage des Kurhauses an der Passerpromenade.

10 * Frauenmuseum »Evelyn Ortner« Das privat betriebene Museum illustriert anhand von Alltagsgegenständen 200 Jahre Frauengeschichte – weiblichen Lebensalltag im Haushalt wie im Berufsleben. Natürlich wird auch den Themen Mode und Schönheitsideale breiter Raum zugestanden. Nicht nur für das weibliche Geschlecht ein kleines Museumsjuwel!

11 * Zenoburg Die Anfänge der Burg reichen in die spätrömische Zeit zurück. Sie wurde errichtet, um den Zugang zum Passeiertal zu kontrollieren. Im Mittelalter fanden Wallfahrten zur dem heiligen Zeno geweihten Kapelle statt. Graf Meinhard II. ließ im 13. Jahrhundert die Anlage befestigen, die fast 100 Jahre der Stammsitz der Tiroler Grafen war.

Begehbare Erlebniswelt: die Botanischen Gärten von Schloss Trauttmansdorff.

Die Pfarrkirche von Niederlana birgt einen einzigartigen spätgotischen Hochaltar.

*** Hafling

Hummeln brummen in bunten Blütentupfen der sattgrünen Wiesen, in der Ferne leuchtet der Schnee der Gipfel der Texelgruppe, und vorn bietet die romanische Kirche St. Kathrein Schutz – das Dorf Hafling auf der Hochterrasse vor Merans Hausberg Ifinger gleicht einem Postkartenidyll. 1200 Meter hoch gelegen, hat es schon immer ideale Voraussetzungen geboten, hier kühle Sommer zu verbringen. Noch heute kommen die Gäste gerne vor allem zum Wandern hierher – zwischen alten Gehöften mit heugedeckten Dächern, alten Kirchen und bewachsenen Weihern ziehen sie ihres Wegs. Die 800 Einwohner starke Gemeinde, die aus vier kleinen Dörfern besteht, hat sich inzwischen zu einem beliebten Wintersportort entwickelt, vor allem bei Familien. Sie liegt rund 10 Kilometer von Meran entfernt. Berühmt geworden aber ist sie vor allem wegen des nach ihr benannten Pferdes.

** Schloss Lebenberg

In Oberlana, nahe der Seilbahnstation zum Vigiljoch, erreicht man über den anfangs steil ansteigenden Waalweg Lana-Marling das in aussichtsreicher Lage thronende Schloss Lebenberg. Im 13. Jahrhundert für die Herren von Marling errichtet, gaben sich danach in der etliche Male um- und ausgebauten Anlage mehrere adlige Besitzer die Klinke in die Hand, darunter die begüterten Grafen Fuchs von Fuchs-

Schloss Lebenberg im Etschtal – eine von über 400 Burgen und Schlösser in Südtirol.

berg, deren Familie im Jahr 1828 ausstarb. Das heute restaurierte Schloss mit Torturm, Wohn- und Wirtschaftsgebäuden befindet sich in Privatbesitz, kann jedoch zum größten Teil besichtigt werden. Sehenswert sind die Kapelle mit gotischen Fresken, mehrere im Originalzustand erhaltene Räume mit Waffensammlung und kostbaren Einrichtungsgegenständen. Ein großes Wandbild zeigt zwölf Generationen und 264 Angehörige des Stammbaums der Familie Fuchs. Zum Schloss gehören auch schöne Gärten und malerische Innenhöfe.

** Lana

Von 100 Südtiroler Äpfeln reifen zehn in der Marktgemeinde Lana. Die Bäume gedeihen in den Etschauen, die vor allem beim Bau der Bahnlinie Bozen-Meran um 1850 trockengelegt wurden. Daher ist es kein Wunder, dass sich Südtirols Obstanbaumuseum mit Dauerausstellung zum Wandel des Etschtals im Ort befindet. Den besten Blick über das heutige Tal bietet die Fahrt über den Gampenpass. Hauptsehenswürdigkeit ist in der außen schmucklosen Pfarrkirche der ab dem Jahr 1503 errichtete Flügelaltar, mit 14,10 Metern Höhe einer der größten erhaltenen seiner Art. Geschaffen hat das Werk der schwäbische Meister Hans Schnatterpeck, der in Meran eine florierende Werkstatt mit mehreren Holzschnitzern, Malern und Tischlern betrieb. Lana bietet das ganze Jahr viele Veranstaltungen, unter anderem die Blütenfesttage.

Haflinger Pferde

Kein Adler, kein Löwe sondern ein braunes Pferd vor einer grünen Tanne ziert das Wappen der Gemeinde Hafling. Sie ist untrennbar mit der Südtiroler Pferderasse verbunden. Die kleinwüchsigen Tiere mit der goldenen Mähne waren ideal für die Arbeit auf der Alm: Kräftig, ausdauernd, leistungsstark und nicht anspruchsvoll im Futter. Obwohl sie nach dem Ort Hafling benannt sind, stammen sie doch eigentlich aus dem Vinschgau, dort hatte ein Bauer eine Stute aus der Region mit einem arabischen Halbblut gekreuzt und 1874 so den Stammvater aller Haflinger gezüchtet. Heute finden Besucher die Pferde auf vielen Weiden. Früher transportierten sie Lasten über die Alpen, heute sind sie reine Freizeit- und Reittiere. Die Trittsicherheit wissen die Feriengäste bei Ausritten zu schätzen.

Einst war hier eine heidnische Kultstätte, heute grüßt in Hafling das Kirchlein St. Kathrein.

Bilderbuchlandschaft: Der Falschauer Bach bei St. Gertraud im Ultental.

** Tisens und Prissian

Südlich von Lana wird das Etschtal von der dem Mendelkamm vorgelagerten Tisener Mittelgebirgsstufe flankiert, über die einst der historische Fernhandelsweg verlief, als der Talboden der Etsch noch versumpft war. Eine recht steile Straße hinauf zu den malerisch zwischen Obstbäumen und Kastanienhainen gelegenen Orten Tisens und Prissian führt in eine Region, die als »Etschtaler Apfelparadies« gepriesen wird und auch für ihren guten Wein bekannt ist. Älteste Weiler sind der Hauptort Tisens selbst sowie Sirmian bei Nals, deren einstige Langobardenkastelle (Tesana, Sermiana) im Jahr 590 beim großen Frankeneinfall zerstört wurden. Wer in dieser Gegend unterwegs ist, kann viel Zeit damit verbringen, all die Burgen und Ansitze zu besichtigen, die sich der Südtiroler Adel hier nicht immer nur aus strategischen Gründen, sondern auch wegen der schönen Lage in besonders fruchtbarer Umgebung errichtet hat. Einen guten Überblick über das Land bietet das romanische Kirchlein St. Hippolyt (13. Jahrhundert), zu dem noch vor Tisens nach einem Straßentunnel an einem Parkplatz rechts der Weg einen Hügel hinaufführt – einer der schönsten Aussichtsplätze des Burggrafenamts. Hinter Tisens mit seiner spätgotischen Pfarrkirche ist die Straße zum Nachbardorf Prissian, in dessen Gemarkung gleich fünf Burgen stehen. Erwähnenswert: Vor Castel Katzenzungen wächst sonnenverwöhnt die größte und wohl älteste Weinrebe der Welt, die Versoaln-Rebe.

Die Wehrburg in Prissian thront erhaben hoch über den gelb leuchtenden Weinrebstöcken.

Auf 850 Jahre wird das Alter der drei Ultner Urlärchen bei St. Gertraud geschätzt.

** Ultental

Einem ersten Blick präsentieren sich in Ulten endlose Wälder, Wiesen und hochalpine Almen, die bis tief ins Herz der Ortlergruppe reichen. Zauberhafte Weiler, von denen sich St. Gertraud am Talschluss besonders urig hervortut, funkelnde Seen und ein Skigebiet bietet das Ultental dem Besucher. Tiefer im Wald versteckt schlummern besondere Perlen: knorrige Urlärchen am Talschluss, die mit rund 850 Jahren zu den ältesten Bäumen der Alpen zählen. Bei St. Pankraz schmiegt sich unten am Bach ein altes Bauernhaus an einen großen Felsbrocken. Der restliche Hofbestand fiel im Jahr 1882 einer gewaltigen Überschwemmung zum Opfer. St. Walburg weist eine herausragende archäologische Fundstelle aus der La-Tène-Zeit ein halbes Jahrtausend v. Chr. auf. Und hinter den Bergen liegen abgelegen und idyllisch-ruhig im Nonstal Proveis, Laurein und Unsere Liebe Frau im Walde-St. Felix, die drei Gemeinden von Deutschnonsberg. Wie der Name schon verrät, wird hier Deutsch gesprochen. Die übrigen Gemeinden dieses Tals haben eine italienischsprachige Bevölkerung und gehören zum Trentino.

Schaftrieb

Morgens um 4 Uhr, wenn die Sonne noch hinter den Bergen schläft, ziehen die Schäfer los: Sie wandern drei Tage durchs Tal, um sich zu sammeln und gemeinsam ihre Schafe über den Gletscher auf die Sommerweiden des Ötztals zu treiben, wie es schon ihre Vorfahren vor 600 Jahren gemacht haben. Dabei klettern sie nicht nur 1000 Meter auf steilen Felsen hoch, sondern müssen gemeinsam den ewigen Schnee überwinden. Wie Perlen auf der Kette trotten die Schafe über die engen Wege – ein ganz eigenes Bild. Oben im ewigen Schnee wird es kritisch. Die Tiere weigern sich an manchen Stellen – dann trägt der Schäfer nur wenige Tage alte Lämmer und geht voran. Wenn die Muttertiere folgen, kommen die anderen auch geduldig. Bei der Wanderung, bei der Touristen mitgehen können, führen die Schäfer einen Wettkampf mit der Sonne. Wenn sie zu stark scheint, geht nichts mehr, dann wird der Schnee weich, Menschen wie Schafe sinken ein und stecken fest.

Südtiroler Wein

Die rund 1000 Knappen, die im 16. Jahrhundert in mehr als 30 Silbergruben mit dem Abbau von Bleiglanz beschäftigt waren, sind längst Teil der Geschichte Terlans. In der Erde dieser Ortschaft am Fuße des Tschöglbergs wurzeln jetzt die Reben, die den berühmten »Weißen Terlaner« ermöglichen. Konkurrenz hat der Wein im ersten Ort an der Südtiroler Weinstraße bereits in unmittelbarer Nachbarschaft. Nur Schnellstraße,

Eisenbahn, Etsch, Obst- und Spargelfelder verlaufen zwischen Terlan mit ehemaligem Etschhafen, Burg Neuhaus und wertvoller Pfarrkirche sowie dem ebenfalls berühmten Weinort Nals auf der anderen Talseite. Nals liegt entlang der alten Römerstraße unterhalb des Mendelkamms und ist die südlichste Gemeinde des Burggrafenamts und die nördlichste der Südtiroler Weinstraße. Zum Ort gehört die Schlosskellerei Schwanburg, die älteste Privatkellerei des Landes. Eine entsprechend lange Tradition hat der Weinanbau im Dorf. Dies erschließt sich dem Besucher nach der Weinlese ganz im süßen Duft des eingekelterten Weins. Auf den Geschmack gekommen, beißt sich in den Gaststuben der örtliche Cabernet und Weißburgunder am besten. »Terf's no a Glasl sein?« »Gerne, aber bitte vom Heiligenpergl!« Denn diese Rebsorte wird nur in Nals angebaut.

Wipptal

Das Wipptal ist für die meisten Reisenden aus dem deutschen Sprachraum das Tor zum Süden. Wer den Brennerpass überquert hat, folgt – immer begleitet vom Eisack-Fluss – diesem engen Tal, das sich erst nach Franzensfeste mit dem Brixner Talkessel wieder weitet. Dennoch heißt es hier: Runter von der Autobahn! Bei Sterzing, dem charmanten Hauptort der Region, mit seinen heimeligen Bürgerhäusern und besten Shopping-Möglichkeiten, kann man gleich in sieben hier einmündenden Tälern ausgedehnte Wanderungen oder Ski- und Radtouren unternehmen.

Unterwegs im Wipptal

Es wird als Geheimtipp gehandelt, das kleine Wipptal mit seinen gerade einmal 36 Kilometern Gesamtlänge. Für Kletter- und Wanderfexe ein Paradies, in dem familiengerechte ebenso wie anspruchsvolle Routen locken. Man kann aber auch einfach nur die Seele baumeln lassen ...

Die Stubaier Gipfelparade spiegelt sich bei klarem Wetter in einem der neun Bergseen.

*** Stubaier Alpen

Schroff, fast senkrecht ragen die grauen Dolomitfelsen des Pflerscher Tribulaun empor. Sein heller Hangschutt wirkt wie Schnee, der sich im dunkelblauen Sandessee spiegelt – ein typisches Bild der Stubaier Alpen, die sich von Österreich nach Südtirol erstrecken. Der steile Gipfel mit seinen 3097 Metern gehört zu den höchsten Bergen des Gebirgszugs und strahlt eine ganz eigene Mystik aus. Aus der Vogelperspektive wirkt See (am Ufer die Tribulaunhütte) mit seiner kleinen Insel mittendrin wie ein riesenhaftes blaugrünes Auge. Ob der norwegische Dichter Henrik Ibsen das auch so empfunden hat, ist nicht sicher – wohl aber, dass der Dramatiker sich stundenlang am Pflerscher Bach aufhielt und sich vom Gurgeln des wilden Wassers inspirieren ließ. Nicht nur die Natur zog die Menschen dorthin, auch Bodenschätze wie Silber, Erz und Zink. Heute schätzen vor allem Kletterer die Herausforderungen.

** Ridnauntal

Drei Täler stoßen von Westen her auf das Sterzinger Becken: das Ratschingstal, das Jaufental und das Bergbautal Ridnaun. Letzterem verdankt Sterzing seinen frühen Reichtum im Mittelalter. Von dort markiert die Ortschaft Stange den Beginn des 16 Kilometer langen Ridnauntals; am Ende erinnert bei Maiern die zum Südtiroler Bergbaumuseum gehörende »BergbauWelt Ridnaun Schneeberg« mit einem Lehrpfad, einem 200 Meter langen Schaustollen und originalen Exponaten an die »Silberne Zeit« Tirols. Auch wenn am Schneeberg – das Ridnauntal vom Passeiertal trennenden – vornehmlich Zink abgebaut wurde, so ist doch schon in der ersten schriftlichen Erwähnung des hiesigen Abbaus im Jahr 1237 vom »argentum bonum de sneberch« die Rede, vom »guten Silber vom Schneeberg« also.

* **Schloss Wolfsthurn** Hinter der Ortschaft Stange thront auf einem Hügel oberhalb des Dorfs Mareit das 1730 über mittelalterlichen Grundmauern errichtete Schloss Wolfsthurn. Glaubt man Johann Nepomuk Tinkhauser, einem Goldschmied, Kupferstecher, Stempelschneider und Chronisten des 19. Jahrhunderts, so handelt es sich dabei um das schönste Schloss in ganz Tirol. Welch barocke Pracht sich hinter den – angeblich 365 – Fenstern des bis heute in Privatbesitz befindlichen, dreiflügligen Baus verbirgt, davon kann man sich bei einem Besuch des in

Das Pflerschtal und das Pfitscher Tal. Gemsen fühlen sich wohl in der unberührtesten Gegenden des Landes.

zwei Stockwerken des Schlosses untergebrachten Südtiroler Landesmuseums für Jagd und Fischerei überzeugen.

*** Pflerschtal

Warum in die Schweiz fahren, liegt das Matterhorn doch direkt hinter dem Brenner! Den Beinamen »Südtiroler Matterhorn« hat der Pflerscher Tribulaun und wer den schroffen, aus Dolomitgestein bestehenden Klotz vom Taleingang aus erblickt, wird zustimmen. Seine Grate sind oft schneegepeitscht wie in den Anden, der Aufstieg dementsprechend schwierig. Dafür tummeln sich nicht nur in den Wintermonaten umso mehr Skitourengeher auf den gegenüberliegenden schneebedeckten Gipfeln über den Stubaier Gletschern.

*** Pfitscher Tal

Im Nordosten des Sterzinger Beckens mündet das 32 Kilometer lange Pfitscher Tal ins Eisacktal. Beeindruckend ist vor allem der Talschluss mit den Eisriesen der Zillertaler Alpen, darunter der 3510 Meter hohe Hochfeiler als höchstem Gipfel. Vor Jahrtausenden soll ein gewaltiger Felssturz das Tal abgeriegelt haben. Damals entstand ein großer See, der die natürliche Staumauer durchbrach. Im Volksmund sagte man dazu, der See sei »hinausgepfitscht« – so erklärt sich auch der Name des Tals. Von St. Jakob am Talende führt ein schöner Weg zum Weiler Stein und weiter in in etwa 2 Stunden zum Pfitscher Joch (2251 Meter). Mit dem 1888 errichteten Pfitscherjoch-Haus befindet sich dort die älteste private Schutzhütte Südtirols. Ebenfalls von Stein führt eine 5-stündige Tour hinauf zur 2710 Meter hoch gelegenen Hochfeiler Hütte.

Unterhalb der Gipfel der Zillertaler und Stubaier Alpen: das Ridnauntal mit Schloss Wolfsthurn.

Alpenmurmeltiere

Und täglich grüßt das Murmeltier? – Den Eindruck könnte man durchaus haben, wenn man in den Alpen unterwegs ist; jedenfalls in den Monaten April bis September. Die übrige Zeit verbringt das niedliche Nagetier, dessen Name auf den lateinischen Ursprung »murs montis« (Bergmaus) zurückgeht, in einem Winterschlaf, für den es sich zuvor mithilfe meist äußerst energiereicher Alpenpflanzen so viel Speck angefressen hat, dass es in seinem Erdbunker ausharren und dort die Atmung auf zwei bis drei Atemzüge pro Minute reduzieren sowie die Körpertemperatur auf 4 bis 7 Grad Celsius herunterfahren kann. Aus dem Winterschlaf erwacht, sieht man die Tiere dann wieder – fast – täglich, wie sie zur Begrüßung und Erkennung ihre Köpfe zusammenstecken und die Nasen aneinanderreiben.

*** Sterzing

Das historische Sterzing besteht im Grunde aus einer einzigen langen, die Altstadt im Norden mit der Neustadt im Süden verbindenden Hauptstraße. Wobei »neu« in diesem Fall relativ ist: Sterzings südliche Hälfte wurde um die Mitte des 15. Jahrhunderts zerstört, rasch wieder aufgebaut und heißt seitdem »Neustadt«. Weil es vom Brennerpass rasch bergab geht, rauschen die meisten Autobahnfahrer an Sterzing vorbei. Schade, denn das mittelalterliche Städtchen und seine unmittelbare Umgebung sind reich an Sehenswürdigkeiten. Da thronen drei Schlösser, stehen mehrere Kirchen, darunter eine mit dem berühmten Multscher Altar, begeistern der Zwölferturm, das Rathaus und Museen. Unweit davon hat sich der Gilfenbach eine beeindruckende Schlucht gegraben. Die Gilfenklamm ist weltweit die einzige Klamm, die sich tief in weißen Marmor eingeschnitten hat. Reich wurde Sterzing wegen seiner Lage. Hier mussten alle Handelsleute vorbei, egal, ob sie von Venedig über die Alemagna, von Bozen über das Eisacktal oder das Penserjoch oder von Meran über den Jaufenpass kamen. Der Bergbauboom und die Fugger-Familie brachten noch mehr Reichtum in die Stadt.

1 *** Heilig-Geist-Spitalkirche** Die spätgotischen Fresken des Südtirolers Hans von Bruneck in dieser Kirche am Stadtplatz sind zwar leicht verblasst, aber jeder Beachtung wert.

2 **** Zwölferturm** Die Innenstadt wird vom Zwölferturm beherrscht, dem Wahrzeichen der Stadt. Der schlanke Bau mit dem markanten Treppengiebel, der neben einer normalen Uhr eine Sonnenuhr zeigt, scheidet Sterzings mittelalterlichen Kern von der »Neustadt«, die um das Jahr 1500 in gotischem Stil erbaut wurde.

3 *** Jöchelsthurn** Das schöne Gebäude, das im Jahre 1474 errichtet wurde, war ehemals ein herrschaftlicher Wohnsitz. Zum aus einem mittelalterlichen Stadtturm hervorgegangenen Gebäude gehören die Peter-und-Paul-Kapelle und ein großer Garten.

4 **** Fußgängerzone** Zinnengeschmückte Bürgerhäuser, teils in bunten Farben und mit blumengeschmückten Erkern versehen, laden in der Fußgängerzone zum Bummeln und Einkehren ein. Ein verheerender Brand im 15. Jahrhundert zwang die Sterzinger dazu, diesen Teil ihrer Stadt, fortan Neustadt genannt, neu zu errichten. Hier finden sich noch immer viele Handwerksbetriebe, Geschäfte, Boutiquen, Cafés, Gasthäuser und Weinstuben. Kunstvolle schmiedeeiserne Ausleger über den Türen weisen wie in vergangenen Zeiten auf das jeweilige Gewerbe hin.

Der Zwölferturm erhebt sich 46 Meter hoch über der Hauptgasse von Sterzing mit ihren vielen Läden und Cafés.

Mittelalterliches Flair in Sterzing.

Das Deutschhaus

Das erste Mal 1234 urkundlich erwähnt, wurde das Deutschhaus ursprünglich als Marienhospiz bei der Marienpfarrkirche in Sterzing gegründet, dann aber wieder geschlossen. Im Jahr 1241 gründeten der Edle Hugo von Taufers und seine Gattin Adelheid, geborene Gräfin von Eppan hier ein neues Hospiz, um Arme und Pilger aufnehmen und pflegen zu können, die nach Rom oder Jerusalem wanderten. Als die bayerische Regierung im Jahre 1813 alle Besitzungen des Deutschritterordens in Sterzing enteignete und an die Grafen von Thurn und Taxis übertrug, endete die Stiftung vorerst. 1884 wurde es zurückerworben. Nach einigem Wechsel in Benennung und Funktion wurde die Stiftung im Jahr 2009 zur »Stiftung Deutschhaus Sterzing« ernannt. Der dreiflüglige Bau gruppiert sich um einen Innenhof. Im Ostflügel befanden sich einst die Wohnräume des Komturs. Die ältesten, romanischen Teile des Hospizes werden im West- und im Südflügel vermutet, der Ostflügel entstand im 16. Jahrhundert.

Mächtig dominiert die Burg Reifenstein auf einer felsigen Bergkuppe das Wipptal.

5 ** Rathaus Stolz und Reichtum der hiesigen Bürger spiegeln sich im spätgotischen Rathaus wider. Errichtet hat es der Sterzinger Baumeister Hans Feur. In dem wunderschönen Innenhof erinnern eine Nachbildung des Mithras-Steins und ein erst im Jahr 1979 gefundener Meilenstein an die Römerzeit. In jener Epoche, der Ära der späten Antike, galt der Ort, Vipitenum genannt, als wichtige Station für Reisende und Pilger. Allemal einen Blick wert ist auch der holzvertäfelte Sitzungssaal. Vor seinem Eingang wacht die St.-Johann-von-Nepomuk-Statue, die Sterzing und seine Bürger vor Überschwemmungen durch den bisweilen tückischen Eisack und auch den Vallerbach schützen soll.

6 * Stadtmuseum und Multschermuseum Am südlichen Stadtrand werden im Deutschordenshaus Objekte zur Stadtgeschichte gezeigt, dazu in Teilen ein bedeutender spätgotischer Flügel-

Von der Boutique bis zum Delikatessengeschäft: In Sterzing wird man fündig.

altar, den der Allgäuer Bildhauer und Maler Hans Multscher (um 1400 bis 1467) schuf.

7 ** Rosskopf Im Winter erobern Skifahrer und Snowboarder den 2189 Meter hohen Hausberg von Sterzing. Auch die Langlaufbegeisterten haben auf der rund 6 Kilometer langen Höhenloipe am Rosskopf (Monte Cavallo) ihren Spaß. Südtirols längste Rodelbahn führt über 9 Kilometer alabwärts. Wer im Sommer mit der Seilbahn zur Bergstation kommt, sollte die gut 300 Höhenmeter zum Gipfel nicht scheuen, das Panorama lohnt den Anstieg.

8 * Burg Reifenstein** Am Südrand des Sterzinger Mooses bewacht diese Ritterburg der Fürstenfamilie Thurn und Taxis mit ihrem markanten Bergfried und den zinnenverzierten Mauern den Zugang zum unteren Wipptal. Nur mit einer Führung zu besichtigen!

Reichhaltiges Angebot an saisonalem Obst der Region unter malerischen Laubengängen.

Einfach mal zurücklehnen und genießen in einer der vielen Wirtschaften und Cafés.

Pfarrkirche »Zu Unserer Lieben Frau im Moos«

Die für Südtiroler Verhältnisse ungewöhnlich große Kirche steht am südlichen Stadtrand gleich neben dem Multschermuseum an der Jaufenstraße. Ihre Entstehung verdanken die Sterzinger Bürger dem Silberbergbau. Damit es die Bergleute nicht zu weit von der Silbermine zur Kirche hatten, wurde das Gotteshaus an dieser Stelle von den Sterzinger Werkmeistern Hans und Friedrich Feur um 1420 im Stil der Spätgotik gebaut. Fünf große Schreinfiguren am neugotischen Hochaltar sind hervorzuheben. Dabei handelt es sich um kostbare Reste jenes Flügelaltars, den Hans Multscher ursprünglich für die Kirche schuf. Dieser Altar wurde allerdings im Jahr 1779 entfernt; Multschers Figuren stellte man – leider stilfremd übermalt – erst Anfang des 20. Jahrhunderts wieder auf.

Die Strecke des Jaufenpasses führt durch eine fantastische Landschaft mit zahlreichen wunderschönen Aussichten.

Das Penser Joch ist unter Südtirols Passstraßen die Strecke mit den urigsten und abgelegensten Landschaftsszenerien.

Das typische Tiroler Grauvieh auf einer der satten Wipptaler Wiesen.

*** Jaufenpass

Dichter brauner Flaum schillert in vielen Tönen auf dem Gipfel des Saxner: Mal goldgelb, mal grünlich, mal ocker, verändert er seine Farbe mit dem Sonnenlicht und wirkt wie aus einer anderen Welt, fast wüstenähnlich. Einzig die schneebedeckten Gipfel im Hintergrund mit Hoher Kreuzspitze oder Jaufen weisen auf die Alpen hin. Der sonnenreiche Weg des Jaufenpasses, der die beiden Orte Meran und Sterzing miteinander verbindet, führt nicht nur vorbei an schönen Panoramablicken ins Eisacktal oder das Passeiertal und den Gletschern von Hoher Wilde und den Tuxer Alpen, sondern erfreut vor allem das Motorradfahrerherz mit seinen 20 Kurven. Auch Radfahrer wissen diese sportliche Aufgabe zu schätzen, wählen aber lieber den Weg vom Süden nach Norden, weil er leichter ist. Es lohnt sich aber auch, einfach auszusteigen und einen der vielen Wanderwege zu entdecken.

*** Penser Joch

Wer abgeschieden in einer schroffen Landschaft wohnt, nimmt einen ganz eigenen Charakter an. Das gilt auch für die Bewohnerinnen und Bewohner der Sarntaler Alpen, zu denen die im Sommer offene Passstraße Penser Joch führt. Sie gelten als unnahbar und abweisend. Ist der Bann jedoch erst gebrochen, zeigen sie sich hilfsbereit und herzlich. Es wäre also viel zu schade, nur durch die Landschaft zu fahren und den tunnelreichen Weg von Sterzing nach Bozen zu suchen und die liebenswerten Menschen links liegen zu lassen. Lohnenswerter Stopp bei der Fahrt ist die Penser Alm, von der aus eine kleine Wanderung lockt. Baumfreies Panorama, kleine Bergseen am Wegesrand, steile Grate und breite Kämme wechseln sich in Blickrichtung immer wieder ab. Den Weg zum Zinseler gehen vor allem Familien gerne. Mal grasen Schafe am Wegesrand und manchmal lassen sich noch alte Marmorbrüche erkennen.

Gämsen

Ob Gämse, Gams oder – nach alter Rechtschreibung – Gemse: Alle drei Begriffe bezeichnen dieselbe Art, Rupicapra rupicapra. Das zu den Ziegenarten zählende Tier lebt vorwiegend in den Hochgebirgslagen des Alpenraums. Es findet zwar auch oberhalb der Baumgrenze genügend Lebensraum und Nahrung, die vor allem aus jungen Trieben besteht, bevorzugt allerdings hohe Berge mit dichten Wäldern, in die es sich gut zurückziehen kann. Die Gämse hat eigentlich keine natürlichen Feinde, Angriffe von Luchsen sind äußerst selten. Am meisten macht ihr der Mensch zu schaffen, der sie jedes Jahr zahlreich jagt. Dies geht allerdings mit einer stabilen Population einher, die Gämse gilt derzeit nicht als in ihrem Bestand gefährdet. Die Tiere leben – zumindest in den Sommermonaten – in festen größeren Verbänden aus Weibchen und Jungtieren. Die Böcke sind allerdings Einzelgänger.

Eisacktal

Über das Eisacktal führt für viele Touristen der Weg in den Süden. Wenn Schlechtwetterfronten von Norden an den Alpenhauptkamm drücken, mag es südlich des Brenners vielleicht noch bewölkt sein, ab der Bischofsstadt Brixen aber scheint ganz sicher die Sonne. Der Eisack ist Namens- und Wegweiser durch das Tal, das ein reichhaltiges Angebot für sportliche Aktivitäten und Kulturinteressierte bereithält. Paradiesisch schön ist es hier zu jeder Jahreszeit. Einfach genießen, was die Natur bietet, und sich einlassen auf die Begegnung mit den Menschen im Tal!

Unterwegs im Eisacktal

Skipisten und Langlaufloipen, Rad- und Wanderwege, wie etwa der einfach zu bewältigende »Keschtenweg«, geselliges Törggelen im Herbst, der Weihnachtsmarkt in Brixen, Museen, Burgen und Schlösser ... Das Eisacktal präsentiert zu jeder Jahreszeit wahre Schätze.

Ein stattliches Bauernhaus duckt sich neben eine schlichte Kirche, grüne Weinberge und Wälder umrahmen die Szenerie: schönes Eisacktal!

** Eisacktal

Der Blick auf das Eisacktal ist der erste Eindruck, der sich von der Brennerhochstraße nach Südtirol offenbart. Das Tal zieht sich von Brixen bis Bozen in Richtung Süden. Mit der Autobahn in der Talsohle fließt das moderne Leben hindurch. Das Nadelöhr, das heute Touristen und Lastwagen passieren, haben einst römische Legionäre, Dichter wie Goethe oder auch kriegerische Einheiten durchschritten. Diesen Trubel allerdings bemerkt man nur wenige Fahrminuten abseits der Autobahn kaum noch. Hoch oben in den Bergen verstecken sich kleine Bergdörfer mit Bienenhäusern, schnitzenden Handwerkern oder Kräuterfrauen. Seinen Namen hat die Gegend vom Fluss Eisack, der wie ein Band durch das Tal strömt. Seine Wasserkraft, die am Brenner entspringt, wird zur Stromerzeugung genutzt. Direkt am Flusslauf entlang zieht sich der bei vielen Freizeitsportlern beliebte Eisackradweg.

Kulturwanderungen

Brixen strotzt nur so vor Sehenswürdigkeiten, die es zu entdecken und bestaunen gilt. Doch auch um die älteste Stadt Südtirols herum können gerade Kirchenbegeisterte ihrer Neugierde Genüge tun. Eine der zahlreichen Kulturwanderungen, die von Brixen aus angeboten werden oder eigenständig zu begehen sind, führt von Brixen aus über das zu Brixen gehörende St. Andrä, weiter über Klerant (Bild: St. Nikolauskirche in Klerant) wieder zum Ausgangspunkt zurück. Die Wanderung führt unter anderem über den Kreuzweg von Karnol aus, in dem auf einem Rundhügel das Kirchlein »St. Johannes der Täufer« zu besichtigen ist, nach St. Andrä und zur gleichnamigen Pfarrkirche, die erstmals 1177 Erwähnung fand. Prägend ist der spätgotische Umbau um 1485.

*** Brixen

Brixen ist ein Geschenk. Für den Reisenden, der sich in der ältesten Stadt Südtirols mit ihren verwinkelten Altstadtgassen und den niedrigen Laubengängen schnell wohlfühlen wird, aber auch im historischen Sinn: als Schenkung des königlichen Gutshofes »Prichsna« samt angrenzender Ländereien an den Bischof von Säben. Dieses Geschenk wird auf das Jahr 901 datiert und markiert die Urzelle des noch im 10. Jahrhundert zum Bischofssitz ausgebauten Brixen im heutigen, zum großen Teil denkmalgeschützten Stadtteil Stufels. 1027 übertrug der deutsche Kaiser dem Brixner Bischof das Eisack- und Inntal als Reichslehen – im Gegenzug erwartete er die bischöfliche Sicherung seines Krönungswegs nach Rom. So wurden die Bischöfe zu mächtigen Reichsfürsten, denen man 1091 auch noch das Pustertal unterstellte. Zwar verlegte das Bistum seinen Sitz 1964 nach

Der Dom zu Brixen: die bedeutendste Kirche Südtirols.

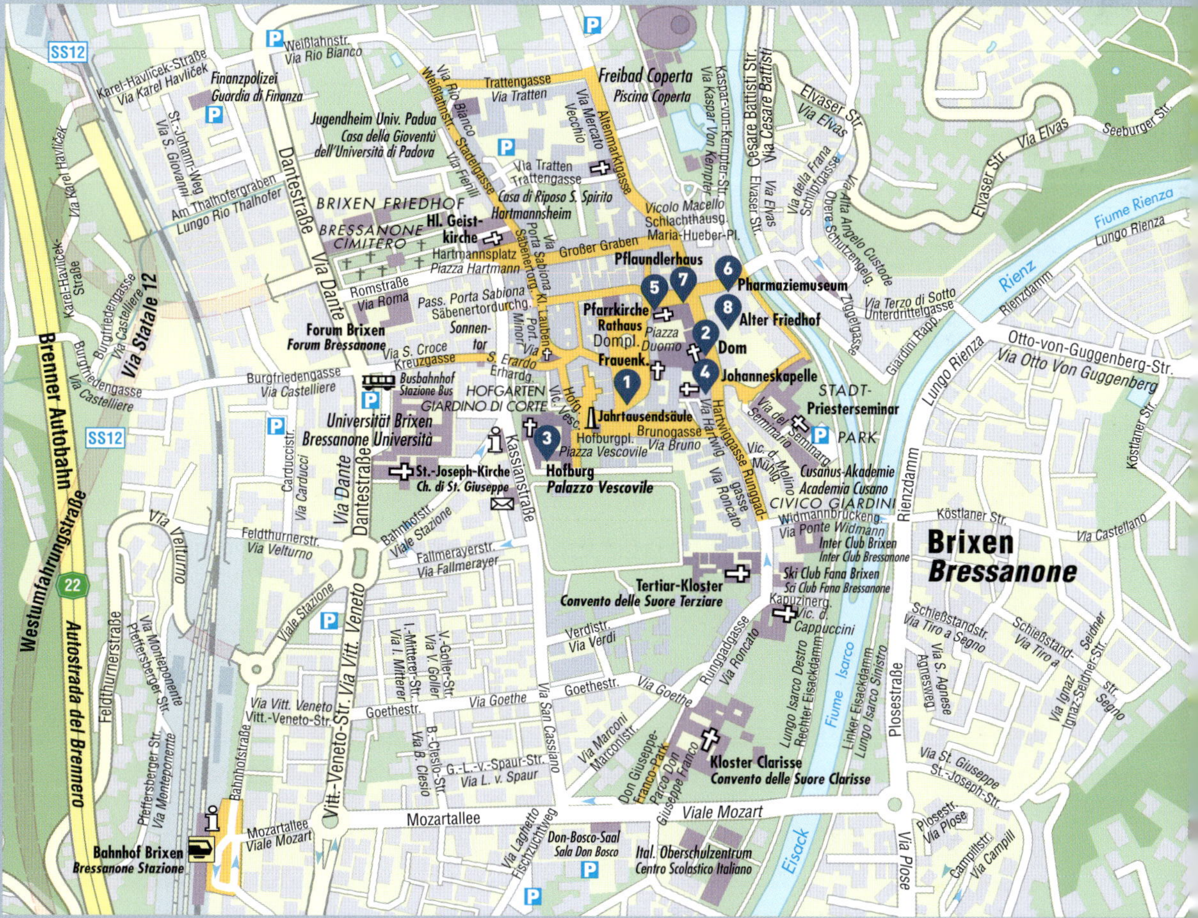

Geschichtsparcours Brixen – Franzensfeste

Wem die Besichtigungen in Brixen noch nicht genug sind, der kann sein geschichtliches Wissen auch auf dem Geschichtsparcours von Brixen nach Franzenfeste erweitern. Unterwegs erfährt man auf 24 Informationstafeln Verschiedenes zu Themen aus Kunst, Geschichte, Natur und Geologie. Die erste Station ist das ehemalige Heilig-Geist-Spital in Brixen, dessen historisches Gebäude heute ein Altersheim beherbergt. Für eine Rast auf der Wanderung eignet sich der Vahrner See. Tafel 21 informiert über die Franzenfeste, die es zu besichtigen gilt (Bild: Tunnel zur oberen Festung). Der Weg endet an der »Römerstraße«, auf der die Spurrillen der Karren zu sehen sind, die bereits vor 2000 Jahren hier unterwegs waren.

Bozen – Brixens Dombezirk zeugt aber bis heute von der Rolle der Stadt als Zentrum geistlicher Macht. Bei einem gemütlichen Bummel durch die malerischen Altstadtgassen sollte man auch in Traditionsgaststätten wie dem »Finsterwirt« einkehren, in dem einst nur bis Einbruch der Dunkelheit ausgeschenkt werden durfte (weshalb man danach wohl heimlich im Finstern weiterzechte).

1 ** **Altstadt** Die über 1000 Jahre alte Stadt Brixen am Zusammenfluss von Eisack und Rienz mit ihren Lauben und dem weithin sichtbaren Dom verzaubert vom ersten Augenblick an. Im 16. Jahrhundert ein bedeutender Bischofssitz am Übergang zwischen Oberitalien und Süddeutschland, blieb das kleine Städtchen bis 1964 Bischofssitz. Als Außensitz der Universität Bozen ist Brixen seit 2001 Universitätsstadt. Die Theologische Hochschule Brixen, gegründet 1607 als Priesterseminar, ist als älteste universitäre Einrichtung des historischen Tirol älter als die Universität in Innsbruck. Außer auf Bildung und Religion konnten die Brixner wegen der verkehrstechnisch günstigen Lage der Stadt am

Der barock-prunkvolle Dom Mariae Aufnahme in den Himmel und St. Kassian ist Bischofskirche der Diözese Bozen-Brixen.

Eingang des Pustertals immer schon auf ihren regen Handel verweisen. Die Legende erzählt, dass schon Hannibal mit seinen Elefanten hier haltgemacht haben soll.

2 *** **Dom** Seine zartgelben Zwillingstürme beherrschen den Domplatz Brixens. Wenn Kinder am Brunnen spielen und Erwachsene bei Kaffeespezialitäten oder Eis sitzen, liegt zu Zeiten der volle Klang der Kirchturmuhr in der Luft. Einst befand sich hier ein schlichtes Gotteshaus aus ottonischer Zeit. 1174 vernichtete dieses ein Brand und es wurde im Stil der Hochromanik wiederaufgebaut. 1745 begann ein neunjähriger barocker Umbau. Der Dom ist bis heute die wichtigste Kathedrale Südtirols. In dem einschiffigen Gebäude hinter der klassizistischen Vorhalle (errichtet 1788) sind vor allem die Fresken sehenswert. Aber auch die Altäre wie etwa der Hochaltar mit einem Gemälde von Michelangelo Unterberger oder der Rosenkranzaltar aus Marmor gehören zu den bedeutenden Kunstschätzen der Region. Nicht verpassen sollten man ein Spiel der Brixner Domorgel bei einer Messe oder im Konzert.

Der »Weiße Turm« der Pfarrkirche St. Michael ragt steil aus der Adlerbrückengasse in Brixen.

Bischof Zacharias segnet die Stad: 1909 errichtete Säule aus Anlass der 1000-Jahrfeier der Gründung Brixens.

Eingang zur Hofburg: Bis 1803 Sitz der Fürstbischöfe, beherbergt es heute Diözesan- und Krippenmuseum und das Diözesanarchiv.

3 ** **Hofburg** Um 1260 verlegte der Bischof den Bischofshof an die Südwestecke der Altstadt und gab den alten Hof offiziell für andere Zwecke frei. Heute ist es das Bezirksgericht. Er schob die Stadtmauer gegen Süden vor und errichtete eine Burg, die er mit einem Wassergraben befestigte. Ende des 16. Jahrhunderts wurde die Anlage in ein Renaissanceschloss mit herrlichem Arkadeninnenhof umgestaltet, 1710 barockisiert. Bis zur Verlegung des Bischofssitzes nach Bozen 1973 diente die Residenz als Wohnung des Bischofs und Sitz der Diözesanverwaltung. Seitdem wird die Brixner Hofburg als Diözesanmuseum genutzt. Ihre umfassende Sammlung mittelalterlicher Sakralkunst, darunter auch der Brixner Domschatz, zählt zu den bedeutendsten in Mitteleuropa. In der Krippensammlung können Krippen mit bis zu 700 Einzelfiguren bewundert werden.

4 ** **Johanneskapelle** Der Zugang zur Johanneskapelle liegt unterhalb des Elefantenfreskos im Domreuzgang. Die Kapelle entstand vermutlich im 10. Jahrhundert; ihre Fresken sind teils romanisch, teils gotisch. Das marmorne Taufbecken wurde bereits vor dem Jahr 1000 geschaffen.

5 * **Pfarrkirche St. Michael** Die Pfarr- und Dekanatskirche St. Michael ist eine spätgotische Halle aus der Zeit um 1500. Das Innere wurde Mitte des 18. Jahrhunderts barockisiert. Der Wiener Josef Hautzinger schuf die Fresken. Der 72 Meter hohe Turm der Kirche wurde als Weißer Turm zu einem der Wahrzeichen der Stadt Brixen. Er wird so genannt, weil er bis zur Spitze aus hellen Steinen gemauert ist.

6 * **Pharmaziemuseum** Hierwidmet man sich 400 Jahren Arzneigeschichte. Auch ein Labor gibt es zu begutachten. Eine Fundgrube!

7 * **Pfaundlerhaus** Das bürgerliches Wohnhaus aus der Renaissance-Zeit mit seinen herrlichen schmiedeeisernen Gittern ist ein herausragendes Exempel der Baukunst in Brixen.

8 * **Alter Friedhof** Bis gegen Ende des 18. Jahrhunderts diente die Anlage als Stadtfriedhof. Von Lauben umgebene Gedenkstätten Brixner Domherren und Adliger fallen auf, ein Stein erinnert an den berühmten Minnesänger Oswald von Wolkenstein (um 1377–1445).

Diözesanmuseum

Die Hofburg beherbergt das Diözesanmuseum, dessen Besuch die Kapelle einschließt. In den Räumen mit der Kunst des Mittelalters finden sich Madonnen und Kruzifixe der Zeit vom 12. bis zum 14. Jahrhundert sowie Brixner Gemälde aus dem 15. Jahrhundert. Schwerpunkt der Sammlung mit Kunst der Neuzeit sind die Renaissancemalerei sowie speziell die Werke des Barockmalers Paul Troger. Vom einstigen Reichtum der Kirche zeugt der Domschatz. Herrliche Krippen Tiroler und neapolitanischer Herkunft zeigt die Krippensammlung, eine der bedeutendsten ihrer Art. Besonders schön ist die aus rund 5000 Figuren bestehende, das gesamte Leben Jesu erzählende Jahreskrippe (18./19. Jahrhundert), die Fürstbischof Karl Franz Graf Lodron von den Brüdern Probst für seine Wohnräume anfertigen ließ.

Vahrn: Kloster Neustift

Das Augustiner-Chorherrenstift Neustift, 1142 vom Brixner Bischof Hartmann gegründet, war von Anfang an ein viel besuchtes Hospiz und eine Raststätte für Pilger auf der Reise ins Heilige Land oder nach Rom. Wirtschaftlich war und ist das Stift dank seiner Güter weitgehend selbstständig. Wälder, Felder und Weinberge zählten zu seinem Besitz, ebenso wie

Sägewerk, Mühle und Weinkeller. Zu den Aufgaben der Augustiner-Chorherren gehört heute die Betreuung von 20 Pfarrgemeinden in Süd- und Osttirol. Im Miteinander von klösterlichem Leben und aktiver Arbeit in den Pfarreien wird eine der Charakteristiken dieses Ordens deutlich: die Verbindung von Gemeinschaft und Seelsorge. Ein Besuch des Klosters lohnt aber nicht nur wegen seiner Kunstschätze, auch die Stiftskellerei ist nicht zu verachten. Nach der Besichtigung der prächtig ausgestatteten barocken Stiftskirche, des mit Fresken geschmückten Kreuzgangs, des fein stuckierten Bibliothekssaals und der Gemäldesammlung idealerweise mit einer Verkostung der exzellenten stifteigenen Produkte.

Auf dem Säbener Berg befinden sich außer dem Kloster: die Marienkapelle, die Liebfrauenkirche, die Klosterkirche und die Heilig-Kreuz-Kirche.

*** Kloster Säben

Mitten in der Altstadt von Klausen beginnt der schmale Kreuzweg, der zu einem der ältesten Wallfahrtsorte Südtirols führt. Eine halbe Stunde etwa dauert die Wanderung, die idyllischer kaum sein könnte – vorbei an einer verwunschenen alten Burg, von Kastanien gesäumten Wegen, Weingärten sowie stattlichen vier Kirchen. Ganz oben auf dem Berg liegt dann das Kloster Säben. Es gilt als Keimzelle des Christentums in Südtirol, von hier aus wurde seine Botschaft verbreitet. Bis heute leben dort oben Schwestern des Benediktinerordens nach strengen Regeln. Das beweist der üppige Kräutergarten des Klosters. Und bei einem Gang entlang der 330 Jahre alten Klostermauern eröffnen sich dem Besucher immer wieder großartige Panoramablicke in das Eisacktal. Sogar der Nürnberger Albrecht Dürer hat sich von diesen Aussichten schon inspirieren lassen. Sein Kupferstich »Das große Glück oder die Nemesis« (um 1501) zeigt naturgetreue Szenen aus dem mittelalterlichen Klausen.

Abendromantik am Tinneplatz im mittelalterlichen Klausen.

Altarraum der Heilig-Kreuz-Kirche auf dem Säbener Berg.

Burg Branzoll

Über den Dächern von Klausen erhebt sich weithin unübersehbar am untersten Vorsprung der mächtigen Erhebung, auf der das Kloster Säben thront, die um das Jahr 1250 zunächst von den Herren von Säben aus dem Geschlecht der Völser erbaute, später in den Besitz der Fürstbischöfe von Brixen übergegangene Burg Branzoll. Zwischen den Jahren 1465 und 1671 war sie Sitz des fürstbischöflichen Amtsrichters. Bei einem schweren Brand im Jahr 1671 blieben nur die Grundmauern des Palas und der wuchtige, über 20 Meter hohe, quadratisch angelegte Bergfried erhalten. Danach verfiel die Ruine rund 200 Jahre lang immer mehr. Erst im 19./ 20. Jahrhundert wieder aufgebaut und um ein Wohngebäude ergänzt, befindet sich die Burg Branzoll heute in Privatbesitz und kann nicht besichtigt werden. In ihrer ursprünglichen Anlage bestand sie aus einer kleinen, von einem Zwinger und einer Vorburg geschützten Kernburg. Der Zwinger wurde zum Teil rekonstruiert, die Vorburg ist heute ein Garten.

** Klausen

Das im Eisacktal eingeklemmte Klausen ist eigentlich eine schöne lange mittelalterliche Gasse. Den Aufstieg zum Handelsstädtchen verdankte es den ungebremsten Fluten des Eisack, der im engen Haupttal weiter unten den Bau einer Straße bis zum 15. Jahrhundert verhinderte. Bald hinter dem Ort mussten sich die Fuhrleute früher über die steilen Hänge zum Ritten und dann jäh hinab nach Bozen quälen. Da bot sich eine Nacht in Klausen zur Rast an. Der Ort war daher schon immer Durchgangsstation für zahlreiche Reisende. Heute verweilen Gäste gerne länger hier, in dem als »Törggelehauptstadt« Südtirols bezeichneten Örtchen. Seine Umgebung lockt zudem mit Kastanienhainen, Weinbergen und Wäldern.

An der Brennerroute zwischen Bozen und Klausen liegt der Ort Waidbruck. Die Trostburg erreicht man von dort aus nur zu Fuß.

*** Trostburg

Mit ihren Wehrfrieden, den hohen, fast fensterlosen Mauern und ihrer steilen Hanglage ist die Trostburg eine wahre Bilderbuchfestung. Dass heute das Südtiroler Burgeninstitut hier seinen Sitz hat, liegt auch daran, dass der Dichter Oswald von Wolkenstein auf der Trostburg geboren wurde – er entstammte der Adelsfamilie Wolkenstein-Trostburg. Bis ins 17. Jahrhundert hinein verwalteten die Grafen und Freiherren von der Burg den Gerichtsstand über die Region. Später diente die Trostburg nur noch als Sommerresidenz der Herrschaften. Das Gemäuer zerfiel zusehends, bis eine private Gesellschaft sich für die Erhaltung der geschichtsträchtgen Burg einsetzte. Schritt für Schritt fanden sorgfältige Restaurierungsarbeiten statt. Wer von hier aus auf die westliche Talseite wandert, erreicht bald Barbian.

** Barbian und Bad Dreikirchen

Der Herbst mit seinen oft noch milden Tage ist eine ideale Zeit zum Wandern – etwa von Barbian nach Bad Dreikirchen, einer hoch über

Ein Kleinod im Inneren der Burg Trostberg: der prunkvolle Rittersaal.

Toreingang zum Burginnenhof.

Drei gotische Gotteshäuser ducken sich eng zusammen: Bad Dreikirchen in der Gemeinde Barbian.

dem Eisacktal gelegenen Idylle, in der einst Christian Morgenstern seine Lieb(st)e fand, während Sigmund Freud sich – mehr an der Einsamkeit ergötzend – über »Berg, Wald, Blumen ... und keine Menschen« freute. – Und über kulinarische Genüsse, die der legendäre Psychologe sehr wohl zu schätzen wusste. Da war er hier am richtigen Ort: Im Herbst öffnen die umliegenden Törggelenhöfe ihre Pforten und bieten den Gästen in heimeligen Stuben selbst gemachte Speisen und Getränke, allen voran den guten Südtiroler Wein und Traubensaft. (Der Begriff Törggelen ist eine Ableitung des lateinischen Wortes »torculus« für Weinpresse.) Ausgangspunkt der gut 5-stündigen, rund 600 Höhenmeter überwindenden Wanderung ist der schiefe (sich rund 1½ Meter zur Seite neigende) Turm der Kirche St. Jakobus in Barbian. Sie stammt aus romanischer Zeit, wurde aber in der Gotik und im 19. Jahrhundert umgebaut. Von ihr führt der Wanderweg weiter durch Mischwälder nach Bad Dreikirchen. Der Weiler mit seinen drei Heilquellen geht zurück auf ein frühes Quellheiligtum, an dem man später den Heiligen Gertraud, Nikolaus und Magdalena Kirchen baute.

Drei Kirchen für Bad Dreikirchen

Dass Bad Dreikirchen seinen Namen nicht zufällig trägt, belegen die die drei gotischen, im Zentrum des 1120 Meter hoch gelegenen Weilers ein ineinander verschachteltes Bauensemble ergebenden Schindeldachkirchen St. Magdalena, St. Nikolaus und St. Gertrud. Den Altarraum von St. Gertraud schmücken um das Jahr 1410 von einem unbekannten Maler ausgeführte Fresken – gut zu erkennen sind die Darstellungen von Kreuzigung und Jüngstem Gericht. St. Nikolaus wurde zehn Jahre später ausgemalt. Den spätgotischen Altar mit dem Kirchenpatron (St. Nikolaus wurden in Südtirol über 40 Kirchen geweiht) schufen Künstler aus dem Umfeld von Hans Klocker, die wohl auch den schönen Flügelaltar in St. Magdalena mit der Marienkrönung im Schrein errichteten.

Salten-Schlern

Zerfurcht und dramatisch zeigt sich die Landschaft in Salten-Schlern. Die Region zwischen Bozen und Waidbruck fügt sich aus 13 Gemeinden zusammen, die alle am Fuße mächtiger Dolomitengipfel liegen. Die Felsmassive gehören seit 2009 zum UNESCO-Weltnaturerbe und ragen in einer Bilderbuchlandschaft auf. Dazu gehören die Seiser Alm und alte Dörfer wie Kastelruth oder Wolkenstein. Ob Wandern, Klettern oder Mountainbiken – die Region bietet vor allem Outdoorsportlern viele Möglichkeiten.

Unterwegs in Salten-Schlern

Nirgendwo in Südtirol konnten sich Bräuche und Trachten so unverfälscht erhalten wie hier. Das Herz der Region ist Südtirols Landeshauptstadt Bozen. Von hier aus sind die schönsten Abschnitte der westlichen Dolomiten in wenigen Kilometern zu erreichen.

Noch 55 Meter höher gelegen als der Radlsee findet man das Schutzhaus Latzfonser Kreuz mit der gleichnamigen Wallfahrtskirch

Sarntaler Brauchtum

»Krax« (Hosenträger) und »Fatsch« (Ledergürtel) halten die engen Lodenhosen an Ort und Stelle, wenn der Sarner zur Sonntagsmesse schreitet. Auf die Tracht, die sich bei den Männern stark von den anderen Südtiroler Trachten abhebt, ist man im traditionsbewussten Tal stolz. Komplett ist sie erst mit dem handgestrickten »Jangger«. Derart bekleidet lässt es sich gut prozessieren, zur Kirche oder um den Durnholzer See, begleitet vom Duft der Latschenkiefer, die auf den Höhen des Penser Jochs wächst und in Brennereien zu Öl verarbeitet wird. In der grünen Lunge Südtirols eignete sich die bäuerliche Bevölkerung diverse handwerkliche Fähigkeiten an. Die Drechseltradition ist 700 Jahre alt, und seit über 200 Jahren beherrschen die Sarnerinnen die Kunst der Federkielstickerei.

** Durnholzer Tal

Ein sattgrüner Teppich breitet sich sanft hügelig vor dem Durnholzer See aus, Bauernhäuser verströmen mit ihren Holzgiebeln eine warme, heimelige Atmosphäre. Obwohl das Durnholzer Tal zu den längsten Seitenarmen des Sarntals zählt, haben viele Orte noch immer Geheimtippcharakter. Hier findet sich die kleine Hofkäserei ebenso wie vergessene Handwerkskünste, etwa Schuhmacherei oder Spinnerei. Während viele Angler am See im Sommer gerne Regen-

Lebendiges Handwerk: Spinnen.

bogenforellen fischen, gehen andere lieber auf Entdeckertour. Berühmt ist die kleine Wallfahrtskirche Heiligkreuz auf Ritzlar, die als eine der höchsten Wallfahrtskirchen Europas gilt. Alljährlich wird am Freitag nach Fronleichnam in einer feierlichen Prozession von der Dorfkirche Latzfons ein schwarzes, gotisches Holzkruzifix zu dieser Kapelle auf 2300 Meter Höhe getragen. Der »schwarze Herrgott« bleibt dann die Sommermonate über dort. Der Bittgang soll die Gemeinden vor Gewittern schützen.

St. Nikolaus-Kirche am Durnholzer See

Die im Ursprung bis ins 13. Jahrhundert zurückreichende St. Nikolaus-Kirche beeindruckt durch Fresken aus der Spätzeit der Bozner Schule, die Giottos streng perspektivisch geordneten Bildaufbau mit einer mehr auf bewegte Figurengruppen denn auf stark individualisierte Einzelgestalten setzenden Personendarstellung kombinierte. Die wohl um 1430 entstandenen Fresken kamen erst 1986 unter einer in der Pestzeit mit Kalk übertünchten Schicht wieder zum Vorschein. Sie zeigen auf 150 Quadratmetern Fläche Szenen aus dem Leben des heiligen Nikolaus und des heiligen Vitus sowie biblische Motive. Von den vier Glocken im 45 Meter hohen, um 1550 der Kirche hinzugefügten Turm wurde eine bereits im Jahr 1542 von Hans Löffler aus Brixen gegossen.

** Sarntal und Sarntaler Alpen

Kaum zugänglich war das Sarntal bis vor wenigen Jahrzehnten – Bräuche und Trachten blieben so besonders urtümlich bewahrt. Das zeigt sich am »Sarnar Kirchte«, wie der Sarntaler Kirchtag hier auch genannt wird. Gefeiert wird dieses größte Volksfest Südtirols traditionell um den ersten Sonntag im September, den »Schutzengelsonntag«. Die Festlichkeiten beginnen bereits am Samstag mit einem musikalischen Einzug zum Festplatz und anschließendem Tanzabend. Am Sonntag selbst wird zunächst eine feierliche Messe zelebriert, danach macht sich eine Prozession auf den Weg durch Sarntheim, den wie ein historisches Städtchen wirkenden Hauptort des Tals, zum St. Zyprian-Kirchlein. Nachmittags folgt der traditionelle Festumzug, daran anschließend gibt es Musik und Tanz auf dem Festplatz. Am darauffolgenden Montag findet bereits ab 7 Uhr in der Früh der »Sarnar Kirchte-Morkt« statt, der größte und wichtigste Bauernmarkt im Sarntal. Mit ihrem Kirchtag zelebrieren die Sarntaler auch den Sommerausklang, wenn das Vieh von den Weiden zurückkehrt und man sich im Tal auf den Herbst vorbereitet. Eingerahmt wird dieses Tal von einer hufeisenförmigen Bergkette, den Sarntaler Alpen, deren höchster Punkt der Hirzer (2781 Meter) ist. Das von Bozen bis zum 2214 Meter hohen Penser Joch im Norden reichende, etwa 45 Kilometer lange Sarntal teilt diese Bergkette in einen westlichen und einen östlichen Teil.

Der Radlsee auf 2250 Metern Meereshöhe liegt in einer Mulde hoch über dem Brixner Becken.

St. Konstantin in Völs am Schlern wurde dem heiligen Constantinus, dem ersten Bischof von Perugia, geweiht.

** Kastelruth

Eine zerstörte Burg gab dem Ort den Namen – Castelruptum wurde schon 928 erstmals in Urkunden aufgeführt. Vom einstigen Kastell ist nicht mehr viel zu sehen, ebenso wie von Hauenstein – die Burgruine war einst Wohnsitz von Oswald von Wolkenstein. Neben drei Burgruinen machen vor allem die Fassadenmalereien und kleine Wegkapellen den Reiz des Ortes aus. Viele der Erker sind mit barocken Fresken geschmückt. Mittelalterliche Holzwohnhäuser sind ebenso erhalten geblieben wie eine alte gedeckte Holzbrücke. Wer durch Kastelruth spaziert, wird nicht nur auf den Wochenmarkt mit den regionalen Spezialitäten wie Almkäse und Blütenkräutertees treffen, sondern mit etwas Glück auch auf die berühmtesten Bewohner des Ortes, die »Kastelruther Spatzen«. Die Musikgruppe verkauft ihre volkstümlichen Schlager bis heute millionenfach und hat sicherlich damit für den Ort am Fuße der Seiser Alm gute Werbung gemacht.

** Völs am Schlern

Beinahe wie ein Tafelberg ragt das Schlernmassiv aus der sanft hügeligen Landschaft auf. Es ist das Wahrzeichen der Gemeinde Völs, da es die davorliegenden Dorflandschaften mit seiner Silhouette prägt, die fast an Wildwestfilme erinnert – wäre da nicht der barocke Zwiebelturm der Kirche St. Konstantin. Urkundlich erstmals 1281 erwähnt, wurde der Sakralbau im 16. Jahrhundert im Stil der Gotik umgebaut. Auch Schloss Prösels mit seinen wehrhaften

Markant ragt in Kastelruth die Pfarrkirche Sankt Peter und Paul aus den Häusergassen empor.

Schloss Prösels: Nach der Restaurierung in den 1970er-Jahren zu neuem Leben erwacht.

Mauern, den kleinen Fenstern und den Türmen weist auf europäische Geschichte hin. Keine schöne allerdings, hier wurden im 16. Jahrhundert Frauen als »Hexen« verurteilt und verbrannt. An die Hexenprozesse erinnert eine Skulptur am Schloss. Die Herrn von Völs-Colonna haben neben dem Schloss auch etwas anderes dem Ort hinterlassen: Im 16. Jahrhundert ließen sie einen Fischteich ausheben. Der Völser Weiher als Naherholungsgebiet gehört heute zu den saubersten Badeseen Südtirols.

Traditionelle Feste

Die von den mächtigen Felsgipfeln der Dolomiten dominierte Region ist eine uralte Kulturlandschaft, in der Brauchtum und Tradition bis heute gehegt und gepflegt werden. Höhepunkte im Jahresverlauf sind religiös motivierte Feste, die mit feierlichen Gottesdiensten und farbenfrohen Prozessionen gefeiert werden. Dabei tragen die Einheimischen ihre schönsten Trachten. Erhalten blieben auch noch archaische, auf vorchristliche Kulthandlungen und Mythen zurückgehende Bräuche wie das »Klöckeln« vermummter Burschen im winterlichen Sarntal. Die Tradition mittelalterlicher Turniere lebendig hält der im Juni im Schlerngebiet stattfindende Oswald-von-Wolkenstein-Ritt. An den Freiheitskampf gegen Napoleon erinnern jeden zweiten Sonntag nach Fronleichnam die Herz-Jesu-Feuer.

Villnößtal

Nur wenige Augenblicke lang können Reisende auf der Brennerautobahn die filigranen Geislerspitzen erhaschen. Ganz kurz nur, aber doch hoffentlich lang genug, um Neugier zu wecken auf das zauberhafte Villnößtal und einen Abstecher zu machen. Hier leuchtet die »Brennende Liebe«,

eine Nelkenart, von den Hängen und die 3005 Meter hohen Gipfel des Naturparks Puez-Geisler ragen gewaltig in den Dolomitenhimmel. An der Waldgrenze schmatzen die Kühe auf den Almen, während im Talgrund das Kirchlein von St. Johann in Ranui Fotografen Modell steht. Im Weiler St. Magdalena spross und gedieh Reinhold Messner: Bergsteiger und Schriftsteller, der, bevor er 8000er erklomm, an diesen Bergen Alpingeschichte schrieb. Eine Traumlinie gelang ihm durch die Nordwand des gegenüberliegenden Peitlerkofels über dem Würzjoch.

Im Norden des Naturparks Puez-Geisler lockt das relativ ruhige Villnößtal. Von dort aus zeigen sich die Geisler auch am spektakulärsten.

*** Naturpark Puez-Geisler

Kühne Felsgrate, bizarre Erosionsformen und interessante Karstformen kontrastieren im Naturpark Puez-Geisler, mitten in einem der meist erschlossenen Teile der Dolomiten gelegen, mit ausgedehnten Hochflächen und Wäldern. Peitler-, Geisler-, Puez-Gruppe sowie Sass Songher und Stevia sind die Namen, von denen Bergsteiger im Park zwischen Würzjoch im Norden und Grödnerjoch im Süden träumen. Aber in der vor allem geologisch reizvollen Landschaft finden auch Wanderer, zum Beispiel entlang des Dolomiten-Höhenwegs, ihr Eldorado. Am Weg präsentieren sich unterschiedliche Dolomitgesteine, Schichten und Ablagerungen. Sie geben Aufschluss über rund 140 Millionen Jahre Entstehungsgeschichte. Dem wachsamen Auge werden die vielen versteinerten

Die Cirspitzen (Tschierspitzen) nördlich des Grödner Jochs.

Muscheln und Meerestiere nicht entgehen, ebenso wenig die erhaltenen Muränenwälle der Eiszeiten an den Südhängen der Geislergruppe.

*** Grödnertal und Grödnerjoch

1892 erblickte der spätere Schauspieler und Bergfilmregisseur Luis Trenker in St. Ulrich das Licht in einer entlegenen Bergwelt. Da schlief das Grödnertal noch seinen Dornröschenschlaf. Die Talschlucht erschwerte jede Kommunikation mit der Außenwelt, die drei Orte des Tals waren kleine Weiler, die Bauern sprachen alle ausschließlich ladinisch. Wer nicht Bauer war, arbeitete als Schnitzer. Bald fuhr die Grödnerbahn, mit ihr kamen die Soldaten zur Front in den Bergen. Heute ist alles anders: Unter dem Sella- und dem Grödnerjoch pulsiert eine der Top-Destinationen der Alpen. Die drei Orte St. Ulrich, St. Christina und Wolkenstein sind zusammengewachsen, die Einwohner parlieren gekonnt dreisprachig, der Tourismus floriert, Skiweltcuprennen und -weltmeisterschaften werden ausgetragen, im Tal und über die Pässe staut sich der Verkehr, das Bahnl fährt nicht mehr. Und Luis Trenker ist Vergangenheit. Aber die Bergriesen leuchten wie eh und je.

Flora und Fauna im Naturpark Puez-Geisler

Der 107 Quadratkilometer große Naturpark Puez-Geisler gehört seit 2009 als Teil der Dolomiten zum Weltnaturerbe der UNESCO. Bedeutend sind im Reich der Flora die Fichtenbestände im Putiawald, die Lärchenwälder nahe des Halsl und die Zirbenbestände rund um den Peitlerkofel. Auf den Bergwiesen wachsen im Frühling Pelzanemonen, Soldanellen und Krokusse, im Sommer Lippen- und Rachenblütler. Etwas höher gedeihen Alpenastern und Edelweiß, Enzian und Glockenblumen. Auf einer Wanderung kann man Hasen, Eichhörnchen, Gämsen und Murmeltiere beobachten, den Spuren von Baummarder, Dachs und Steinbock folgen, Schmetterlinge flattern sehen und sich am Gesang der Vögel erfreuen. Hoch in den Lüften schwebt (vor allem im Langental) der Steinadler.

Die satten Wiesen der Seiser Alm erstrecken sich Richtung Langkofelgruppe.

Von Osten präsentiert sich der Langkofel wuchtig.

Um die Sellagruppe führen Wanderwege und die beliebteste Skirunde des Landes.

*** Langkofel

Wuchtig thront er über dem Grödnertal: der Langkofel, ladinisch »Saslonch«, italienisch »Sasso Lungo«, der lange Fels (3181 Meter Höhe). Zwar ist er mehr breit als hoch, gleichwohl beeindruckt die düstere Nordwand. 1 Kilometer lang und fast senkrecht ragt sie in den Himmel. Erstmals wurde die Wand über die sogenannte Pichlkante bezwungen, in mehrtägigem »Kampf« – wie das Verhältnis Mensch zu Berg früher oft umschrieben wurde. Vor Kurzem nahm der Grödner Adam Holzknecht bewusst die im Winter erschwerte, weil vereiste, Kletterroute auf. Anschließend stieg er über die Route des Wiener Erstbesteigers Paul Grohmann (1869) zur Langkofelscharte ab. Die Übernachtung in der Biwakschachtel am Gipfel des Langkofel muss einer Nacht im Millionen-Sterne-Hotel geglichen haben. Wer den Berg über die Ostwand bezwingt, entdeckt die aus Holz geschnitzte Madonna des Bildhauers Flavio Pancheri.

*** Sellagruppe und Sellajoch

»Via le moto dal Sella« heißt eine moderne Kletterroute an der Ciavazes-Südwand, die meistbesuchte Wand der Dolomiten. Dass die doch geräuschvollen Motorräder weg von den Sella-Bergstraßen sollen, kann jeder Kletterer in den Sellawänden und damit über den kurvenreichen Pässen von Grödner-, Sella-, Campolongo- und Pordoijoch nachvollziehen. Ruhiger sind die vielen Aufstiegsanlagen zu Füßen der nach dem italienischen Bergsteiger Sella genannten Gruppe. Sie ermöglichen die berühmte Sellaronda auf Skiern. Noch ruhiger geht es hier nur zu, wenn die Passstraßen wegen Lawinengefahr gesperrt sind oder wenn sie an einem Tag im Jahr ganz allein den Radfahrern gehören. Ansonsten ist dieser Bergstock wunder schön anzusehen, aber im Sommer ausschließlich oben auf der riesigen Hochfläche um Piz Boè (3151 Meter) und beim Abstieg durch das wildromantische Mittagstal zu genießen.

Phänomen Alpenglühen

An Gebirgen wie dem Rosengarten oder dem Langkofel ist es zu beobachten: das Phänomen des Alpenglühens. Wie in Feuer zu stehen scheinen die massiven Felswände der Gebirgsketten und wahrlich in der Atmosphäre zu verglühen. Tatsächlich hat das Streulicht der Sonnenaufgänge und -untergänge diese besondere Wirkung: Während der Vordergrund der Berge bereits oder noch im Dunkeln liegt, reflektieren die Felsen bzw. der Schnee das Licht strahlend rot – bei wolkenlosem, klaren Westhimmel –, so heben sich die Wände besonders kontrastreich zur Dunkelheit ab und scheinen zu glühen. Der Widerschein wird als Purpurlicht bezeichnet – der helle Schein färbt sich im oberen Teil rötlich und bildet so den Purpurfleck, der sich über den Fels als Purpurlicht ausdehnt.

Große Dolomitenstraße

Keine Gebirgsgruppe weltweit ist auf engem Raum so vielfältig wie die der Dolomiten: bizarre Felsspitzen, enorme Steilwände, wilde Schluchten, funkelnde Kargletscher und dazwischen hochalpine Matten mit Alpenrosen, Zirben, Latschen, Fichten und den im Herbst gelborange leuchtenden Lärchen. Dazu gesellen sich die vielfältigen Farbtöne der Kalkfelsen. Die-

ses grandiose Naturschauspiel wollten die Alpenvereine in Zeiten des aufkommenden Tourismus 1898 zum 50. Regierungsjubiläum von Kaiser Franz Joseph I. mit dem Bau der »Kaiserstraße« von Bozen nach Cortina d'Ampezzo würdigen. Doch erst 1909 konnte die 109 Kilometer lange Straße zur Gänze eröffnet werden. Dann war es aber vor allem das Militär, das die Straße nutzte. Erst nach dem Zweiten Weltkrieg erlangte die Dolomitenstraße ihre touristische Bedeutung. Als Verbindungsstrecke zwischen den wichtigen Orten des Eggen-, Fassa- und Buchensteintals über Karer-, Pordoi- und Falzagopass ist sie heutzutage von zentraler Bedeutung – und in den Hochsaisonen sommers wie winters meist überlastet.

Grasnelken blühen am Antermoiasee. Das Reich von König Laurin ist eine der schönsten Regionen Südtirols.

Der Naturpark Schlern-Rosengarten ist für seine einsamen Wege und menschenleeren Touren mit verstreuten Schutzhütten bekannt.

Themenwanderung: Planetenweg – Steinegg

Der Naturpark Schlern-Rosengarten bietet sich hervorragend für ausgiebige Wanderungen an. Etwas Besonderes sind dabei die Themenwanderungen, die hier begangen werden können. Auf dem Planetenweg mit Start und Ziel an der Sternwarte in Gummer wird das Sonnensystem erwandert. Der Erlebenisweg ist reich beschildert und sehr lehrreich. Ebenfalls sehenswert ist das auf dem Weg liegende Biotop. Vorbei am Gasthaus Unteregger führt der Weg weiter an Planeten wie Merkur und Venus entlang. Eine kleine Rast kann am Oberegger Hof eingelegt werden, wo sich auch der Mars befindet. Am Malgeier Hof bietet sich ein großartiger Blick auf die Dolomiten. Weiter geht es Richtung Ziel durch das Biotop und an weiteren Planeten entlang zurück.

*** Naturpark Schlern-Rosengarten

Fichtenkreuzschnabel und Alpenwaldameise fühlen sich in den dichten Wäldern und den satten Wiesen wohl, denn dort wachsen neben Alpenrosen und Krokussen auch Goldprimeln und Alpengrasnelken. Das knapp 8000 Hektar große Schutzgebiet bietet auch ein Refugium für Steinadler, Gemsen, Dohlen, Salamander und seltene Libellen. Mit seinen markanten Zinnen sorgt der Schlern für so manche mystische Geschichte. So ist es kein Wunder, dass die Gegend auch Heimat vieler Sagen und Mythen ist, vor allem, wenn die Strahlen der Abendsonne die Felsen in ein tiefes Rot tauchen. Über die Fauna und Flora des Schutzgebietes informiert das Naturparkhaus. Es ist untergebracht in einem 400 Jahre alten Sägewerk. Die wasserbetriebene Säge ist heute wieder voll funktionstüchtig. Auch zur Geologie der Dolomiten findet man hier interessante Fakten. Über den 3,5 Kilometer lange Naturerlebnisweg »Oswald von Wolkenstein« im Wald von Hauenstein bei Seis am Schlern freuen sich besonders Familien.

Blick von der Sass Rigais auf Seceda und Grödnertal.

*** Rosengarten

Von Bozen aus betrachtet, weist der Rosengarten auf zwei Drittel Wandhöhe eine Stufe auf, in der einst des Zwergenkönigs Laurin schönste rote Rosen wuchsen. Da er im Kampf um seine Liebe zur Tochter des Königs an der Etsch gegen das königliche Heer, allen voran Dietrich von Bern, chancenlos unterlag, blieb dem geschlagenen Laurin nur ein letzter Schlag: der Fluch! Nie wieder sollte je ein Menschenauge die Schönheit seines Rosengarten bewundern können, nicht bei Tag und nicht bei Nacht. Doch ach, er vergaß den Übergang zwischen Tag und Nacht, die Dämmerung. Und das ist der Grund, weshalb die Rosen heute nur noch bei Sonnenuntergang als Alpenglühen sichtbar werden. So weit die Sage. Eine andere Version leitet den Namen Rosengarten vom Wortstamm »ruza« ab, was so viel wie Geröllhalde heißt. Man hat die Wahl ...

Doppelt schön: Im Tierser Tal spiegelt sich bei Windstille das Rosengarten-Massiv im Wuhnleger Weiher.

Im späten Frühling verwandeln sich die Almwiesen im Eggental in bunt blühende Blumenteppiche.

** Tierser Tal

Mit ihren Mauern aus Natursteinen und dazwischen Putz wirkt sie fast verwunschen, die alte Holzmühle am Dorfeingang von Tiers. Das große, hölzerne Mühlrad und die Mahlsteine erinnern an das alte Handwerk, das hier an vielen Bächen einst ausgeübt wurde. Aber nicht wegen der Mühle kommen die meisten Gäste heute ins Tiersertal, sondern wegen des Panoramas. Auf den Almen oberhalb des Ortes bieten sich Panoramablicke auf das Herz der Dolomiten, den Rosengarten. Seine Spitzen und die Vajolet-Türme spiegeln sich malerisch im Weiher Wuhnleger, der ebenfalls oberhalb des Ortes gelegen ist. Doch nicht nur für Wanderfreunde ist die Gegend attraktiv. Kleine bäuerliche Strukturen blieben hier aufgrund der lange abgeschiedenen Lage ebenso erhalten wie uralte Rezepte für Brot und Wurst – ein kulinarischer Ausflug lohnt sich deshalb allemal. Ein Highlight für Gourmets ist die traditionell am dritten, den Einheimischen zufolge »garantiert regenfreien« Donnerstag im Juli stattfindende »Berglertafel« in Tiers am Rosengarten. Für dieses kulinarische Event des Jahres wird auf einer Almwiese oberhalb von St. Zyprian eine über 100 Meter lange Tafel für bis zu 160 Feinschmecker aufgebaut. Dabei sitzen alle in einer Reihe – mit atemberaubendem Blick auf die Vajolet-Türme der Rosengartengruppe. Serviert werden typische Tierser Gerichte – ein von einheimischen Profiköchen mit viel Liebe und Fingerspitzengefühl kreiertes Fünf-Gänge-Menü. Alpenglühen inklusive.

*** Eggental

Dieses Tal bildet das Tor zu den »schönsten Bergen der Welt«, wie Bergsteiger Reinhold Messner die Dolomiten gern bezeichnet. Die enge Eggentaler Schlucht haben schon Berühmtheiten wie Kaiserin Elisabeth von Österreich, Winston Churchill oder Agatha Christie durchschritten, als sie hier Erholung suchten. Sie genossen das sonnige Tal und die gute Bergluft auf 1300 Metern Höhe. Auch Karl May, der Schöpfer von Winnetou & co., hat am Karersee Anfang des 20. Jahrhunderts geurlaubt – und die Region literarisch (»In den Schluchten des Balkan«, »Das wilde Kurdistan«) verewigt. Während die VIPs eher im Grand Hotel Carezza unterkamen, zieht es Urlauber heute auf den Karl-May-Weg oder andere Wanderrouten, um die Natur zu erkunden und in den kleinen Dorfgaststätten einzukehren. Im Winter freuen sich Skifans über lange Pisten und ein gut ausgebautes Liftsystem. Im Sommer lockt das Erlebnisreich »Latemarium« – ein Wanderparadies mit interaktiven Stationen, Schautafeln und Skulpturen, dessen Kulisse der ebenfalls zum UNESCO-Weltnaturerbe Dolomiten gehörende Latemar-Gebirgsstock bildet. Am bequemsten fährt man mit dem Sessellift Obereggen-Oberholz hinauf zur Aussichtsplattform »latemar.360°«. Näher erkunden lässt sich die grandiose Natur auf sieben Themenstrecken verschiedenster Schwierigkeitsgrade. Über uralte Bergwälder und saftig grüne Wiesen unterwegs zu bewirtschafteten Almhütten genießt man immer wieder fantastische Aus- und Weitblicke.

Welschnofen

Die kleine Gemeinde liegt im hinteren Teil des Eggentals und bietet dank seiner landschaftlich reizvollen Lage ein großes Angebot im Sommer wie im Winter. Auf einer Höhe von 1182 Metern gelegen, ist sie umgeben von grünen Almwiesen und Wäldern, deren Holzqualität herausragend ist. Das Gemeindegebiet erstreckt sich zum Rosengarten, Latemar und Karerpass. Wunderschön und leicht versteckt leuchtet der Karersee mit seinem tiefgrünen, kristallklaren Wasser inmitten der Bergmassive tief in den Fichtenwäldern und direkt unter den Latemarspitzen. Allein der See lohnt einen Ausflug von der kleinen Gemeinde mit ihren 1900 Einwohnern aus. Im September findet traditionell auf den Almwiesen die König-Laurin-Schupfenwanderung statt. Im Winter laden die Berge zum Wintersport ein.

Südtirols deftige Delikatessen

In Südtirol schmeckt's. Wer wandert, bikt und klettert oder Ski fährt, der hat garantiert Appetit. Die regionale Küche bietet da Passendes für jeden Gaumen. Für unterwegs passt die Kaminwurz oder ein Stück Speck in den Rucksack, zusammen mit dem würzigen Vinschgauer Brot. Oben auf der Alm kocht die Sennerin dann richtig auf: Als Erstes wird »a saure

Suppn«, Brennsuppe mit Kutteln, gelöffelt. Als Hauptspeise empfiehlt sich ein »Tris«: »Schlutzkrapfen« – Teigtaschen, meist mit Kartoffelfüllung –, Speckknödel und als dritte Variante Spinatknödel. Beliebt sind auch die »Südtiroler Tirtlen«, in Fett gebackene Teigblätter, meist mit Kraut oder Topfen gefüllt. Für süße Gelüste stehen Apfelstrudel und alle möglichen Sorten von Krapfen bereit. Dazu je nach Vorliebe DOC-Wein aus Südtirol oder heimisches Bier. Gestärkt geht's weiter, bis im Magen wieder Platz ist, beispielsweise für Buchweizen- (»Schwarzplenten«-)Gerichte und im Anschluss einen »Zelten«, leckeren Feigenkuchen mit allerlei Früchten und Gewürzen. Natürlich gehört auch die Küche Italiens dazu. An Guadn!

Inmitten der Dolomiten unterhalb der Latemarspitzen versteckt, liegt der Karersee.

** Deutschnofen

Die Gemeinde Deutschnofen erstreckt sich über große Teile des Regglbergs und des diesen ostseitig begrenzenden Eggentals. Die tief die Landschaft einschneidende Brantental trennt die beiden Hauptsiedlungen Deutschnofen und Petersberg. Über letzterem thronen auf 1520 Metern die berühmte Wallfahrtskirche Maria Weißenstein und das dazugehörige Kloster. Neben deutsch und italienisch spricht man heute hier ladinisch, im frühen Mittelalter hörte man wohl auch bairische Klänge nimmt man doch an, dass der Name Deutschnofen zurückgeht auf Bajuwaren, die hier einst die waldreiche Gegend gerodet haben. Dass Bräuche, Sprache und Sitten der Deutschnofner aus Bayern kommen könnten, bekräftigt unter anderem auch das Patrozinium der Deutschnofner Kirche: Ulrich war Bischof von Augsburg und Wolfgang Bischof von Regensburg. Mit Stolz können die Bewohner jedenfalls darauf verweisen, dass Deutschnofen bereits im 13. Jahrhundert eine eigene Gerichtszuständigkeit besaß. Anfangs wurde im Freien und ab dem 16. Jahrhundert in Schloss Thurn gerichtet. Im landwirtschaftlich geprägten Deutschnofen haben sich bis heute 260 Bauernhöfe halten können, aber immer mehr von ihnen werden nicht mehr bewirtschaftet.

Rau und unnachgiebig erscheinen die Zacken der Latemarspitzen.

*** Karersee und Latemar

Der nur etwa 3 Hektar große, 1519 Meter hoch gelegene Karerseee gehört zu den schönsten Bergseen der Alpen. Sein Ufer, an dem schon Kaiserin Sisi gern promenierte, säumt dunkler Wald, im smaragdgrünen Wasser spiegeln sich Rosengarten und Latemar. Berühmt ist das Farbenspiel des südöstlich von Welschnofen in einer knappen Viertelstunde mit dem Auto zu erreichenden Sees. Im Ladinischen wird er auch »Lec de Ergobando« (Regenbogensee) genannt. Verantwortlich für den nur ganz früh am Morgen oder spät am Nachmittag zu beobachtenden Farbzauber ist der Sage nach eine Seejungfrau, in die sich einst ein Hexenmeister verliebte. Um ihre Gunst zu gewinnen, schlug er einen Regenbogen, der von der Rosengartengruppe bis zu den Wänden des Latemar-Gebirgstocks reichte. Doch die Angebetete zeigte sich davon unbeeindruckt, verschmähte seine Liebe und verschwand für immer im See. Was den Hexenmeister so wütend machte, dass er den Regenbogen in Stücke hieb und sie ihr hinterher in den See warf, wo sie sogleich in den herrlichsten Farben zu funkeln begannen. Gespeist wird der See von unterirdischen Quellen aus dem Latemargebirge, sein Wasserstand ändert sich ständig. Zwischen dem höchsten Stand im Frühjahr (22 Meter) und dem tiefsten im Herbst (6 Meter) liegen beträchtliche Unterschiede. Auch im Winter, zugefroren und schneebedeckt, bietet der See einen herrlichen Anblick. Höchste Spitze des rund 1300 Meter über den Wasserspiegel aufragenden Latemargebirges – eines der kleinsten und am wenigsten erschlossenen Felsmassive der Dolomiten – ist der 2842 Meter hohe Diamantiditurm (auch Westliche Latemarspitze, Großer Latemarturm oder Latemar-Hauptturm genannt).

Deckenmalerei in der Kapelle St. Helena in Deutschnofen.

Wallfahrtskirche Maria Weißenstein

Der Ursprung des bedeutenden Wahlfahrtortes geht auf das Jahr 1553 zurück, als dem Bergbauern Leonhard Weißensteiner die Jungfrau Maria erschien, um dessen Krankheit zu heilen. Aus Dankbarkeit wollte er eine Kapelle ihr zu Eheren erbauen, in der Gläubige um ihre Hilfe beten konten. Da die Kapelle bald ein begehrtes Ziel zahlreicher Wallfahrer wurde, musste eine größere Kirche her. 1673 errichtet, wurde sie 1719 bis 1722 von den Architekten Johann Martin Gump und Agostino Maria Abfalterer umgebaut. Barockisiert wurde sie anschließend von Giuseppe Dellai. Im Inneren bietet die Kirche unter anderem das beeindruckende Gnadenbild der Schmerzhaften Muttergottes sowie das Deckengemälde des Wiener Fresken- und Tafelmalers Adam Mölk.

Bozen und Umgebung

In der Südtiroler Landeshauptstadt Bozen liegt viel Italien in der Luft – und das nicht nur wegen des milden Klimas oder des kulinarischen Angebots von Pizza und Pasta. Ein angenehm südländisches Dolce Vita breitet sich hier aus, ob beim Bummel durch die malerische Altstadt oder beim Durchstreifen einer der vielen Märkte mit ihrem opulenten Sortiment an Obst. Gleichzeitig bietet die Stadt und ihre Umgebung alles, was Südtirol ausmacht: eine grandiose Bergwelt, kulturelle Highlights vom Museum bis zur gotischen Kirche und eine liebenswerte Gastfreundschaft.

Unterwegs in Bozen und Umgebung

In einen Talkessel eingebettet umrahmen Sarntaler und Fleimstaler Alpen und die Nonsberggruppe die Stadt Bozen, drei Flüsse kreuzen hier den Weg: Etsch, Eisack und Talfer. Beste Voraussetzungen für einen Ausflug in die Natur als Alternative zum quirligen Stadtleben.

Rittner Rücken mit seinen bizarren Erdpyramiden unter der atemberaubenden Kulisse der Dolomiten.

*** Ritten

Der Sommerhitze auf rund 250 Metern Meereshöhe entflieht der Bozner auf die 1000 Meter höher gelegene Ebene des bereits im Jahr 900 erstmals als »Mons Ritanus« (»Rittner Höhenrücken«) erwähnten Plateaus auf der Sonnenseite der Sarner Alpen. Die Aussicht verschlägt einem schier den Atem. Wer wandert, sollte innehalten, sich der Schönheit dieses Fleckchens Erde bewusst werden. Die wohlhabenden Bürger Bozens hatten den Ritten eben nicht nur wegen der Sommerfrische schon seit dem 17. Jahrhundert für sich entdeckt, erst viel später genossen die Städter Aussicht und Kühle auch jenseits der Sarner Schlucht. Die Rittner Bahn ist eine elektrisch betriebene Schmalspurbahn: Das »Bahnl«, wie sie liebevoll im Volksmund genannt wird, verbindet die Ortschaften Maria Himmelfahrt, Oberbozen, Wolfsgruben, Lichtenstern und Klobenstein am Rittner Hochplateau. In Klobenstein startet der einfache, flache Wanderweg 24 ins Erdpyramidental, dort findet man auch einen Lageplan mit dem Wegverlauf zu den berühmten Rittner Erdpyramiden. Empfehlenswert ist zudem eine Erkundung des 2260 Meter hohen Rittener Horns, den das ganze Jahr über zu sportlichen Aktivitäten einladenden Hausberg der Rittner – ob im Sommer als alpine Wanderung oder im Winter mit Schneeschuhen.

* Salten

Als südwestlicher Ausläufer der Sarntaler Alpen liegt der Salten, ein 1407 Meter hohes, mit ausgedehnten Almen und Wiesen, dunklen Nadelwäldern und südlicher Vegetation bestücktes Hochplateau, das die Südtiroler meist »Tschögglberg« (schiefer Berg) nennen, wie ein Keil zwischen den Tälern der Talfer und der Etsch. Im Norden geht sie mit dem für seine farbenprächtige Krokusblüte (Mitte April bis Anfang Mai) bekannten Möltner Joch (1750 Meter) und dem

Gleich drei Heiligen ist die gotische Kirche in Jenesien geweiht: Genesius, Sylvester und Margaretha.

Jenesinger Jöchl (Alm mit Ausschank auf 1664 Metern) in den höheren Teil der Sarntaler Alpen über. Von Vöran wie von Hafling aus führen Wanderwege zu den »Stoanernen Mandln«, einer Gruppe sagenumwobener, aus Steinplatten aufgeschichteter »Männchen« in 2000 Metern Höhe – ein rätselhaftes »Stonehenge« der Sarntaler Alpen. Zwei Gemeinden teilen sich den Salten, Jenesien im Osten und Mölten, der eigentliche Hauptort, im Westen.

* Jenesien

Eingebettet in die zauberhafte Naturlandschaft des Salten, bietet sich das hoch über Bozen gelegene und von dort mit einer Seilbahn erreichbare Dorf Jenesien, durch das der Europäische Fernwanderweg E 5 verläuft, als Ausgangspunkt herrlicher Wanderungen an. Oberhalb von Jenesien breiten sich traumhafte Lärchenwälder aus, in der Ferne begeistert die Ortlergruppe. Wie am Ritten gibt es auch hier, in der Gegend um Glaning, Erdpyramiden.

* Mölten

Hier, auf einer der schönsten Hochflächen Südtirols, keltert die höchstgelegene (1200 Meter) Sektkellerei Europas prickelnde Schaumweine aus den Trauben der Weinberge rund um Terlan.

Erdpyramiden

Die Südtiroler Erdpyramiden sind wohl eine Folge von Erosionserscheinungen, die im Lauf der Jahrhunderte durch den Wechsel von Regen- und Trockenzeiten in windgeschützten Lagen begünstigt wurden. Die schönsten und größten findet man am Ritten. Dort wurden der späteiszeitliche Moränenlehm des großen Eisacktaler Hauptgletschers und der lokalen Nebengletscher aufgeschüttet. In trockenem Zustand ist dieser Moränenlehm steinhart, feucht wird er zu einem lehmigen, den Hang talabwärts rutschenden Brei. Die beim Abrutschen entstehenden Steilwände sind eine weitere Voraussetzung für die Bildung der Erdpyramiden. Charakteristisch für ihr Aussehen sind die in den Lehm eingeschlossenen größeren Decksteine, die das unter ihnen liegende Moränenmaterial länger trocken und hart erhalten.

Schloss Runkelstein

Beinahe wie aus dem Felsen gehauen schmiegt sich Schloss Runkelstein an den kleinen Berg. Im 13. Jahrhundert bot die exponierte Burg auf ihrem Hügel einen perfekten Platz, um das Handelstreiben zwischen dem Sarntal und Bozen zu kontrollieren. Ein schattiger Fußweg führt steil den Berg hinauf, vorbei an sonnenbadenden Eidechsen und blühenden Blu-

men. Besucher müssen eine kleine Wanderung in Kauf nehmen, bevor sie durch das alte Burgtor schreiten und auf dem schattigen Hof von Schloss Runkelstein stehen. In Sichtweite der Stadt Bozen gelegen, befindet sich dieser kunsthistorische Schatz, der auch als Bilderburg bekannt ist, denn die Fresken bilden ein seltenes Zeugnis des höfischen Lebens Ende des 14. Jahrhunderts. Ob Sommerhaus oder Ballsaal – überall gibt es farbenfrohe Wandmalereien, darunter auch die Sage von König Artus oder auch Alltagsszenen. Allerdings wurden Fresken teilweise auch zerstört, da Explosionen, Brände und Einstürze dem Schlossgebäude vor allem im Verlauf des 18. Jahrhunderts immer wieder zusetzten.

*** Bozen

Südtirols Kapitale entwickelte sich in den letzten Jahren zu einer lebendigen Metropole, die mit der dreisprachigen Universität und Bauten wie dem Theater, der Messe und dem Museion den Sprung in die Moderne schaffte, ohne den Charme einer reichen Historie einzubüßen.
Gelegen in einem weiten Talbecken, in dem sich die Flüsse Etsch, Eisack und Talfer vereinigen, prägt Bozen eine spannende Mischung aus mediterraner Lässigkeit und nordeuropäisch-gründlichem Ordnungssinn. Italienische und deutsche Kultur, Architektur, Sprache und Lebensart prallen hier aufeinander, Deutsche und Italiener leben in der Stadt mal mit- und manchmal auch nebeneinander. Im Norden bieten die beliebten Ausflugsziele Ritten, Kohlerer Berg und Salten Schutz vor kalten Winden, während sich im Osten die Gebirgsrücken von Schlern und Rosengarten erheben. Im Westen blickt man auf die Weinberge Eppans und die Ruine der Burg Sigmundskron, gen Süden öffnet sich der Talkessel zur lieblichen Landschaft des Überetschs. Dort beginnt die Südtiroler Weinstraße, und von dort strömt ungehindert mediterrane Luft ein. Im Juli und August wird es in der Stadt deshalb oft so heiß, dass die Bozener froh sind um ihre Sommerfrischen in den umliegenden Höhen.

1 *** **Altstadt** Bozen wird geteilt durch den Fluss Talfer. Westlich der Flussufer findet man die eher nüchterne, in der ersten Hälfte des 20. Jahrhunderts entstandene italienische Neustadt, östlich davon ist das Altstadtareal zwischen Talfer und Eisack Mittelpunkt des deutschsprachigen Bozens. Der gut erhaltene Stadtkern lässt dort die mittelalterliche Anlage noch erkennen, auch wenn es keine Stadtmauern und -tore mehr gibt. Die Bozner Laubengänge, heute eine exklusive Einkaufsstraße, bildet mit den parallel verlaufenden Silber- und Bindergassen, Rathausplatz und Obstmarkt ein weitgehend geschlossenes Ensemble. Über die Südseite des nach dem deutschen Minnesänger Walther von der Vogelweide benannten Waltherplatzes erreicht man den Dom, das Wahrzeichen der Stadt. Bemerkenswert ist der 62 Meter hohe gotische Glockenturm mit seinen filigranen Sandsteinarbeiten. Wie der Dom wurde auch die Dominikanerkirche westlich des Waltherplatzes gegen Ende des Zweiten Weltkrieges stark beschädigt, aber später originalgetreu aufgebaut. Einen Besuch lohnt dort die Johanneskapelle mit ihren reichen Fresken: Gemalt von Schülern Giottos di Bondone um die Mitte des 14. Jahrhunderts, gelten sie als wegweisend für die »Bozner Schule«. Schmuckstück des Franziskanerklosters im Norden der Altstadt sind der prächtige, im Atelier des Brixener Meisters Hans Klocker entstandene Flügelaltar aus dem Jahr 1500 und der mit Fresken (um 1310) geschmückte Kreuzgang.

Zentrum von Bozen: der Waltherplatz mit der Pfarrkirche Maria Himmelfahrt.

Bozner Altstadt vor Bergkulisse.

Museion

Bozens Altstadt ist eine bedeutende »Museumsmeile«: Neben dem Stadtmuseum (kostbare Sammlung archäologischer Funde, Zeugnisse mittelalterlicher und gotischer Kunst sowie eine Ausstellung traditioneller Trachten samt Accessoires) und dem Archäologiemuseum, das die weltberühmte Gletscherleiche Ötzi in einer Klimakammer aufbewahrt, findet man hier das von den Berliner Architekten »KSV Krüger Schuberth Vandreike« entworfene, kurz »Museion« genannte Museum für moderne und zeitgenössische Kunst. Direkt an den Talferwiesen gelegen und über den Fluss auf einer eleganten Fußgängerbrücke zu erreichen, ist der lichte, transparente Kubus des Museumsbaus Ausstellungsort und Hort einer interdisziplinär ausgerichteten Kunstwerkstatt zugleich.

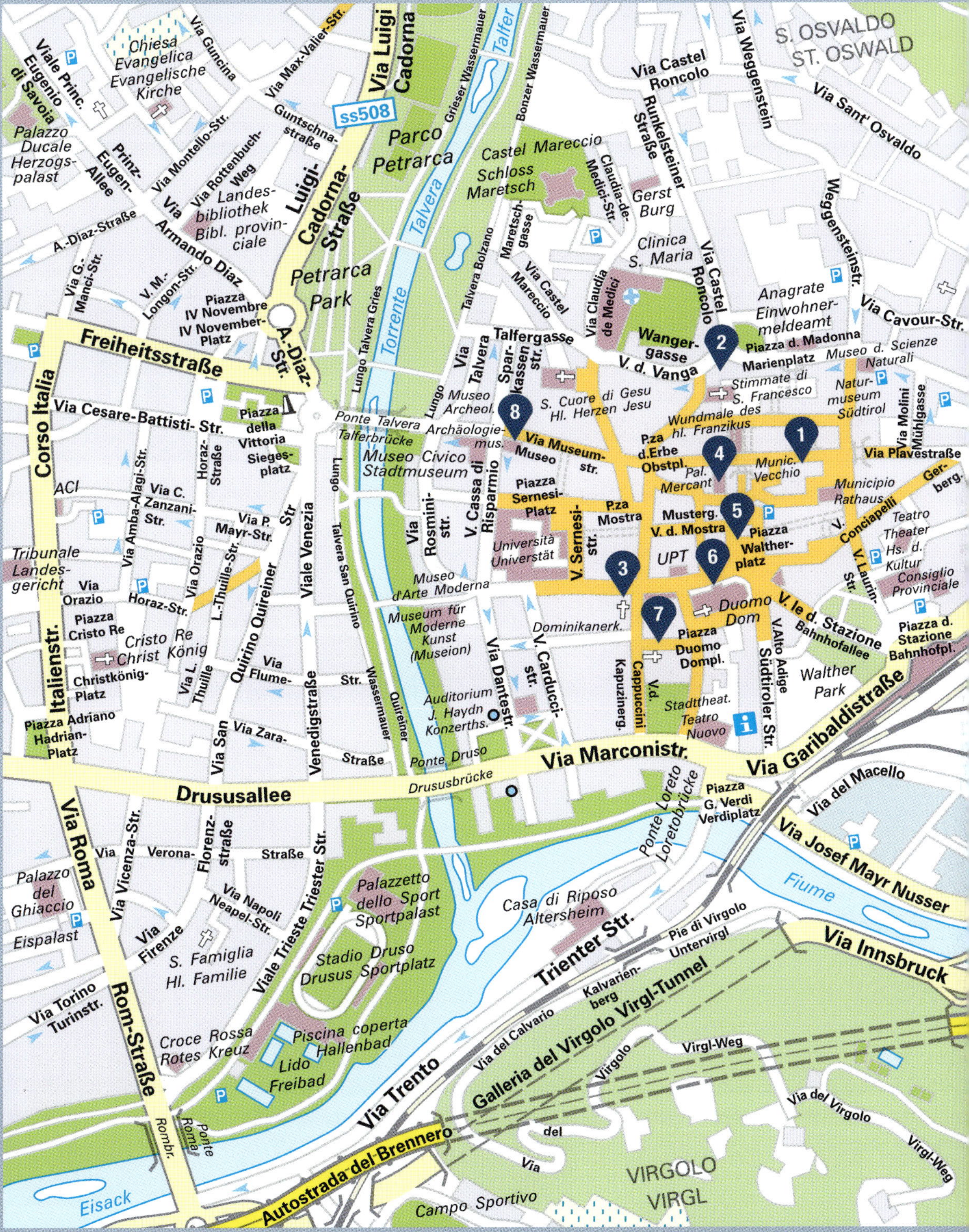
Via Marconistr.
Via Garibaldistraße
Drususallee
Freiheitsstraße
Corso Italia
Via Roma
Rom-Straße
Via Innsbruck
Via Josef Mayr Nusser
Autostrada del Brennero
Galleria del Virgolo Virgl-Tunnel
Via Trento
Trienter Str.
Parco Petrarca
Petrarca Park
Castel Mareccio
Schloss Maretsch
Museo Civico
Stadtmuseum
Piazza Walther-platz
Duomo
Dom
Walther Park
Stadio Druso
Drusus Sportplatz
VIRGOLO
VIRGL
S. OSVALDO
ST. OSWALD
Eisack
Fiume
Talfer

Nördlich des Franziskanerklosters erstreckt sich der Kreuzgang mit seinen durch Kleeblattbögen verbundenen Säulen.

2 * Franziskanerkloster** Ganz in der Nähe des Obstmarktes in Bozen versteckt sich eine Oase der Stille hinter dicken Mauern. Das Franziskanerkloster gehört zu den christlichen Schätzen der Stadt – und zu den ersten Klöstern der Franziskaner im deutschsprachigen Raum. 1237 wurde das Haus bereits urkundlich erwähnt – elf Jahre nach dem Tod des heiligen Franziskus von Assisi. Von dem ursprünglichen Bau ist nichts mehr erhalten, denn er ging 1291 in Flammen auf. Mehr als 50 Jahre später wurde das Kloster im gotischen Stil wiederaufgebaut. Vor allem der Kreuzgang mit seinem angrenzenden Garten ist sehenswert. Auch der von Hans Klockner gestaltete Flügelaltar, der Szenen der Geburt Christi zeigt, zählt zu den Kunstschätzen. Noch immer wohnen Franziskanermönche in den ehrwürdigen Mauern.

3 * Dominikanerkloster** Der Dominikanerplatz bildete im Mittelalter das Wirtschaftszentrum der Stadt Bozen. Händler trafen sich hier ebenso wie Banker und Marktfrauen. Schon

Die Fresken der Johanniskapelle zeigen alttestamentliche und neutestamentliche Weisheiten.

bald brauchte der Platz auch einen Ort des Glaubens, so gründeten Kaufleute 1272 hier ein Kloster. Später stiftete der Bankier Nicolo Rossi-Boccio aus Florenz Wandmalereien. Viele der Kunstschätze sind Bombenangriffen im Zweiten Weltkrieg zum Opfer gefallen. Die Aufbauarbeiten sind erst 2008 abgeschlossen worden, nachdem erst in den 1960er-Jahren das Langhaus wiederhergestellt war. Die Fresken in der Johanneskapelle, gemalt im Stil von Giotto, sind als einzige heute noch erhalten. Sie stellen Szenen aus dem Leben der Maria oder Legenden dar und gelten als wertvollste der Stadt. Heute erklingt in Teilen des Klosters oft Musik, dort ist das Musikkonservatorium Claudio Monteverdi untergebracht.

4 ** **Merkantilmuseum** Bozens Aufstieg zur Messestadt ebnete einst Erzherzogin Claudia de Medici. Ihr verdankt man hier die 1635 erfolgte Gründung eines autonomen Handels- und Wechselgerichts, des Merkantilmagistrats. Das prächtige Barockgebäude entstand zwischen 1708 und 1731 nach Plänen Francesco Perottis. Im Inneren zeigt das Merkantilmuseum gut erhaltene, schöne Barockmöbel und Gemälde.

5 ** **Waltherplatz mit Denkmal** Dem bedeutendsten deutschsprachigen Lyriker des Mittelalters, Walther von der Vogelweide (um 1170-1230), ist das 1889 enthüllte Denkmal auf dem nach ihm benannten Platz gewidmet. Angeblich war der Minnesänger ein Sohn Tirols. Gesäumt wird der Platz von vielen Boutiquen, Bars und Cafés.

6 ** **Dom** Am Waltherplatz (Walther-von-der-Vogelweide-Platz) steht Bozens Dom, den man auch Pfarrkirche oder Propsteikirche Maria Himmelfahrt nennt – seit den 1960er-Jahren ist das Gotteshaus zugleich auch Bischofskirche. Im 14. Jahrhundert wurde mit dem Bau im gotischen Stil begonnen. Mit der Fertigstellung des in spätgotischen Formen ausgeführten Glockenturms, der mit einer Höhe von 62 Metern das Wahrzeichen der Stadt ist, war im Jahr 1517 das Bauwerk vollendet. Aus vielfarbigen Ziegeln setzt sich das auffällige geometrische Muster des Dachs zusammen. Im Innern ist aufgrund mehrerer Zerstörungen nur recht wenig von der Originalausstattung erhalten geblieben. Sehenswert sind die gotische Kanzel aus Sandstein, die um 1514 entstand, und der prächtige barocke Hochaltar.

7 ** **Kapuzinerkirche** Die erste von Kapuzinermönchen errichtete Kirche in Bozen entstand im Mittelalter, der heutige Bau stammt aus dem frühen 17. Jahrhundert. Das dem heiligen Antonius von Padua geweihte Gotteshaus besticht in seinem Innern vor allem durch den barocken Hochaltar und das Altargemälde »Antonius zwischen Andreas und Paulus«, ein Werk von Felice Brusasorci (1542–1605).

8 * **Südtiroler Archäologiemuseum** Die in Anspielung auf die bekannte, 5300 Jahre alte Gletschermumie »Ötzi-Museum« genannte Sammlung zeigt neben dem Sensationsfund selbst viel Interessantes aus der Historie der Region seit der Altsteinzeit. Für Kinder wird ein kostenloser Betreuungsservice angeboten.

Die eindrucksvollen Heiligenbilder des Franziskanerklosters stellen biblische Szenen dar.

Bozener Lauben

Als Haupteinkaufsstraße ziehen sich historische Lauben von Osten nach Westen durch die Bozner Altstadt. Die Bürgerhäuser entlang der Straße stammen überwiegend aus der Spätgotik. Sie sind mit Fresken und Steinmetzarbeiten verziert und weisen malerische Erker auf. Unter den schattigen Arkadengängen locken Boutiquen und zahlreiche andere Geschäfte und Cafés. Manche Gebäude sind üppig mit Stuck geschmückt, wie das barocke Haus mit der Nr. 46. Das Haus Nr. 30 mit seinen spitz zulaufenden gotischen Arkaden hat auf der Dachtraufe einen Wasserspeier in Form eines Drachens. Sehenswert ist auch die »Apotheke zur Madonna« (Nr. 17). Die Geschichte der Lauben wird auch im Merkantilmuseum bei einem Rundgang durch das unterirdische Bozen erzählt.

Ein Werk der Stararchitektin Zaha Hadid: das »Messner Mountain Museum« am Kronplatz auf 2275 Metern Höhe.

Schloss Maretsch, eine Niederungsburg, östlich der Talferpromenade in Bozen.

** Schloss Maretsch

Am Stadtrand von Bozen wachsen Weinreben in Reih und Glied auf dem dunklen Boden. Daraus ragt Schloss Maretsch empor, das mit seinen wehrhaften Mauern, den runden Ecktürmen und dem wuchtigen, unverputzten Bergfried an eine mittelalterliche Burg erinnert. Die Geschichte des Schlosses beginnt schon im 13. Jahrhundert mit der Familie Maretsch. Es wurde im 12. Jahrhundert als Wasserburg errichtet und zeigt einen schönen Panoramablick auf den Rosengarten. Das Schloss bekam im 16. Jahrhundert sein heutiges Aussehen mit dem Wehrgang und den Schwalbenschwanzzinnen. Mit dem Aussterben der Familie Maretsch im 15. Jahrhundert wechselte das Schloss immer wieder den Besitzer. Die Familie Römer baute es zu dem heutigen Renaissance-Schloss um. Besichtigungen der Anlage sind rar, das Baudenkmal wird heute als Kongresszentrum genutzt und ist für Besucher nicht zugänglich. Hin und wieder versucht die Stiftung Bozner Schlösser es für Besucher zu öffnen. In Absprache können aber Besichtigungen für Gruppen organisiert werden. Konzerte bieten Gelegenheit, einen Blick auf die wertvollen Renaissance-Fresken zu

Schuh des 1970 beim Bergsteigen tödlich verunglückten Günther Messner im »Messner Mountain Museum« auf Schloss Sigmundskron.

werfen. Das Schloss gehört zur Südtiroler Weinstraße, die allein an 86 Burgen und Schlössern vorbeiführt und ein Zeugnis des einstigen Adelslebens der Region gibt.

* Messner Mountain Museum

Der Berg ist für ihn ein Mythos geblieben, obwohl er sich wie kaum ein anderer mit Gipfeln auseinandergesetzt hat: Extrembergsteiger Reinhold Messner hat den Alpen sein ganz eigenes Denkmal gesetzt. Sein »Messner Mountain Museum« ist eine einzigartige Schau der Bergweltthematik. Sie gliedert sich in verschiedene Themenbereiche wie ewiges Eis, Alpingeschichte und Bergvölker und hat sechs verschiedene Standorte, an denen Messner viele seiner Mitbringsel von den Gipfeltouren zeigt, von der tibetischen Gebetsmühle bis zu Buddhastatuen. Firmian im spätmittelalterlichen Schloss Sigmundskron bei Bozen fungiert als Zentrum der fünf Museen. Es dokumentiert die Geschichte des Bergsteigens ebenso, wie es sich kritisch mit der Ausbeutung der Berge auseinandersetzt. In jedem Museum legt Messner einen Schwerpunkt auf den Berg als religiöses Symbol.

Reinhold Messner

Er stand als erster Mensch der Welt auf den Gipfeln aller 14 Achttausender, bestieg im Jahr 1978 den höchsten Berg der Welt ohne Sauerstoffmaske, durchquerte Eis- und Sandwüsten, ist Abenteurer, Bergsteiger, Buchautor, Vortragsreisender, Bergbauer, Kurzzeitpolitiker, Museumsgründer: Reinhold Messner (Jahrgang 1944) ist ein ewig Reisender, der die Welt gesehen hat und sich selbst als Weltbürger bezeichnet, aber doch auch, in einem Gespräch mit seinem Landsmann, dem Journalisten Robert Asam, als »Südtiroler mit Haut und Haaren«. Den Begriff »Heimat« verbindet er vor allem mit seinen Kindheitserinnerungen, die für ihn »immer wieder bei der Gschnagenhartalm in Villnöss« enden. Heute lebt der gebürtige Villnösser mit seiner Familie im Winter in Meran, im Sommer auf Schloss Juval im Vinschgau und widmet sich Kulturprojekten wie dem auf sechs Orte und Ausstellungen verteilten »Messner Mountain Museum«, seinem »15. Achttausender – die Summe all meiner Erfahrungen«.

Überetsch-Unterland

Sonnenverwöhnt zeigt sich die Region Überetsch-Unterland im äußersten Süden Südtirols. Nicht zufällig führt die Südtiroler Weinstraße an den kleinen idyllischen Ortschaften entlang. Die sanft geschwungene Mittelgebirgslandschaft ist ideal für Rad- und Wandertouren. Das Überetsch ist außerdem das burgenreichste Gebiet Europas, einzigartig sind die Ansitze in Eppan, schmucke, burgenartige Landhäuser und Schlösschen, die sich reiche Handelsherren und Adelige im 16. und 17. Jahrhundert hier errichteten.

Unterwegs im Überetsch-Unterland

Unter diesem Namen haben sich 18 Gemeinden zu einer Bezirksgemeinschaft zusammengeschlossen. Ihr Hauptort ist Neumarkt, wirtschaftlich lebt das Gebiet – neben dem Tourismus – von dem, was die Landschaft hier optimal möglich macht: vom Wein- und Obstanbau.

Malerisch wird der Kalterer See von den Rebhängen umgeben.

Südtiroler Weinmuseum

Das älteste Weinbaumuseums Italiens liegt passenderweise auch gleich in der ältesten Weinbauregion des deutschen Sprachraumes in Südtirol. Es wurde 1955 oberhalb des wunderschönen Kalterer Sees im Schloss Ringberg eröffnet. Mittlerweile befindet sich das Museum im Zentrum des Weindorfes Kaltern, und zwar in der historischen ehemaligen Kellerei »Di Pauli« (Bild). Das Museum zeigt sehr anschaulich die Kulturgeschichte des Weinanbaus in Südtirol. Neben ausgestellten Fotos und Werkzeugen werden auch Verkostungen und Termine zur Weinlese angeboten. Aber auch das Kreuzgratgewölbe aus dem Jahre 1693 im Torgglraum, die steingefassten Spitzbogentüren und die Tiefe des Kellers sind beeindruckend und einen Besuch des Museums wert. Mehr Informationen unter: www.weinmuseum.it/de/default.asp

** Eppan

Pinot Blanc oder Chardonnay – auf den Weinbergen rund um Eppan wachsen die feinsten Tropfen Südtirols. Die Gemeinde direkt an der Südtiroler Weinstraße kann das größte Weinanbaugebiet der Region für sich verzeichnen. Sie erstreckt sich von 200 bis auf 1600Höhenmeter, auf denen die 25 Kellereien sowie zwei Grappa-Brennereien die Spezialitäten herstellen. Mehr als 20 Burgen und Schlösser säumen die Weinstraße in diesem Abschnitt, darunter Burg Hocheppan, eine der wichtigsten Wehrbauten Südtirols. Insgesamt schließen sich neun Dörfer zur Gemeinde Eppan zusammen, Hauptort ist St. Michael. Neben den beschaulichen Dörfern mit ihren engen Gassen sowie den zahlreichen, in der Renaissance- und Barockzeit entstandenen Ansitzen, den Kirchen und Kapellen und den exquisiten Weingütern zählen vor allem die Eislöcher zu den Touristenattraktionen. An den Eingängen zu den Höhlen gefriert manchmal selbst im Sommer das Wasser.

Der romanischen Freskenzyklus der Kirche St. Jakob in Kastelaz gehört zu den ältesten des deutschen Sprachraums.

** Kaltern und Kalterer See

Leicht, frisch, fruchtig – so schmeckt der berühmteste Südtiroler Rotwein. Die Sorte ist nach dem Kalterer See benannt und wird aus Vernatsch-Trauben gekeltert. Am sonnenreichen Bergplateau finden die Reben ideale Bedingungen, um gute Weine hervorzubringen. So weit das Auge reicht, breiten sich Rebstöcke in der lieblichen Landschaft der Marktgemeinde Kaltern an der Weinstraße aus, lediglich Kirchen und Bauernhöfe durchbrechen das Bild. Der Ort Kaltern verfügt nicht nur über ein sehenswertes Weinmuseum, sondern auch ein Rebenmuseum – es zeigt gut 300 Arten. Sogar ein Wein gekeltert aus 100 verschiedenen Sorten kann dort probiert werden. Die Sonne verwöhnt in Kaltern nicht nur die Trauben, sondern auch den Badesee und macht ihn zum wärmsten der Alpen. Im Sommer ist er beliebt bei Surfern und Anglern, die seine fischreichen Gründe schätzen. Am Westufer nehmen Einheimische wie Urlauber gern ein Sonnenbad.

Typischer Überetscher Ansitz, errichtet im 16. Jahrhundert: Ansitz Wohlgemuth in Eppan.

Südtiroler Weinstraße

Wein wird im Etschtal schon seit Jahrtausenden angebaut, aber der touristische Zusammenschluss von 16 Gemeinden der Region unter dem Begriff „Südtiroler Weinstraße" entstand erst 1964. Heute tragen einige Orte den Zusatz „an der Weinstraße" sogar amtlich besiegelt in ihrem Namen. Böse Zungen behaupten, das Wasser des Kalterer Sees werde

im Weinort Kaltern als Tafelwein ausgeschenkt. Wahr ist, dass es sich im größten und wärmsten Badesee des Landes herrlich schwimmen lässt, dass sich in den Weinanbaugemeinden zwischen Nals und Salurn, mit Bozen, Eppan und Kurtatsch, Rebanlagen in der sogenannten Pergola-Form finden, die der Einheimische schlicht »Pergl« nennt. Charakteristisch für diese Region sind die Vernatsch-Reben, aus denen der Kalterer-See-Wein gekeltert wird, den die Bauern mit Schürze verlesen und den sie auch mit Schürze trinken. Gegen null Promille am Steuer kämpft man hier allerorts. Man sollte sich entscheiden: wie Oswald von Wolkenstein den Gewürztraminer besingen oder die Landschaft an der Strecke genießen.

*** Kurtatsch

Wie eine Sonnenterrasse breitet sich Kurtatsch über dem Etschtal aus. Hier verschmilzt Südtirol mit dem benachbarten Trentino. Italienisches Flair verbreitet sich, wenn die ersten Sonnenstrahlen schon beim Morgenkaffee auf der Terrasse wärmen. Dieses Klima schätzten schon die Menschen in der Bronzezeit, die hier gerne siedelten. Später soll sogar der berühmte Bischoff Vigilius hier vorbeigekommen sein. Auf ihn soll die Vigilius-Kirche zurückgehen. Sie wird zwar erst 1337 das erste Mal urkundlich erwähnt, aber der Taufstein ist datiert auf das Jahr 1033. Um 1850 ergänzte man den Bau mit dem markanten romanischen Turm und ei-

Die Pfarrkirche zum Heiligen Vigilius in Kurtatsch zählt zu den bedeutendsten Wallfahrtskirchen Südtirols.

In Kurtatsch gehören neben Sakralbauten auch Weingüter wie der Ansitz Ortenburg zu den Baudenkmälern.

nem barocken Hochaltar. Pilger kommen aber nicht wegen des Bildes des heiligen Vigilius, sondern weil im 18. Jahrhundert das Phänomen eines weinenden Marienbildes auftrat. Wer nicht pilgern will, spaziert auf dem Weinlehrpfad um das Dorf herum.

*** Kastelaz

Auf einem Hügel oberhalb des Ortes thront die kleine Kirche St. Jakob hoch über der Traminer Landschaft, die den bekannten Wein produziert. Das von außen unscheinbare Gotteshaus beinhaltet einen echten kunsthistorischen Schatz. Zwar sind die Wandmalereien außen am grauen Putz neben dem Eingang zur Kirche verblichen, drinnen aber sind Farbenpracht und Formensprache aus dem 13. Jahrhundert erhalten geblieben. Jedes noch so kleine Stück verputzter Mauer erzählt in der Pfarrei seine eigene Geschichte. Mal die zwölf Apostel, mal Christus, mal Engel und mal Mensch-Tierwesen. Die Fresken gehören zu den ältesten im deutschsprachigen Raum und verzaubern mit ihren Geschichten, die sie erzählen, ebenso wie die dämonischen Figuren Angst einflößen können. Im Seitenschiff der Kirche ergänzen Fresken vom gotischen Maler Ambrosius Gander den Zyklus.

Fresken in der Kirche St. Jakob: die Hühnerlegende von Ambrosius Gander.

Gasthaus Rose in Kurtatsch.

Weingüter und Gasthaus Rose in Kurtatsch

Sonne und Wein verwöhnen den Gast in Kurtatsch an der Südtiroler Weinstraße. Eingebettet in eine große Zahl herrschaftlicher Höfe und Ansitze, die bis heute vom Wohlstand ehemals adeliger Weinbaugeschlechter zeugen, stehen die Reben auf den Weinbergen in Reih und Glied. Gleich mehrere Winzer kreieren hier wie in den benachbarten Weindörfern edelste Tropfen, deren Qualität schon vielfach ausgezeichnet wurde. Ein Garant für Spitzenweine ist etwa die Kellerei Kurtatsch. Zur Schlosskellerei Turmhof in Entiklar gehört eines der höchstgelegenen (1050 Meter) Müller-Thurgau-Weingüter Südtirols. Im Gasthaus Rose, untergebracht in der 1606 errichteten Poststation von Kurtatsch, kocht man gut und mit regionalen saisonalen Zutaten.

Der Geoparc Bletterbach, Teil des UNESCO-Weltnaturerbes Dolomiten, bietet fantastische Einblicke in die Erdgeschichte.

** Truden mit San Lugano

Die Gemeinde Truden mit ihren Dörfern und weitverstreuten Höfen erstreckt sich auf einem bewaldeten, zu den Fleimstaler Alpen gehörenden, das Südtiroler Unterland vom Trentiner Fleimstal trennenden Höhenzug. Seit jeher pflegt man enge Beziehungen zum nahen Fleimstal, zu dem auch die Gemeinde Altrei politisch einmal gehörte. Sowohl Truden als auch Altrei sind bis heute Mitglieder der »Magnifica Comunità di Fiemme«, einer historischen Gemeinschaft der Fleimstaler Gemeinden, die in ihrem Ursprung zurückgeht auf eine rechtliche Sonderstellung, die das Fleimstal im Bistum Trient während des Mittelalters genoss: Als im Jahr 1111 der Kampf der Bischöfe mit dem mächtigen Landadel seinen Höhepunkt erreichte, bot eine Vereinigung der Fleimstaler Dörfer dem damaligen Bischof ein Bündnis an, das dann auch in den »Patti Gebardini« besiegelt wurde. Vom 12. bis zum 18. Jahrhundert regelte die »Herrliche Talgemeinschaft« ihre Angelegenheiten selbst, hatte eine unabhängige Verwaltung mit eigenen Statuten und Gesetzen, auch wenn sie formell zum Machtbereich der Trentiner Bischöfe gehörte. Das Tal als Ganzes unterstand nie direkt dem Bischof und wurde auch nie an einen Adeligen als Lehen vergeben – das erklärt, weshalb es im ganzen Fleimstal weder Schloss noch Burg gibt. Einzig der Trentiner Bischof bekam das Recht zugestanden, für sich und seine Vikare in Cavalese einen Palast zu errichten, in dem heute die Magnifica Comunità residiert, die zwar ihren Autonomiestatus verloren hat, aber als Dörfergemeinschaft weiterbesteht und einen großen gemeinsamen Land- und Waldbesitz verwaltet. Sehenswert im sich malerisch in die noch weitgehend unberührte Landschaft des Naturparks Trudner Horn bettenden Hauptort Truden sind die in ihrem Ursprung auf das 12. Jahrhundert zurückgehende Pfarrkirche des Heiligen Blasius, die über 600 Jahre alte Linde auf dem Dorfplatz und der unter Denkmalschutz stehende, im Jahr 1860 als Gastbetrieb mit Poststation errichtete, 1862 um eine Brauerei erweiterte Gasthof Kaltenbrunn. Von Truden aus führt ein Netz gut markierter Wanderwege über weite Almen und durch Wälder zu gemütlichen Almhütten oder hoch hinauf auf die umliegenden Bergspitzen. In den kalten Monaten lädt die Umgebung mit 50 Kilometern gut präparierten Skipisten, Langlaufloipen, Eisplätzen und Rodelbahnen zum Schneevergnügen ein. Auch Skitouren und Schneeschuhwanderungen können hier unternommen werden. Zur Gemeinde Truden gehört auch der direkt an der Grenze zum italienischen Sprachgebiet liegende Ort San Lugano. Am gleichnamigen, Südtirol mit dem Trentino verbindenden Pass, verkehrte früher eine Schmalspurbahn, deren Trasse heute von Mountainbikern befahren wird.

* Trudner Naturparkhaus

Im Dorfzentrum von Truden findet man in einer alten, nach einer grundlegenden Sanierung wieder voll funktionsfähigen Mühle das Besucherzentrum des Naturparks Trudner Horn. Schon dessen Außenbereich wurde mit der typischen Porphyr- und Kalksteinvegetation des Parks, mit Kräutern und Nutzpflanzen ansprechend gestaltet; in einem Amphibienteich lassen sich Frösche und Lurche, Wasserläufer und Libellen beobachten. Im Inneren informieren zwei Dauerausstellungen über den Naturpark Trudner Horn und die Trudner Dorfgeschichte. Für Kinder gibt es eine Kreativwerkstatt, in einer Baumrindenhütte kann man den Erzählungen der Köhler lauschen oder etwas über heute selten gewordene Arbeiten wie das

Eingebettet im Naturpark Trudner Horn: das Dorf Altrei.

Torfstechen erfahren. Hauptattraktion ist eine für Südtirol einzigartige, mehr als drei Stockwerke hohe, elektrisch betriebene Elevatormühle, in der in den Sommermonaten an bestimmten Tagen auch noch Getreide gemahlen und weiterverarbeitet wird: zu leckerem, in einem traditionellen Holzbackofen direkt am Naturparkhaus gebackenen und gleich zu verkostenden Brot. Ein kulinarischer Hochgenuss!

Feiertage und Volksfeste werden auch in Truden ausgiebig mit Pauken und Trompeten gefeiert.

* Altrei

Auf einer exponierten, von der Sonne verwöhnten Mittelgebirgsterrasse der Fleimstaler Alpen gelegen, gehört Altrei als einzige Gemeinde des Fleimstals zu Südtirol und man spricht hier auch ausschließlich deutsch. Die nächstgelegene Gemeinde Capriana ist bereits Teil der Provinz Trient. Erstmals urkundlich als Siedlung erwähnt wurde »Antereu« 1321. Bekannt ist die »Altreier Kaffeebohne« – weder Kaffee noch Bohne, sondern eine Lupinenart, aus der ein Ersatzkaffee (»Blümchenkaffee«) hergestellt wird.

** Naturpark Trudner Horn

Kaum an einem anderen Ort in Südtirol sind Fauna und Flora und die Geologie der Berge vielfältiger als im Gebiet des Naturparks Trudner Horn. Seine Vegetationszone reicht von den Etsch-Niederungen auf knapp 200 Metern bis zum 2315 Meter hohen Weißhorn, dessen Gipfel aus weißem Kalkstein die Wälder zwischen dem Eggental und dem Trentiner Fleimstal überragt. Von diesem Gipfel zieht sich ein gewaltiger Felscanyon bis hinunter nach Auer: die Bletterbachschlucht, wo die Erdgeschichte wie in einem offenen Buch »nachgelesen« werden kann. Eine Wanderung durch diese enge Schlucht, die seit dem Jahr 2009 zum UNESCO-Weltnaturerbe gehört, ist ein besonders eindrückliches Naturerlebnis.

Altreier Kaffee

Die typischen Kaffeeanbaugebiete verortet man wohl in Mittel- und Südamerika oder in Zentralafrika. Doch auch Südtirol hat seinen ganz eigenen Kaffee zu bieten. Dabei handelt es sich beim Altreier Kaffee allerdings nicht um Kaffee, wie wir ihn im ursprünglichen Sinne kennen; er begegnet dem aufmerksamen Wanderer auf seinem Weg. Er ist eine Pflanze, die mit ihren wunderschönen blauen Blüten auffällt, die in Blütentrauben auf fünf bis fünfzehn Zentimeter langen Stielen sitzen, die Blättchen sind behaart. Die Pflanze kann bis zu 120 Zentimeter groß werden, wächst aufrecht und bildet seitliche Verzweigungen. Die Hülsen des Kaffees beinhalten zwei bis vier Samen, die relativ groß und flach sind, eine raue Oberfläche aufweisen und hell bis dunkelbraun gescheckt sind. Die Pflanze ist weder Kaffee noch Bohne, sie liefert die sogenannten Lupine, die mit Weizen oder Gerste gemischt getrunken werden können und so den Altreier Kaffee bilden, der eine lokale Spezialität ist.

Pustertal

Kein anderes Tal Südtirols hat einen so bezeichnenden Beinamen wie das Pustertal: »Grünes Tal – Lunge Südtirols«. Wälder und Wiesen sowie Landwirtschaft, bescheidene Dörfer und die Kleinstadt Bruneck prägen das Bild. Im Süden des Haupttals locken die Dolomiten, im Norden die vergletscherten Gipfel des Alpenhauptkamms und wie Äste aus einem Baum wachsen die Seitentäler heraus: Pfunderer, Ahrn-, Antholzer-, Gader-, Gsieser- und Höhlensteintal sowie das Pragser Tal. Mit den Sextner Dolomiten geht es langsam ins Osttiroler Pustertal hinüber.

Unterwegs im Pustertal

Drei Naturparks, das schönste Almendorf Südtirols, die größte steinerne Sonnenuhr der Welt, die lebenswerteste Kleinstadt Italiens, spektakuläre Wasserfälle, kunstvolles Handwerk: Das Pustertal punktet mit Superlativen und landschaftlichen wie kulturellen Höhepunkten.

Genau an dem Felsvorsprung, der das Tauferertal vom Ahrntal trennt, wurde am Anfang des 13. Jahrhunderts die Burg Taufers errichtet.

** Ahrntal

»Die Alm – Promischweiß und Edelweiß« hieß eine Reality-Sendung mit Drehort Ahrntal samt seinen über 50 bewirtschafteten Almen inmitten von mehr als 80 3000er-Gipfeln. Richtig geschwitzt hatten im kalten Tal aber selbst die Bergknappen vor Jahrhunderten selten. Während sie nach Erzen gruben, schindeten ihre Frauen die Augen beim Klöppeln, der Kunst, Spitzen aus Garn zu fertigen. Bekannt ist auch die Ahrntaler Schnitzkunst. Entwickelt wurde diese ursprünglich von den Hirten, die im Sommer auf den Almen in den Zillertaler Alpen das Vieh der Ahrntaler Bauern hüteteten und zum Zeitvertreib mit einem Taschenmesser verschiedene Figuren in Wurzeln und Äste schnitzten. Später entstanden dann auf den Höfen im Tal mit Werkzeug ausgestattete »Machkammern«, in denen man nicht nur schnitzte, sondern auch verschiedene Arbeits- und Haushaltsgeräte herstellte. In der ursprünglich in St. Jakob im Ahrntal gegründete, inzwischen nach Bruneck umgesiedelten Schnitzschule wird die alte Handwerkstradition weiter gepflegt. Besonders stolz sind die Ahrntaler auch auf ihre farbenprächtigen Trachten.

Am oberen Ende des Mühlwaldertals wurde der Neves-Stausee angelegt.

Im Gasthof Stallila zwischen Taufertal und Ahrntal finden regelmäßig Veranstaltungen statt.

*** Mühlwaldertal

Wasser ist das bestimmende Element im Mühlwaldertal, einem einsamen, bei Mühlen in Taufers vom Tauferer Tal abzweigenden, sich bis ins Herz der Zillertaler Alpen erstreckenden Bergtal. An der Sonnenseite liegen Siedlungen und Einzelgehöfte, und im Talschluss der grüne Neves-Stausee – ein guter Ausgangspunkt für schöne Bergtouren. Den See umgibt ein imposantes Dreitausender-Gestirn: Großer Möseler (3478 Meter), Hoher Weißzint (3371 Meter) und Turnerkamp (3418 Meter).

** Tauferer Tal

Über der Burg Taufers am Ende des Tauferer Tals, wo sich das Haupttal in Ahrntal, Mühlwalder Tal und Reintal spaltet, lebt heute der in Ahornach, einem kleinen, auf 1400 Metern Höhe liegendem Dorf an einem steilen Hang im Tauferer Ahrntal geborene Extrembergsteiger Hans Kammerlander. Aus seiner Küche blickt er durch das breite U-Tal und zahlreiche Murkegel hinweg direkt nach Bruneck. Um fit zu bleiben, läuft er täglich seine Runden, am liebsten an den wilden Reinwasserfällen vorbei ins Reintal.

* Sand in Taufers

Als erste »Klimagemeinde« Südtirols hat sie eine Vorbildfunktion für Energiemanagement und Klimaschutz übernommen. Ein Spaziergang vom Zentrum aus führt zu den Reinbach-Wasserfällen; im Ort befindet sich ein Besucherzentrum des Naturparks Rieserferner-Ahrn.

** Burg Taufers

Überragt wird Sand in Taufers von einer imposanten, zu Beginn des 13. Jahrhunderts auf einem das Tauferer- vom Ahrntal trennenden Felsvorsprung errichteten Burg. Von den mehr als 60 holzvertäfelten, wohnlich ausgestatteten Räumen sind über 20 auf einer Führung zu besichtigen – neben Rüstkammer, Kapelle, Bibliotheks- und Gerichtssaal auch ein »Geisterzimmer«, in dem in manchen Mondnächten noch heute eine frühere Schlossherrin spuken soll, deren Gatte einst ausgerechnet an ihrer beider Hochzeitstag grausam ermeuchelt wurde.

Reintal

Östlich des Dorfes Sand in Taufers zieht sich das Reintal bis zu den Gletscherbergen der Rieserfernergruppe mit Hoch- und Wildgall hin. An seinem Ende liegt in einem weiten Talkessel das Dörfchen Rein, wo sich wenige Häuser und einige Hotels um die Dorfkirche scharen. In der Nähe tost der Talbach über mehrere Geländestufen und bildet zwar nicht die höchsten, dafür aber die spektakulärsten Wasserfälle in Südtirol: die Reinbachfälle. Gespeist von dem im Naturpark Rieserferner-Ahrn oberhalb von Rein in Taufers entspringenden, das Reintal durchfließenden und unterhalb von Sand in Taufers in die Ahr mündenden Reinbach, bilden sich im Ortsteil Winkel von Sand in Taufers drei Kaskaden: Der obere und der mittlere Reinbachfall sind etwa 50 Meter hoch, der untere etwa 10 Meter.

Im Bergkessel der Riesenfernergruppe liegt der Antholzer See.

St. Lorenzen ist eines von den vielen idyllischen Dörfern des Pustertals.

*** Naturpark Riesenferner-Ahrn

Im Naturpark Riesenferner trafen einst die Afrikanische und die Europäische Kontinentalplatte aufeinander. Durch das Aufeinanderprallen beider Kontinente wurden vor Millionen von Jahren die Alpen aufgefaltet. Dabei schob sich hier die Afrikanische Platte über die Europäische. Im Laufe der Zeit wurden jedoch durch Erosion Teile der Afrikanischen Platte abgetragen, sodass die tieferen Gesteinsschichten des europäischen Kontinents wieder zum Vorschein kamen. Man spricht hier vom sogenannten Tauernfenster. Beste Sicht auf diese »Öffnung« genießt der Betrachter vom Hochgall (3436 Meter) aus. Sein großer Gletscher Riesenferner hat dem Park den Namen gegeben. Vom Gipfel reicht der Blick zum Weltbiathlonzentrum Antholzer Tal und darüber hinaus bis zu Gsiesertal und Dolomiten. Der Park umfasst den größten Gletscheranteil aller Südtiroler Naturparks.

*** Antholzertal

Inmitten fruchtbarer Wiesen und Äcker liegen die Weiler Rasen, Antholz-Niedertal, -Mittertal und -Obertal in einer breiten Talmulde, die von der mächtigen Rieserfernergruppe mit Hoch- und Wildgall nach Norden hin abgeschirmt ist. Die Gipfel und Wälder spiegeln sich besonders schön in dem romantisch gelegenen smaragdgrünen Bergsee am Talende, der sich bei einem leichten, überaus lohnenden Spaziergang umrunden lässt. Vor Jahren schon verschrieb sich Antholz dem sanften Wintertourismus und dem Biathlonsport. Heute gilt Antholz als das Mekka des Biathlonsports, und die jährlichen Weltcuprennen ziehen Zehntausende von Zuschauern an. Das Wettkampfstadion und die Sportanlagen können sommers wie winters besichtigt werden und bieten auch die Möglichkeit, sich im Schießen zu probieren.

Naturlehrpfad Antholzer See

Der idyllisch angelegte Naturlehrpfad rund um den See lädt dazu ein, die Ruhe des Antholzer Sees zu genießen und gleichzeitig auf den Infotafeln auf dem Weg einiges über Flora und Fauna rundherum zu erfahren. Themen sind u. a. die Naturgewalten und Baumarten der Gegend. Die kleine Tiroler Hütte – auf dem Weg dorthin geht es schon durch das schöne Antholzer Tal – ist der Ausgangspunkt der Erlebniswanderung. Der Weg führt über einen Holzsteg, der es jederzeit ermöglicht, direkt an das Wasser zu gelangen. Der See ist umgeben von gelben Lärchen, die sich zusammen mit dem Rieserferner, teilweise schneebedeckt, im klaren Wasser spiegeln, auf dem sich Schwäne tummeln. Am Ostende lädt ein Restaurant mit Spielplatz zur Rast ein, bevor es weiter Richtung Ziel geht und unterwegs Fragen wie »Wer ist der Tannenhäfter«, »Was passiert, wenn eine Lawine ins Tal rauscht?«, »Welche Fische leben im See?« beantwortet werden.

Auf 1642 Metern Höhe liegt der Antholzer See.

Die wilden Schluchten und eisigen Höhen der Riesenfernergruppe.

** Bruneck

Benannt wurde das im Jahr 1256 erstmals urkundlich erwähnte Bruneck nach dem Brixner Bischof Bruno von Kirchberg. Dieser hatte zuvor schon die über den Dächern der heutigen Altstadt thronende Burg errichten lassen, um damit ein Gegengewicht zur weltlichen Macht der im nahen St. Lorenzen residierenden Tiroler Fürsten zu etablieren. Wirklich überflügeln konnte Bruneck den benachbarten Ort aber erst im 15. Jahrhundert: Damals wurde der bedeutende Lorenzi-Markt hierher verlegt, zudem trugen die günstige Lage am Fernhandelsweg zwischen Venedig und Süddeutschland sowie der ertragreiche Bergbau im nahen Ahrntal zum wirtschaftlichen Aufschwung bei. Mit der Eisenbahn begann im Jahr 1870 auch die touristische Erschließung des Pustertals, von der Bruneck ebenfalls profitierte. Heute ist der Ort nicht nur das geografische, sondern auch das wirtschaftliche und kulturelle Zentrum des Pustertals – und der einzige der ganzen Talschaft mit ausgewiesenen Stadtrechten.

Anstelle der mittelalterlichen Stadtbefestigung verläuft nun der »Graben«, eine breite Flaniermeile mit alten Kastanienbäumen und Terrassencafés. Die Besichtigung des historischen

Unterhalb der Burg Bruneck schmiegt sich nordseitig die mittelalterliche Stadtgasse an.

So hat eine Stube einmal ausgesehen: Im Volkskundemuseum und Freiluftgelände von Dietenheim erfährt man Historie mit allen Sinnen.

Stadtkerns beginnt man am besten im Westen an dem mit Fresken des Meisters Hans von Bruneck geschmückten Ursulinentor. Durch dieses gelangt man in die als Fußgängerzone ausgewiesene mittelalterliche Stadtgasse. Von prächtigen, in ihrer Grundsubstanz ebenfalls aus dem Mittelalter stammenden Bürgerhäusern gesäumt, quert sie in einem leichten Bogen die Altstadt und lädt mit traditionsreichen Gaststätten, gemütlichen Bars und gediegenen Geschäften zum Flanieren wie zum Verweilen ein. Im Haus mit der Nr. 29 hatte ab dem Jahr 1435 der Maler und Bildschnitzer Michael Pacher seine Werkstatt. Werke von ihm sind auch im Stadtmuseum zu sehen, das im Hof der Bruder-Willram-Straße 1 in den ehemaligen Ställen der Postkutschenpferde untergebracht ist.

* Reischach und Kronplatz

Nur etwa 3 Kilometer südlich von Bruneck liegt der Ferienort Reischach auf einer Mittelgebirgsterrasse zu Füßen des 2275 Meter hohen Kronplatz, Südtirols »Skiberg Nummer eins« und eines der modernsten Wintersportareale in Europa. Mehr als 100 Kilometer bestens präparierter Pisten ziehen Skifahrer, Snowboarder und Carver in den Bann, ein Snow Park bietet jede Menge Fun, und wer es gemütlicher mag, der findet in Reischach selbst eine über 10 Kilometer lange, auch für Familien mit Kindern geeignete Langlaufloipe. Hinzu kommt in unmittelbarer Nähe der Talstation in Reischach ein Eisschnelllaufring. Auch im Sommer laden Reischachs Hausberg wie die umliegende Ferienregion zu den vielfältigsten Aktivitäten ein, zum Wandern und Nordic Walking genauso wie zum Mountainbiking. Nicht zuletzt kommen hier auch jene Naturliebhaber auf ihre Kosten, die mit der Kabinenbahn zum Gipfel hinaufschweben und auf der Aussichtsplattform das atemberaubende Panorama genießen.

* Olang

Im mittleren Pustertal, zwischen Bruneck und Welsberg, liegt am Südufer der Rienz die Gemeinde Olang. Umrahmt von den Gipfeln des Kronplatzes, dem Piz da Peres (2507 Meter) und der Dreifingerspitze (2479 Meter), reihen sich die Ortschaften Oberolang, Mitterolang, Niederolang und Geiselsberg aneinander. Letztere liegt am höchsten und ist der Geburtsort des TV-Moderators Markus Lanz. Die Nähe zum Naturpark Fanes-Sennes-Prags wie zu den Dolomiten macht die Dörfer der Gemeinde Olang im Sommer zu einem beliebten Ziel für Wanderer und Nordic Walker; im Winter beherrscht auch hier das sportliche Treiben am und um den Kronplatz das Geschehen.

** Dietenheim

Das malerische Dorf Dietenheim gehört wie Reischach zur Gemeinde Bruneck und liegt an der Sonnenseite des Talkessels. Hier bauten sich die begüterten Landadeligen stattliche Edelsitze. Einer davon, genannt »Mayr am Hof«, wurde zum Südtiroler Volkskundemuseum umgestaltet und entwickelte sich zu einem Besuchermagneten. In den originalgetreu eingerichteten Räumen, darunter die gute Stube, Zimmer, Keller und Küche sowie in der barocken Hauskapelle ist noch das Mobiliar großbürgerlicher und adliger Kreise zu sehen. In der riesigen Scheune werden die Werkstätten der Handwerker gezeigt. Auf dem Freigelände stehen Bauernhäuser, eine Mühle, eine Sägemühle und ein Bienenhaus, die aus ganz Südtirol hierhergebracht und wieder aufgebaut wurden.

Geranienpracht an einem typischen Pustertaler Holzhaus im Volkskundemuseum Dietenheim.

Schloss Bruneck

Von der Rainkirche in Bruneck führt ein Weg den bewaldeten Schlossberg hinauf zum Südportal, dem einst mit einer Zugbrücke gesicherten Haupteingang der ab 1250 errichteten Sommerresidenz der Brixner Bischöfe. Teile der mittelalterlichen Wehranlagen blieben erhalten; der mit schönen Fresken geschmückte Innenhof und der Palas mit den Fürstenzimmern sind Umbauten aus dem 16. Jahrhundert. Zuletzt saniert und mit architektonischen Ergänzungen als Museum adaptiert wurde die Anlage in den Jahren 2009 bis 2011 von der Pustertaler Architektengemeinschaft EM2 (Kurt Egger, Gerhard Mahlknecht und Heinrich Mutschlechner). Mit der Erweiterung des Untergeschosses des Zwingers entlang der westlichen Umfassungsmauer schuf man zusätzlichen Ausstellungsraum für das nun auf Schloss Bruneck untergebrachte Messner Mountain Museum Ripa. Gewidmet ist dieses den Bergvölkern der Welt, ihren Lebensweisen, ihrer Kultur und Religion (Tibetisch »ri« bedeutet Berg, »pa« Mensch).

Tierwelt der Dolomiten

Kein Gipfel ist ihnen zu hoch, kein Wind zu stark. Die orangeschnabeligen Dohlen sind häufigster Begleiter des Dolomitenwanderers und oft das einzige Tier, das er in den »Bleichen Bergen« leicht zu sehen bekommt. Ansonsten sind vor allem Gämsen unterwegs, ab und an ein pfeifendes Murmeltier, Raben und kleine Greifer in der Höhe. Den Rest der Fauna

verraten im Winter Spuren von Hasen, Rotwild, Füchsen, Schneehühnern oder Auerhähnen. Wer diese sehen will, muss früh aufstehen, geduldig sein und Glück haben. Von den Tierarten Südtirols sind rund 40 Prozent gefährdet. 25 streng geschützt – von Maulwurf und Igel bis zu Frosch und Flusskrebs. Ortsnamen wie Bärenfalle oder Wolfsgrube weisen auf die einstige Präsenz dieser Raubtiere hin. Aber der Wolf hat es bis jetzt vom Apennin nicht wieder heraufgeschafft; die Bären aus Slowenien oder dem nahen Trentino schauen vorerst nur in der Brentagruppe flüchtig vorbei. Aber sie vermehren sich gut, was jedoch nicht von allen Seiten begrüßt wird. Der Luchs wartet in Österreich auf seine Rückkehr in die Dolomiten.

Dramatische Stimmung im südlichen Fanes-Naturpark in den Dolomiten mit Blick auf den Piz dles Conturines.

Valparolapass

Vom Valparolapass hat man einen fantastischen Blick auf die Fanesgruppe. Er verbindet die Passhöhe des Passo di Falzarego auf der Seite der Provinz Veneto mit dem Gadertal in der Provinz Südtirol und wurde im Ersten Weltkrieg zur Munitionslieferung gebaut. An die damaligen Ereignisse erinnert das heute als Museum eingerichtete Festungswerk Tre Sassi, 1897 zur Verteidigung der südlichen Sperrkette des österreichisch-ungarischen Reiches gegen das Königreich Italien erbaut. 1910 modernisiert, wurde es bereits im zweiten Kriegsjahr, 1915, von der gegnerischen Artillerie in Trümmer gelegt, aber bis zum Kriegsende nicht eingenommen, da es den Verteidigern gelang, die Angreifer mit fortdauernder nächtlicher Beleuchtung über die tatsächliche Wehrfähigkeit der Besatzung zu täuschen.

*** Naturpark Fanes-Sennes-Prags

Dieses Schutzgebiet zählt zu den größten Südtirols und erstreckt sich über das Gebiet der Pragser Dolomiten, das Hochland von Sennes und große Teile der Fanesgruppe. Den Naturpark Fanes-Sennes-Prags muss man erwandern, sich über der Waldgrenze im Kalkrasen zwischen Blaugras und Immergrüner Segge niederlassen, unter der Sonne die Augen schließen, den Duft von Edelweiß und Dolomitenfingerkraut einatmen, das Gurgeln eines Bergbachs wahrnehmen und die vielen Sagengestalten des Parks zum Leben erwecken. Alles nur geträumt? Wenn man die Augen wieder aufmacht, schimmert vor einem vielleicht der Grünsee. Und wenn nicht, breiten sich vor dem Auge die typischen Karstformen aus, die dieses Gebiet prägen. Ganz real! Nirgendwo in Südtirol sieht man so deutlich wie hier, wie die sedimentäre Dolomitenplatte als Ganzes tektonisch gehoben, dabei aber nicht gebrochen wurde. Und in den Nebensaisons kann hier auch noch das Gefühl erquicklicher Einsamkeit erlebt werden.

Vom Pragser Wildsee aus lohnt eine (kinderwagenfreundliche) Wanderung ins Grünwaldtal.

Farbenprächtig: Herbst im Lärchental.

Kristallklar: der Pragser Wildsee im Naturpark Fanes-Sennes-Prags.

*** Fanesgruppe

Die Dolomiten sind in ihrer Faszination wohl kaum zu überbieten und das Gebiet der Fanesgruppe bildet sozusagen ein Zentrum darin. Mehrere Schutzhütten und Almwirtschaften bieten hier Unterkunft und Verpflegung. Etliche von ihnen sind auch im Winter bewirtschaftet, für die Winterwanderer und Skitourengeher. Wo ein Kranz bizarrer Felsformationen und hoher Gipfel eine von grünen Wiesenmatten mit endemischer Bergflora überzogene und mit türkisen Seen gesprenkelte Hochfläche umschließt, ist die Sage vom Reich der Fanes – das Nationalepos der Ladiner – angesiedelt. Hier wohnten die schöne, unglückliche Königstochter Dolasilla, ihr Widersacher Ey de Net, der Held Lidsanel aus dem Fassatal und die Murmeltiere, die der Königin Unterschlupf gewähren. Die klassische Sammlung solcher »Dolomitensagen« erschien erstmals im Jahr 1911. Zusammengetragen und – nach spätromantischem Grimm'schen Vorbild – überarbeitet hat sie der Südtiroler Volkskundler Karl Felix Wolff.

Mehr als andere Täler verkörpert das Gadertal die urige Dolomitenlandschaft.

** Gadertal

Am späten Nachmittag leuchten die Westwände der Fanesgruppe orangerot über den Weilern des tief in die Felsen eingeschnittenen Gadertals. Die herbstlich gelb verfärbten Lärchenwälder auf den Amentarola-Wiesen betonen das sonnenbedingte Lichtspiel und die ladinisch sprechende Bevölkerung schaut ehrfürchtig hinauf zu ihrem Heiligkreuzkofel. Ansonsten geht es hier weit weniger andächtig zu. Eher wie vor 500 Jahren, als die Benediktinerinnen der Sonnenburg am Taleingang die Grundherren des Gadertaler Gebiets waren. Auf den historischen Fakt, dass die Orte zwischen Pustertal und Corvara einst zu dieser Benediktinerinnenabtei gehörten, bezieht sich auch der vor Ort oft zu hörende, im Ladinischen (Badia) wie im Italienischen (Val Badia) anklingende Name »Abteital« – die Bezeichnung »Gadertal« leitet sich von dem das Tal durchfließenden, bei St. Lorenzen in die Rienz mündenden Fluss Gader ab. In Moos, einem Weiler bei St. Lorenzen, wurde übrigens um das Jahr 1500 Jakob Hutter geboren, nach dem die Wiedertäuferbewegung der heute noch vor allem in den USA und Kanada verbreiteten Hutterer benannt ist. Doch zurück zu den Benediktinerinnen der Sonnenburg. Weil deren Äbtissin Verena von Stuben ihre Nonnen allzu freizügig leben ließ, kam es zum Kampf zwischen den schwesternfreundlichen Fürsten und den Truppen des Brixner Bischofs Nikolaus von Kues. Papst und Kaiser mussten schließlich intervenieren.

Das Wahrzeichen von Wangen: die Kapelle St. Barbara.

** Rautal

Das etwa 35 Kilometer lange, vom Brunecker Becken gen Süden bis zum Campolongo-Pass in den Dolomiten hin verlaufende Gadertal ist ein sich mehrfach verästelndes Talsystem, dessen

Nebentäler jeweils eigene Namen tragen. So zweigt bei der kleinen Gemeinde Zwischenwasser das sich in südöstlicher Richtung verengende Enneberger Tal ab. Ab St. Vigil wird dieses Tal dann »Rautal« genannt. Sehenswert ist in St. Vigil, einem schon vor 100 Jahren als Sommerfrische gern besuchten, zauberhaften Bergdorf die im Jahr 1782 errichtete Rokokokirche mit schönen Stukkaturen von Franz Singer und Malereien von Matthäus Günther und Karl Henrici. Einen Besuch lohnt auch das Naturparkhaus des Naturparks Fanes-Sennes-Prags am Eingang des Val Mareo in St. Vigil, das unter anderem die Entstehung der Dolomiten erläutert.

* St. Martin in Thurn

Der nächste größere Ort entlang der von St. Vigil durch das Rautal führenden, in den letzten Jahren mit fünf neuen Tunnels gut sanierten, teils auch verbreiterten Gadertalstraße ist St. Martin in Thurn, Sitz des Ladinischen Kulturinstituts »Micurá de Rü«, mit Ausstellungsräumen und Bibliothek. Mehr über die ladinische Sprachminderheit erfährt man in dem den Ort überragenden, im Jahr 1290 erstmals erwähnten, später von den Brixner Fürstbischöfen erweiterten und nun das Ladinische Landesmuseum beherbergenden Schloss Thurn. So sollte man etwa nicht meinen, Ladiner sei Ladiner: In jedem Tal wird ein anderes Idiom gesprochen, jedes hat seine kulturellen Eigenheiten. Grödner und Gadertaler verstehen sich zwar, auf eine gemeinsame offizielle ladinische Sprache geeinigt haben sie sich aber noch nicht. Einig ist man sich zumindest über die Entstehungsgeschichte: Das Ladinische oder Rätoromanische, wie es in dem Schweizer Kanton Graubünden gesprochen wird, ist eine romanische Sprache, die in den Dolomiten, im Engadin und im Friaul erhalten blieb – übrig gebliebene Sprachinseln eines einst von der Donau bis zum Gardasee und vom Gotthardpass bis nach Triest durchgehenden Sprachgürtels.

* Wengen

Im mittleren Gadertal, zu Füßen der Fanesgruppe mit den Hausbergen Neuner, Zehner und Kreuzkofel, liegt Wengen. Wer einen geruhsamen und naturnahen Aufenthalt sucht, ist in dem 1300-Seelen-Dorf mit seinem kleinen Ortskern, den verstreuten Bauernhöfen und den »Viles« – den typischen ladinischen Siedlungen – gut bedient. Von der alten Kirche im oberen Ortsteil blieben nur der Turm und wenige Mauerreste erhalten. Aufgrund der neuen Talstraße siedelten hier in der zweiten Hälfte des 19. Jahrhunderts immer mehr Menschen, und es kam zum Bau einer neuen Kirche weiter hangabwärts.

* Badia

Nach einer Geländestufe bei St. Martin weitet sich das Tal und eröffnet prächtige Ausblicke: mit schütteren Lärchenwiesen bewachsenen Hängen und in Wiesen gebettete Dörfer, überragt von der großartigen Kulisse der Dolomiten. In der Sommer- und Wintersaison herrscht hier pulsierendes Leben. Der Hauptort Badia, 1324 Meter hoch gelegen, gehört neben Enneberg, St. Martin in Thurn, Wengen und Corvara zu den fünf überwiegend ladinisch sprechenden Gemeinden des Gadertals, die ihre Bräuche und Traditionen besonders pflegen.

**** Wallfahrtskapelle Heiligkreuz** Im Osten von Badia führt ein Sessellift zu einer im Jahr 1484 auf 2045 Metern Höhe errichteten Wallfahrtskapelle, die in der ersten Hälfte des 17. Jahrhunderts um einen Glockenturm erweitert wurde. 1718 kamen ein Haus für die Küster und ein Hospiz für die Pilger hinzu.

**** St. Leonhard** Sehenswert im etwas oberhalb von Badia gelegenen Dorf St. Leonhard ist die gleichnamige ab 1776 errichtete Kirche, an der wie in St. Vigil die Künstler Franz Singer, Matthäus Günther und Karl Henrici beteiligt waren.

Mit der Gondell erreichbar: das Grödner Joch mit dem Langkofel in der Region Alta Badia.

Kapelle St. Barbara

Nach einem knapp einstündigen Spaziergang vom Ortszentrum in Wengen erreicht man die Kapelle St. Barbara. Errichtet wurde diese vermutlich im Jahr 1491 von Bergknappen, die im Valparolatal das am Monte Pore gewonnene Erz verhütteten. Ein weiterer Grund, warum die Kapelle der heiligen Barbara als Schutzpatronin der Bergleute geweiht sein könnte, ist die Überlieferung, dass einst im nahen Tolpei Silber abgebaut wurde. Allerdings hat die schön gelegene Kapelle auch noch einen zweiten Schutzpatron – St. Florian, der traditionell bei Feuer- und Brandgefahren angerufen wird, aber u. a. auch bei Unfruchtbarkeit der Felder und großer Dürre helfen soll. Kunsthistorisch bedeutsam ist vor allem das Fresko (Ende 15. Jahrhundert) an der äußeren Nordwand der Kapelle. Es zeigt die Kreuzigung mit Maria und Johannes in offener Landschaft und stammt aus dem Kreis der »Pacher-Schule«, zu der neben Michael Pacher, dem bedeutendsten Künstler der österreichischen Spätgotik, Maler wie Marx Reichlich oder Friedrich Pacher gehörten.

Blühende Berge

So vielfältig die Spitzen und Zacken der Dolomiten in den Himmel ragen, so variantenreich gedeiht hier auch die Flora. In allen Farben leuchten mehr als 1500 verschiedenen Pflanzen und in allen nur denkbaren Nuancen bestimmen sie das Erscheinungsbild von Wäldern und Wiesen. Die Pflanzen reichen bis in die höchsten Lagen. Riesenteppiche bilden die Latschenkie-

ferstauden, farbig leuchten die Nadelwälder im Herbstlicht, mit frischem Grün erfreuen die Laubwälder weiter unten im Frühjahr. In dieser Jahreszeit kann man auch Zeuge der farblichen Explosion von gut 50 Orchideenarten sowie zahlreicher Wiesen- und Wildblumen und seltener Bergblumen werden. Pelzanemone, Zwergprimel, Alpenaster, Alpennelke, Silberwurz, Zwergrhododendron, Türkenbund – und nicht zu vergessen das mythenumrankte Edelweiß gedeihen hier. In den Wäldern gibt es jede Menge Pilze, Objekt der Begierde für kundige Sammler. Damit diese nicht den natürlichen Bestand gefährden, haben alle Gemeinden strenge Pilz- und Blumenmitnahmeverordnungen erlassen, die allerdings schwierig zu überprüfen sind.

Bauernhäuser in Kolfuschg, überragt von der Sellagruppe.

Kunstjuwel in der alten Pfarrkirche in Corvara: ein gotischer Flügelaltar.

Südtiroler Käsenocken

»Knödel, Nocken, Nudel, Plenten sind die Tiroler Elementen«, verrät eine Volksweisheit, und wer die hiesigen Speisekarten studiert, den wundert auch nicht, dass die Tiroler Haushaltsschulen auch »Knödelakademie« genannt werden. Es muss also etwas dran sein, an dem runden Ding, auch wenn es beileibe keine Südtiroler Erfindung ist. Seine Bedeutung erklärt sich traditionell aus der Not der Bäuerinnen, mit dem zurechtkommen zu müssen, was die höchst selten gut gefüllten Vorratskammern hergaben. Was lag da näher, als das, was halt noch da war, miteinander zu vermengen, um daraus etwas zu kreieren? Für die berühmten Südtiroler Käsnocken etwa braucht man nur altes Brot, Eier und Milch, Butter und Mehl, eine Zwiebel, ein bisschen Schnittlauch vielleicht – und viel Käse natürlich.

** Corvara

Am Fuß des 2665 Meter hohen Sass Songher, dem Hausberg von Corvara, wo 1947 Italiens erster Sessellift für Skifahrer in Betrieb genommen wurde, stehen am sonnigen Wiesenhang noch einige wenige verbliebene Bauernhöfe dieses Gebietes, deren Besitzer den Verlockungen des Tourismus widerstanden und nicht in die Hotelbranche wechselten. Die Berge ringsum sind allesamt in den Skizirkus eingebunden und heute von modernen Bergbahnen erschlossen. Corvara selbst, dessen amtlicher deutscher Name »Kurfar« sich niemals durchsetzen konnte, ist mit dem westlich benachbarten Kolfuschg das touristische Zentrum des Gadertals – der ideale Ort für Aktivurlauber, die vor allem seine Lage an der Sella Ronda schätzen, der im Winter auf Skiern und im Sommer mit dem Rennrad, dem Mountainbike oder zu Fuß zu bewältigenden Panoramastraße rund um den Sellastock.

*** St.-Katharina-Kapelle** An der neuen Pfarrkirche vorbei führt die Straße ein Stück den Berg hinauf zur alten Pfarrkirche – der erstmals im Jahr 1347 erwähnten St.-Katharina-Kapelle. Darin gibt es einen Flügelaltar von Ruprecht Potsch zu bewundern. Um das Jahr 1520 entstanden, zeigen dessen Außenflügel eine – einem unbekannten Künstler der »Donauschule« um Albrecht Altdorfer zugeschriebene – Darstellung der Enthauptung der heiligen Katharina, der die Kapelle auch gewidmet ist. Besonders imposant: der dramatische »Feuerregen« über dem Haupt der Heiligen, in dem ein aus den Wolken brechender Feuerstrahl die Marterwerkzeuge zerstört und den Richter mit seinen Henkersknechten zu Boden zwingt. Da der Altar ansonsten das Jahr über seine weniger eindrucksvollen Innenseiten zeigt, empfiehlt sich ein Besuch in der Fastenzeit vor Ostern, wenn er geschlossen ist und die Außenflügel als Ganzes betrachtet werden können.

** Kolfuschg

Welch ein Rundblick – als wäre eine Fülle von Postkartenmotiven aneinandergereiht: Vom Sonnenhang mit der barocken Dorfkirche von Kolfuschg geht der Blick über das dicht mit Hotels bebaute Dorf Corvara, dahinter die Wiesen von Pralongià mit den Serpentinen der Straße, die sich zum Campolongo-Pass hochschlängelt, und auf die Wälder um den Col Alt. Gegenüber erhebt sich die zerklüftete Sellagruppe mit dem Mittagstal und dem berühmten Pisciadù-Klettersteig, dann im Rücken der Spitzhut des Sassongher und gegen Südosten die mächtigen Felswände der Kreuzkofelgruppe. Kolfuschg liegt an der Sellaronda, der faszinie-

Kunsthistorisch hat sich Kolfuschg – als Ausgangsort für die Sellaronda – auch einen Namen mit der gotischen Kirche St. Vigil gemacht.

renden Skitour, die es in der Wintersaison ermöglicht, an einem Tag mit nur einem Skipass das Sellamassiv über die Aufstiegsanlagen und vier Dolomitenpässe zu umrunden und dabei 40 Kilometer, davon 26 Kilometer auf Skipisten, zurückzulegen.

*** Pfarrkirche St. Vigil** An der Straße zum Grödner Pass erhebt sich malerisch vor der Kulisse der schroffen Felswände der Sellagruppe der mit spitzbogigen Schallfenstern und Eckquaderbemalungen verzierte, von einer Zwiebelhaube gekrönte Turm der Pfarrkirche St. Vigil. Im Jahr 1419 erstmals erwähnt, wurde das Gebäude zwischen 1629 und 1869 mehrmals restauriert und erweitert.

* Welsberg-Taisten

Zu der am Eingang des Gsieser Tales – am westlichen Sporn des Eggerberges, über den sich der »Römerweg« bis nach Toblach zieht – gelegenen Gemeinde Welsberg gehört auch das benachbarte Taisten. Funde belegen, dass hier bereits in der Bronzezeit gesiedelt wurde. Berühmteste Söhne dieser beiden Orte sind der in Welsberg geborene Barockmaler Paul Troger und der spätmittelalterliche Freskant Simon von Taisten. Drei Altarbilder von Troger schmücken auch die 1738 geweihte Pfarrkirche St. Margareth in Welsberg. An Welsberg angebunden ist der Pustertaler Radweg, der durch das gesamte Tal bis nach Lienz in Osttirol verläuft.

*** Schloss Welsperg** Rund 800 Jahre lang war die im Norden über Welsberg thronende Burg im Besitz der Welsperger, einer der bedeutendsten Tiroler Adelsfamilien. Auffallend: der ungewöhnlich hohe Bergfried aus dem Jahr 1140. Heute finden hier Kulturveranstaltungen einen würdigen Rahmen.

Umgeben vom gigantischen Felspanorama des Sellastocks sind die Höfe in Corvara.

* Gsieser Tal

Das bei Welsberg-Taisten abzweigende Gsieser Tal ist ein rund 22 Kilometer langer, zwischen den Ausläufern der Rieserfernergruppe und den Defreggeralpen in Richtung Nordosten verlaufender Seitenarm des Pustertals. Es endet am Gsieser Törl, das die Staatsgrenze zwischen Österreich und Italien bildet. Der Hauptort dieses idyllischen, von Land- und Forstwirtschaft geprägten, noch weitgehend naturbelassenen Tals ist St. Martin in Gsies – sommers wie winters ein idealer Ausgangspunkt für die Erkundung der umliegenden Almen. Besonders schön sind im Gsieser Tal die hier noch erhalten gebliebenen traditionellen »Paarhöfe«, bei denen das Wohnhaus (»Feuerhaus«) und das Wirtschaftsgebäude (»Futterhäusl«) getrennt errichtet wurden.

** Toblach

Wenn Logik bei Friedensschlüssen nach Kriegen das Sagen hätte, würde Toblach heute ein Grenzort zu Österreich sein. Denn am 1250 Meter hohen Toblacher Feld verläuft die Wasser-

Eine der schönsten Barockkirchen des Pustertals ist dem heiligen Johannes dem Täufer in Toblach geweiht.

Die romanische Stiftskirche St. Candidus und Korbinian in Innichen gehörte bis 1803 zum Hochstift Freising.

scheide zwischen der Adria und dem Schwarzen Meer, weshalb Südtirol östlich von Toblach eigentlich zu Osttirol gehört. Am unscheinbaren Übergang beginnt das wildromantische Höhlensteintal mit Toblacher See und Dürrensee und herrlichen Blicken auf die Drei Zinnen und Monte Cristallo. Durch das Tal führte der römische Handelsweg »Strada d'Alemagna«, der die damaligen Wirtschaftszentren Venedig und Augsburg verband. Dem Handel verdankte Toblach seinen Wohlstand, später dem Fremdenverkehr. Regelmäßiger Gast war Gustav Mahler, von dem der Satz überliefert wird: »Hier ist es wunderherrlich und repariert ganz sicher Leib und Seele.« Der Komponist verbrachte in den Jahren 1908 bis 1910 die Sommermonate auf dem Trenkerhof in Altschluderbach und schuf dort in seinem Komponierhäuschen seine beiden letzten Symphonien und »Das Lied von der Erde«. In Toblach selbst erinnern die jährlichen Gustav-Mahler-Musikwochen an den genialen Tonsetzer.

***** Pfarrkirche zum heiligen Johannes dem Täufer** Mit ihrem ungewöhnlichen grünen Kirchturm fällt die Pfarrkirche in Toblachs Zentrum schon von Weitem ins Auge. Er wurde erst im Jahr 1804 hinzugefügt, die Kirche selbst entstand in den Jahren 1769 bis 1782. Sehenswert im Inneren sind besonders die spätbarocken Stuckaturen von Andrä Singer (Chor) und Franz Singer (Langhaus) sowie die von Franz Anton Zeiller gestalteten Deckenfresken und der von Johann Perger geschaffene Hochaltar mit seinen prächtigen Engelsfiguren. Von Perger stammen auch die Figuren der großen Seitenaltäre. Von der Pfarrkirche in Toblach zur Heiliggrabkirche am Viktoribühl in Lerschach führt ein im Jahr 1519 gestifteter Kreuzweg mit fünf Passionskapellen – wohl der älteste dieser Art in ganz Tirol.

*** Strada d'Alemagna** Toblach verdankte bereits im MIttelalter diesem Handelsweg gute Geschäfte. Dieser bog hier am Ort vom Pustertal ins Höhlensteintal ab und verband die damaligen mächtigen Wirtschaftszentren Venedig und Augsburg.

** Innichen

Innichen ist als Hauptort des Hochpustertals fast schon von kleinstädtischem Gepräge, mit schönen Geschäften und Gastbetrieben. Die romanische Stiftskirche mit dem massigen Turm und ihren grünspanüberzogenen Dächern sowie die barocke Michaelskirche mit dem Zwiebelturmhelm – die bedeutendsten Sehenswürdigkeiten des Ortes – stehen ganz im Zentrum. Bereits im 8. Jahrhundert entstand hier ein Bollwerk gegen die von Osten hereindrängenden Slawen, als bayrische Herzöge ein Kloster errichteten und die erste Kirche, eines der Hauptwerke der Romanik im Alpenraum, gründeten. Die einzigartige Naturlandschaft, die von den majestätischen Gipfeln des Hausbergs Haunold gekrönt wird, sowie das Angebot an Aufstiegsanlagen und Langlaufloipen machen aus Innichen ein beliebtes Urlaubsgebiet.

***** Stiftskirche St. Candidus und Korbinian** Die im 13. Jahrhundert nach lombardischen Vorbildern errichtete dreischiffige Basilika mit Querschiff, Vierungskuppel und drei Apsiden am Chor, wegen ihrer stattlichen Anlage im Volksmund auch »Dom von Innichen« genannt, gehört zu den bedeutendsten Sakralbauten im gesamten Alpenraum. Besonders schön ist das Tympanon des Südportals mit Christus als Weltenrichter, umgeben von den Symbolen der Evangelisten. Darüber zeigt ein Fresko (15. Jahrhundert) von Michael Pacher Kaiser Otto I. zwischen den beiden Heiligen Korbinian und Candidus. Bedeutendstes Kunstwerk im Inneren sind neben der Ehrfurcht gebietenden Kreuzigungsgruppe im Altarraum die schönen Kuppelfresken über der Vierung.

***** Pfarrkirche St. Michael** In unmittelbarer Nachbarschaft zur Stiftskirche lohnt westlich davon auch die im 12. Jahrhundert errichtete Pfarrkirche einen Besuch, die 1760 ihre erste Barockisierung erhielt.

Innichen ist eine der ältesten bajuwarischen Siedlungen Tirols.

Toblacher See

Der auf 1259 Metern Höhe im – Toblach mit Cortina verbindenden – Höhlensteintal genau an der Grenze zwischen dem Naturpark Sextner Dolomiten und dem Naturpark Fanes-Sennes-Prags gelegene Toblacher See entstand ursprünglich als Folge zahlreicher Bergstürze am heutigen Westufer des Sees; sein Zu- und Abfluss ist die Rienz. Mit seiner vielfältigen Ufervegetation ist er ein idealer Rast- und Nistplatz diverser Wasservögel; während des Vogelzuges im Frühjahr und Herbst sind hier auch seltene Zugvögel zu beobachten. Um den See verläuft im Winter die Haupt-Langlaufloipe des Hochpustertals. Wanderer informiert ein in Toblach beginnender Naturlehrpfad mit elf Stationen und Aussichtsplattform am westlichen Ufer über die Flora, Fauna und Geomorphologie des Gebietes.

Eine Perle des Naturparks Drei Zinnen ist der Bödensee vor der Schusterplatte.

*** Naturpark Drei Zinnen

Von der Südtiroler Seite aus bildet Toblach das Tor zu den berühmten Dolomiten, von denen Teile seit dem Jahr 2009 zum UNESCO-Weltnaturerbe gehören. Die größte Attraktion des Sextentals, der nordöstliche Teil der Dolomiten, wurde zunächst im Jahr 1981 als Naturpark Sextner Dolomiten unter Schutz gestellt. Im Februar 2010 benannte man das sich über die Gemeinden Toblach, Sexten und Innichen erstreckende Areal offiziell in Naturpark Drei Zinnen um. Mit gutem Grund: Die Drei Zinnen gelten als Symbol des Parks wie der Dolomiten als Ganzes. Erschlossen wird der Park durch ein engmaschiges Netz von Routen unterschiedlichster Schwierigkeitsgrade und Schutzhütten. Unvergleichlich: das von schroffen Zacken, Türmen und Felsnadeln geprägte Landschaftsbild. Gut Zwei Drittel des 116,3 Quadratkilometer großen Naturparks bestehen aus Felsen und Schutt – deshalb wachsen hier größtenteils Pflanzen, die in Felsspalten, Ritzen und schmalen Absätzen ihren Platz finden. Dazu gehören beispielsweise das Dolomiten-Finkenkraut, die Zwergalpenrose, die Gelbe Schafgarbe und die Glockenblume. In den Lüften über dem Naturpark schwebt der Adler, aber auch kleinere Singvögel wie der Schneefink oder die Alpenbraunelle finden hier ihr natürliches Habitat. Der einzige größere See des Parks ist der Dürrensee im Höhlensteintal. Seit dem 20. November 1871 führte eine Eisenbahnstrecke durch das Pustertal von Lienz bis nach Franzensfeste. Betrieben wurde diese von der K. & K. Südbahngesellschaft, die dann in den Jahren 1877 bis 1878 auch das Grandhotel Toblach errichten ließ. Heute informiert an diesem seit seiner umfassenden Renovierung 1999 als Kulturzentrum fungierenden Ort das Naturparkhaus Drei Zinnen über die Natur, Kultur und Geologie der Sextner Dolomiten. Geschildert wird auch die Geschichte der »Dolomitenfront«

Auch Grashüpfer und der »Russische Bär« fühlen sich hier heimisch.

im Ersten Weltkrieg, als Sexten wegen seiner Nähe zur Pustertalbahn als Nachschublinie für die Front so heiß umkämpft war, dass Relikte des damaligen Stellungskrieges zwischen den österreichischen Kaiserjägern und den italienischen Alpini noch bis heute im Gebiet der Drei Zinnen auf der Rotwandspitze und am Karnischen Kamm gefunden werden.

*** Drei Zinnen

Wenn es darum geht, eine Vorstellung von den Drei Zinnen zu wecken, geraten unsere sprachlichen Möglichkeiten rasch an ihre Grenzen. Dabei ist eine Beschreibung der bekannten Zinnen von Süden aus recht einfach: zwei große Pyramiden aus Stein und eine kleinere Erhöhung mit steiler gelber Kante. Das war's. Aber von Norden! Dafür existieren keine Worte. Zum Glück haben wir ja Bilder. Noch besser Füße, die uns unter die 450 Meter hohen Nordwände tragen. In diesen wurde von Männern wie Comici, Cassin und Hasse Alpingeschichte geschrieben. Fortgeschrieben wurde diese zuletzt von den »Huberbuam«: Andreas Huber gelangen die seilfreie Alleinbegehung der »Direttissima« in der Nordwand der Großen Zinne und die Erstbegehung von »Panaroma« in der Nordwand der Westlichen Zinne, eine der schwersten alpinen Sportkletterrouten überhaupt. Bruder Thomas kletterte die Nordwände der drei Zinnen an einem Tag und kehrte per Basejump zum Wandfuß zurück.

Sextental

Das etwa 20 Kilometer lange, bei Innichen in südöstlicher Richtung vom Pustertal abzweigende, nach der Hauptgemeinde Sexten benannte Tal wird im Nordosten von den Karnischen Alpen, im Südwesten von den Sextner Dolomiten flankiert und reicht bis in den Naturpark Drei Zinnen hinein. Im Mittelalter blühte in dem auf 1300 Metern Höhe gelegenen Tal der Handel; (Filz-)Hutmacher- und Steinmetzhandwerk florierten. Im 19. Jahrhundert erkannte man hier früh die Möglichkeiten des aufkommenden Tourismus – bald brachte die Bergführerdynastie Innerkofler erste Hobbybergsteiger auf die umliegenden Gipfel. Im Ersten Weltkrieg lag das Tal unmittelbar an der »Dolomitenfront«, ab den 1960er-Jahren entwickelte es sich zu einem der begehrtesten Reiseziele Südtirols.

Drei Zinnen

Selbst auf Fotografien sind Schönheit und Einzigartigkeit der Drei Zinnen nur schwer zu vermitteln. Nur wer direkt unter den Wänden dieses Gebirgsstocks in den Sextner Dolomiten steht, vermag wirklich Ausmaß und Dimensionen des blanken Felses zu erkennen Die höchste Erhebung der Gruppe ist die 2999 Meter hohe Große Zinne. Sie steht zwischen der Westlichen Zinne (2973 Meter) und der Kleinen Zinne (2857 Meter).

Einzigartiges Naturschauspiel: Die steinerne Sextner Sonnenuhr ist die größte ihrer Art weltweit.

*** Fischleintal

Das bei Bad Moos in südlicher Richtung vom Sextental abzweigende Fischleintal ist zwar nur 4½ Kilometer lang, aber von besonderem landschaftlichen Reiz. Für den Südtiroler Bergsteiger, Schauspieler, Regisseur und Schriftsteller Luis Trenker war das von herrlichen Blumenwiesen und den grandiosen Berggipfeln der Sextner Dolomiten umgebene Fischleintal sogar »das schönste Tal der Welt«. Gleich zu Beginn bezaubern die Sextner Lärchenwiesen den Wanderer mit einer bunten Blütenpracht – Krokusse, Primeln und Enziane im Frühsommer, Türkenbundlilien, Akeleien und Arnikablüten im Sommer sowie den Blüten der Herbstzeitlose im Spätsommer. Mit Blick auf die berühmte Sextner Sonnenuhr führt der Weg im Sommer Wanderer und Spaziergänger, im Winter auch Schneeschuhwanderer und Skitourengeher durch den Naturpark Drei Zinnen bis zur 1548 Meter hoch gelegenen Talschlusshütte – idealer Ausgangspunkt zur Erkundung der Sextner Dolomiten und genau der richtige Ort, um sich für kommende Bergabenteuer mit Südtiroler Schmankerln, frisch zubereitet aus regionalen Produkten, verwöhnen zu lassen. Wer kann da schon widerstehen?

** Neunerkofel

Charakteristisch für den Neunerkofel, mit 2582 Metern Höhe der niedrigste Gipfel der Sextner Sonnenuhr, sind die unterschiedlichen Schichten der Sedimentierung. Er wird recht selten bestiegen, meist von Kletterern, die alle Gipfel der Sextner Sonnenuhr bewältigen wollen.

** Zehnerkofel (Sextner Rotwand)

Die 2965 Meter hohe Sextner Rotwand, nach ihrer Stellung im Gipfelkranz der Sextner Sonnenuhr auch Zehnerkofel genannt, markiert die östlichste Spitze des Naturphänomens. Heute führt eine Gondelbahn bequem von der Talstation in Bad Moos bis unter den Gipfel – kein

Durch das Fischleintal geht es zur Talschlusshütte und hinein in den Naturpark Sextner Dolomiten.

Vergleich zu den Anstrengungen der Erstbesteigung am 20. Juli 1878 durch Michael (auch: Michel) Innerkofler und Roland von Eötvös.

** Elferkofel

Mit seinem Nordgipfel ragt der Elferkofel 3092 Meter hoch auf – auch sein 3068 Meter hoher Südgipfel überschreitet noch die 3000er-Marke. Nach ihm wurde die »Elfergruppe« benannt – die einzige Gebirgsgruppe der Sextner Dolomiten, an der sich noch einige Gletscherreste halten konnten. Klettersteiggeher schätzen besonders den Alpinisteig (Strada degli Alpini), der an der Westseite des Massivs entlang vom Giralbajoch zur Elferscharte und von dort ostwärts zur Sentinellascharte führt. Trittsicherheit, Schwindelfreiheit und gute Ausrüstung vorausgesetzt, bewegt man sich hier auf den Spuren der Alpini, wie die italienischen Gebirgsjäger genannt werden, die hier im Ersten Weltkrieg an der »Dolomitenfront« gegen die österreichischen Kaiserjäger in Stellung gingen.

** Zwölferkofel

An der Grenze zum benachbarten Belluno erhebt sich mit dem 3094 Meter hohen Zwölferkofel einer der bekanntesten Berggipfel der Sextner Dolomiten. Lange hielt man den Koloss aus massivem gelblichen Fels für unbezwingbar, bis die Brüder Michel und Johann Innerkofler erstmals am 28. September 1874 einen Weg durch die sogenannte Eisrinne zwischen dem Mittleren und dem Hohen Zwölfer zum Gipfel fanden. Legendär wurde die Erstbegehung der Nordkante, die sich in einer elegant geschwungenen Linie oberhalb der durch Risse und Kamine gegliederten Nordwand bis hinauf zum Gipfel zieht. Dabei lieferten sich die Brüder Toni und Franz Schranzhofer am 30. Juli 1932 ein Wettrennen mit dem Bergsteigerpaar Hans Steger und Paula Wiesinger, das die Brüder – nicht zuletzt, weil sie den Wirt der Zsigmondy-Hütte baten, ihre Konkurrenten ein Stündchen später zu wecken – für sich entschieden.

** Einserkofel

Für Schlagzeilen sorgte der 2689 Meter hohe Einserkofel, als sich von ihm am 12. Oktober 2007, einem Freitag, eine gewaltige, rund 30 Meter breite, 100 Meter lange und 20 Meter dicke Geröllawine löste. Etwa 60 000 Kubikmeter Fels rutschten an diesem Tag zu Tal – die Erschütterungen waren so heftig, dass sie noch in Innsbruck als Erdbeben registriert wurden. Auslöser dieses gewaltigen Felssturzes, bei dem sich eine das ganze Fischleintal mit einer weißen Schicht bedeckende Staubwolke entwickelte und dem in den folgenden Jahren noch einige – zum Glück wesentlich kleinere – Felsstürze folgten, war vermutlich Regenwasser, das, wenn es in den Fels eindringt und gefriert, eine enorme Sprengkraft entwickeln kann.

Sextner Sonnenuhr

Die größte steinerne Sonnenuhr der Welt, ein einzigartiges Naturschauspiel in den Bergen rund um Sexten, wird von den fünf Dolomitengipfeln Neuner, Zehner (Sextner Rotwand), Elfer, Zwölfer und Einser gebildet. Von dem Kneippkurort Bad Moos am Eingang des wildromantischen Fischleintals aus betrachtet, steht zur Wintersonnwende die Sonne um 12 Uhr genau über dem Zwölferkofel und um 1 Uhr über dem Einserkofel. Auch mit dem Neuner und dem Zehner stimmen die (von Bad Moos nicht einsehbaren) Sonnenstände überein – diese Bergipfel bilden somit die »Zeiger« der Sextner Sonnenuhr. Möglicherweise leitet sich auch der Name Sexten von dem Naturphänomen ab, denn die Römer begannen die Stundenzählung mit dem Sonnenaufgang – der Zwölferkogel zeigte also die »sexta ora« an.

Trentino

Ein wenig scheint das Trentino im Schatten von Südtirol zu stehen, wird es vom Tourismus doch nicht ganz so überrannt, geht alles etwas ruhiger und gelassener zu in dieser seit 1972 autonomen Provinz, die zur Region Trentino-Südtirol gehört. Eine Hauptrolle spielt aber auch hier das UNESCO-Weltnaturerbe Dolomiten, weshalb die Gebiete im Westen des Trentino (Brenta-Gruppe) und im Osten (Lagorai-Gruppe) in diesen Band aufgenommen wurden.

Unterwegs im westlichen Trentino

Die schroffen Gipfel des Brenta-Gebirges mit dem Naturpark Adamello-Brenta, der mondäne Skiort Madonna di Campiglio, üppig mit Fresken ausgestattete romanische Kirchen: In dieser Region kommen Natur- und Sportfreunde ebenso wie Kulturliebhaber auf ihre Kosten.

Abenddämmerung über dem Brenta-Massiv.

** Val di Rabbi

In der Ferne leuchten Gletscherflächen in der Sonne, während in den Wiesen Blumen um die Wette zu strahlen scheinen: Das Rabbital ist eine einmalige Naturschönheit. Als Seitental des Trentinos zieht sich das abgeschiedene Tal etwa 12 Kilometer entlang des klaren, fischreichen Wildbachs Rabbies, nach dem es auch benannt wurde, in die wilde Bergwelt hinein, von Malé über die Dörfchen Pracorno, San Bernardo (Verwaltungssitz) bis Piazzola und in den Nationalpark Stilfser Joch. Mit einer Höhe zwischen 800 und 1400 Metern flachen die Gipfel hier schon wieder ab. Sie sind eines der letzten Refugien für Europas Braunbären. Bekannt ist das Tal außerdem für seinen Wasserreichtum und Heilquellen, deren therapeutische Wirkung schon prominente Gäste wie die österreichische Kaiserin Maria Theresia zu schätzen wussten. Von Piazzola, einem oberhalb gelegenen Ortsteil von Rabbi Fonti mit einigen charakteristischen Bauernhöfen und Gutshäusern, führen Wanderungen zur Berghütte Lago Corvo und zum Passo di Rabbi mit schönem Blick auf grüne Hänge, dichte Nadelwälder und die Gipfel der Ortler-Cevedale-Gebirgsgruppe.

* Rabbi Fonti

Völlige Entspannung verspricht der Ort Rabbi Fonti. Die Heilwirkung seiner bereits in der Antike bekannten Bikarbonat-alkalischen, eisen- und kohlesäurehaltigen Quellen wurde um die Mitte des 17. Jahrhunderts neu entdeckt und niedergeschrieben. Heute werden in den Thermen von Rabbi unter anderem Kneippbäder, Torfwickel und Aerosoltherapie zur Linderung primärer Atemwegserkrankungen angeboten. Auch bei Durchblutungsstörungen, chronischem Rheuma, Magen- und Darmerkrankungen sowie Blutarmut vertraut man auf die heilende Kraft der Thermalquelle.

* Saènt-Wasserfälle

Landschaftliches Schmuckstück im Val di Rabbi sind die paradiesisch anmutenden Wasserfälle von Saènt. Eine anstrengende, aber auch von Familien mit Kindern zu bewältigende Wanderung zu diesen schäumenden, vom Wildbach Rabbies gespeisten Kaskaden führt in eine der eindrucksvollsten Ecken des nordwestlichen Trentino. Wer sich zu Beginn der Wanderung eine halbe Gehzeit auf der Straße sparen möchte, fährt an ihrem Ausgangspunkt, dem Parkplatz von Ramoni di Coler, zunächst mit einem Shuttlebus bis zur Stablasol Alm (1529 Meter), von der eine Schotterstraße aufwärts in Richtung Valle del Saent – Cascate Saent (Berghütte Dorigoni) und nach etwa 200 Metern zu einer Abzweigung führt. Dort geht man nach rechts und kurz eine kleine, zum Wildbach führende Straße hinab. Auf einer Holzbrücke überquert man den Bach und geht anschließend auf einem Saumpfad neben dem Wasserlauf wei-

Hoch reckt sich der Bergfried der Burg von Ossana auf einem unzugänglichen Felsvorsprung empor.

ter. Nach und nach wandelt sich der immer steiler werdende Saumpfad zum Wanderweg, und bald schon hört man das Rauschen des Wasserfalls. Beim Weitergehen kommt man zu mehreren Aussichtspunkten, von denen man die verschiedenen Stufen des Wasserfalls bewundern kann, in dessen unmittelbarer Umgebung sich viele Gämsen und Murmeltiere heimisch fühlen.

*** Val di Sole

Mit seiner Lage im Trentino, an der Grenze zur Lombardei, gehört das Trentino zu den sonnigsten und wärmsten Tälern Südtirols. Wenn sich seine schneebedeckten Gipfel in vielen Bergseen spiegeln, dann zeigt sich das Tal von seiner Bilderbuchseite. Es ist übrigens nicht nur für seine Äpfel berühmt, sondern vor allem auch für seine vielen Burgen. Castel Thun, Castel Bragher oder Castel di Nanno sind nur einige der beliebtesten Ausflugsziele der Region. Doch zum Hineingehen bleibt den meisten Besuchern kaum Zeit: Das Val di Sole lockt mit vielen Outdoorsportmöglichkeiten, so kann man hoch über dem gurgelnden Noce Canyoning machen oder mit dem Mountainbike die steilen Wege downhill sausen. Etwas ruhiger geht es beim Nordic Walking oder beim Reiten zu. Aber auch klassisches Wandern über alte Holzbrücken und wundervoll blühende Almwiesen bringt erholsamen Genuss.

** Burg San Michele

Auf einem Felsvorsprung oberhalb der an der Handelsstraße des Tonalepasses, zwischen der Region Trentino und dem oberen Gebiet von Brescia, gelegenen Ortschaft Ossano erhebt sich die Burg San Michele mit ihrem gut 25 Meter hohen Bergfried. Im Ursprung geht die von zwei Mauern und einem Wall aus dem 16. Jahrhundert umgebene Burganlage vermutlich auf eine Gründung der Langobarden zurück; schriftlich erwähnt wurde sie erstmals 1191. Benannt ist die Burg nach dem heiligen Michael, dem auch ihre Kapelle geweiht war. Zu den Besitzern gehörte neben den Prinzbischöfen von Trient und den Grafen von Görz-Tirol auch die Pazifistin und Schriftstellerin Bertha von Suttner, eine aus einer böhmischen Adelsfamilie stammende gebürtige Gräfin Kinsky von Wchinitz und Tettau, die 1905 als erste Frau mit dem Friedensnobelpreis ausgezeichnet wurde. Neben dem Bergfried als dem am besten erhaltenen Teil der Burganlage sind noch eine Zugbrücke, ein befestigter Vorbau, Wachräume und ein Gefängnis zu besichtigen.

Spektakulär: die Saènt Wasserfälle.

Tiere im Val di Rabbi

Der größte Teil des bezaubernden Val di Rabbi gehört zum Nationalpark Stilfserjoch und ist ein wichtiger Lebensraum für eine typisch alpine Tierwelt. Dazu gehören – dichte Wälder bevorzugende – Rothirschrudel, am Waldrand und auf Lichtungen zu beobachtende Rehe sowie Gämsen und Steinböcke in den höheren Regionen. Hinzu kommen Alpenschneehörner, Füchse, Murmeltier und Eichhörnchen, auch das Hermelin; seltener sind Dachs und Wiesel. Auf größere Raubtiere stößt man selten, vereinzelt wurden Luchse gesichtet. Häufiger beobachtet werden können Braunbären. Zu den Jägern der Lüfte zählen Habicht und Mäusebussard, Sperber, Turm- und Wanderfalke. Ebenfalls gesichtet werden Uhu, Sperlingskauz und Raufußkauz. In den Nadelwäldern leben Auer- und Haselhuhn.

Eine Stunde vom Grostè-Pass entfernt gelangt man in eine expressiv-karge Landschaft.

** Pellizzano

Wenn sich morgens der letzte Nebel über der Kirche von Pellizzano auflöst, ist der beste Zeitpunkt, zu einer kleinen Wanderung aufzubrechen. Vielleicht zum »See der Rehe«, dem Lago di Capriolo. Ein Stausee, dessen klares Wasser wie ein grün schimmerndes Auge die Tannen und Fichtenwälder spiegelt. Oder zu einer der Almen, auf denen der Käse per Hand gerührt wird. Das schmeckt vor Ort natürlich am allerbesten, direkt auf die Hand an der frischen Bergluft. Auch für Kulturinteressierte hat der Ort etwas zu bieten: Die Kirche der Heiligen Maria zeigt sowohl Elemente der Gotik als auch der Renaissance. Als Wallfahrtskirche für die Heilige Jungfrau wird sie noch heute von vielen Pilgern aufgesucht. Im Winter verwandelt sich das ruhige Pellizzano in einen belebten Skiort. Dann ist nicht nur das Skifahren eine Attraktion, sondern auch die wie mit Puderzucker bestäubten Häuser.

**** Kirche Santa Maria** Die verschiedenen Söhne der Künstlerfamilie Baschenis trugen oft den gleichen Namen und werden deshalb in der Kunstgeschichte beispielsweise als Simone I und II bezeichnet. Sowohl die frühesten als auch die letzten bekannten Fresken der Dynastie birgt die Pfarrkirche Santa Maria von Pellizzano, ein spätgotischer, dreischiffiger Hallenbau mit Kreuzrippengewölbe. Die frühesten schufen Giovanni und Battista Baschenis um

Termenago, ein Ortsteil der Gemeinde Pellizzano, mit seinen beiden Kirchen.

Nobler Skisportort mit langer Tradition: Madonna di Campiglio.

1470 an der rechten Seitenwand, die ältesten, eine imposante Verkündigung, malte Simone II 1533 an der Stirnwand der eleganten Vorhalle des Hauptportals. Bemerkenswert sind daneben vor allem die beiden 1571 von Cipriano Vallorsa gemalten Bilder links vom Triumphbogen: Unter einer Madonna mit Heiligen sieht man eine große Gruppe von Flagellanten – eine unheimlich wirkende Prozession vermummter, Peitschen in ihren Händen haltender Gestalten.

** Mezzana

Umgeben von den imposanten Bergmassiven Adamello-Presanella, Ortler-Cevedale und den Brentadolomiten, liegt das kleine Bergdorf Mezzana auf 940 Meter Höhe wie eine alpine Oase im Herzen des Trentinos. Seinen Wohlstand als eine der reichsten Gemeinden des Tals verdankt Mezzana dem Tourismus. Gäste schätzen neben der zu allen Jahreszeiten landschaftlich herrlichen Bergkulisse die umliegenden Skiparadiese mit ihren rund 140 bestens präparierten Pistenkilometern verschiedener Schwierigkeitsgrade im Winter ebenso wie die guten Wander- und Nordic-Walking-Möglichkeiten im Sommer. Mit dem Nachbardorf Marilleva teilt sich Mezzana verschiedene Einrichtungen wie eine Slalomübungsstrecke für Kanufahrer und ein modernes Sportzentrum mit Fußballplätzen, Tennisplätzen, Bocciabahnen und einem Skilanglauf-Unterrichtszentrum.

** Madonna di Campiglio

Die sportbegeisterte Kaiserin Sisi und ihr Gatte Kaiser Franz Joseph gehörten zu den ersten Gästen, die in Madonna di Campiglio – auf deutsch früher Sankt Maria im Pein – einst Skiurlaub machten. Schon damals war der heutige Skiort sehr en vogue bei den Reichen und Schönen. Ein Holzhändler hatte im 19. Jahrhundert ein altes Hospiz aufgekauft und als Hotel hergerichtet. Den abgeschiedenen Ort schloss er schnell mit einer neu gebauten Straße an die großen Verkehrswege an, sodass immer mehr Adelige und Geschäftsleute den Weg in die 1550 Meter Höhe fanden. Obwohl der Ortsname noch erahnen lässt, dass hier einst ein Kloster den christlichen Glauben verbreitet hat, ist Madonna die Campiglio heute mehr bekannt für sein Après-Ski und jede Menge prominenter Gäste. Immerhin mehr als 340 Kilometer Skipisten und 150 Seilbahnen umgeben den 750-Seelen-Ort heute. Hier finden viele Skiwettbewerbe statt. Ein Museum widmet sich den Bergführern und herausragenden Persönlichkeiten aus Madonna di Campiglio.

Anspruchsvoller Klettersteig mit Ausgangspunkt Brentei Hütte.

Der Klettersteig Via Ferrata Bocchette ist bei Einsteigern beliebt.

Die Freskenmalerei der Baschenis im Trentino

Zu den bedeutensten Freskenmalern im westlichen Trentino gehören die Baschenis, eine aus Averara, einem Dorf bei Bergamo, stammende Dynastie umherziehender Wandermaler, die in rund 100 Jahren, von der zweiten Hälfte des 15. bis zur Mitte des 16. Jahrhunderts, viele Kirchen und Kapellen auch im Sulz- und im Nonstal mit religiösen Fresken schmückten. Die bedeutendsten Vertreter dieser Malerfamilie waren Simone, Cristoforo und Dionisio Baschenis. Ihre Aufträge erhielten sie von den Gemeinden oder von Laienbruderschaften (Battuti), denen es vor allem darauf ankam, eine »biblia pauperorum«, eine Bibel der Armen zu schaffen: In einer Zeit, da ein Großteil des Volks noch Analphabeten waren, vermittelten die stilistisch meist einfach gehaltenen, auf perspektivische Effekte weitgehend verzichtenden, aber in lebendigen Farben mit ausgewählten Schattierungen beeindruckenden Fresken der Baschenis die wichtigsten Elemente der christlichen Lehre.

** Brenta-Gruppe

Vom Hauptmassiv der Dolomiten trennt die Brenta-Gruppe das breite Etschtal. Deshalb wurde sie auch lange gar nicht als Teil dieses Gebirges wahrgenommen. Dabei definieren sich die Dolomiten nicht durch eine bestimmte Lage, sondern durch ihr Inneres: das Gestein. Eben weil sich der Dolomit mit all seinen Ausprägungen westlich des Etschtals als Brenta-Gruppe noch einmal besonders eindrucksvoll zeigt, wird das nur 40 Kilometer lange und 12 Kilometer breite Gebirge auch »Brentner Dolomiten« genannt. In ihrem Zentrum steht der mächtige Felsblock des Cima Tosa, mit 3173 Metern Höhe der höchste Gipfel der Brenta-Gruppe. Darum herum gruppieren sich zehn weitere Gipfel, die alle mehr als 2900 Meter hoch sind. Am höchsten ragen der Cima Brenta (3151 Meter), der Crozzon di Brenta (3135 Meter) und der Cima d'Ambiez (3102 Meter) auf. Ihre Gipfel spiegeln sich in den Seen von Tovel im Norden und Molveno im Süden. Am westlichen Fuß liegt, umgeben von den Gletschern Adamello, Presanella und Cevedale, der Wintersportort Madonna di Campiglio, Heimat des italienischen Skistars Alberto Tomba mit insgesamt 90 Kilometer bestens präparierter Pisten. Hinzu kommen kleinere Skigebiete wie Pinzolo, Andalo und Folgardida-Varilleva. Kulturelles Zentrum der Region ist die Provinzhauptstadt Trento: Die einstige Residenz der mächtigen Fürstbischöfe von Trient bildet mit ihren kostbaren Kirchen, Palästen und Kunstschätzen aus mehr als 1000-jähriger Geschichte ein unbedingt sehenswertes Gesamtkunstwerk. Von Madonna di Campiglio erleichtern Aufstiegsanlagen den Weg ins Herz der Gebirgsgruppe und zu ihren berühmten Klettersteigen. Entlang ausgesetzter Felsbänder führt die Via Ferrata Bocchette Alte in mehreren Tagen quer von Nord nach Süd durch die gesamte Gebirgsgruppe. Erfahrung und Trittsicherheit sind dabei unverzichtbar. Auch Weitwanderer und Biker wissen die Region zu schätzen. Größte Herausforderung für Letztere ist der Bike-Weg Adamello-Brenta, ein 45 Kilometer langer, in etwa 6 Stunden zu bewältigender Zweirad-Rail.

Die Hochtäler der Brenta waren stets bewirtschaftet, aber nie dauerhaft bewohnt. Diese Einsamkeit und weitgehende Unberührtheit hat nicht nur für Wanderer und Kletterer einen ganz besonderen Reiz, sondern auch für Braunbären.

Wie ein Ring umschließen die Brenta-Gruppe viele schöne Täler. Reisende können sich im Norden im Trentino einquartieren, im Süden in den traditionellen Sommerfrischeorten Molveno und Andalo. Die Nähe zu mehreren wichtigen Skigebieten machen Andalo außerdem zu einem der am häufigsten besuchten Ausflugsziele des Trentino in der Wintersaison. Im Osten bietet das Nonstal gute Einstiege ins Gebirge. Im Westen führt das Val Rendena am Massiv entlang: Dieses Tal trennt die Brenta-Gruppe von der ebenfalls mächtigen Adamello-Gruppe, mit der sie in einem gemeinsamen Naturpark verbunden ist.

Doppelt eindrucksvoll: Die Brenta-Gruppe spiegelt sich im glasklaren Lago Nero.

*** Naturpark Adamello-Brenta

Die Wiedereinbürgerung der Braunbären ist das ambitionierteste Projekt im Naturpark Adamello-Brenta: Nachdem die hiesige Population gegen Ende des 20. Jahrhunderts akut vom Aussterben bedroht war, setzte man sich mit der Auswilderung slowenischer Individuen – sieben Männchen und drei Weibchen – im Rahmen des auch mit Mitteln der Europäischen Union finanzierten Projekts Life Ursus das Ziel, in 20 bis 40 Jahren einen Bestand von 40 bis 60 Braunbären zu erreichen. Der Naturpark selbst, der den Braunbären sogar in seinem Logo führt, wurde bereits im Jahr 1967 als damals erster italienischer Naturpark gegründet, 1987 erweitert und erstreckt sich nun zwischen Trentino, Nonstal und Judikarien auf einer Fläche von rund 620 Quadratkilometern. Diese Fläche teilt sich in zwei durch das Val Rendena getrennte Gebiete: im Westen das gletscher- und seenreiche Granitmassiv Adamello-Presanella, im Osten die vornehmlich aus kalkhaltigem Sedimentgestein (Dolomit) bestehende Brenta-Gruppe. Der unterschiedlichen geomorphologischen Beschaffenheit verdankt der Park seine ungewöhnlich vielfältige, mehr als 1500 Spezies umfassende Flora. Waldfrüchte, Kräuter und Blumen verwandeln die Landschaft in eine traumhaft schön anmutende Naturwelt. Zur Fauna des Parks gehören neben den Braunbären auch Luchse und Wölfe, Gämsen und Steinböcke, Hirsche und Rehe. Hinzu kommen Eichhörnchen und Murmeltiere, Hasen, Füchse, Dachse, Hermeline sowie seltenere Tiere wie der Mufflon (ein Wildschaf). Zum größten Vogel des Parks, dem Auerhahn, gesellen sich Rebhuhn und Schneehuhn, auch Bergfink und Riesenbuntspecht werden gesichtet. Hoch in die Lüfte schwingen sich Königsadler, Bartgeier, Bussard und Turmfalken. Wanderwege und Hütten erschließen den Park. In der Brentagruppe gibt es auch viele Klettersteige.

Grasende Haflinger-Pferde im Naturpark Adamello-Brenta.

Im Naturpark Adamello-Brenta locken Bergseen mit unglaublich klarem Wasser.

Braunbären

Als »König der Wälder« wird der europäische Braunbär auch bezeichnet. Sein charakteristisches Merkmal ist der muskulöse, den Vorderbeinen zusätzlich Kraft verleihende Buckel auf der Schulter. Männliche Tiere werden zwischen 150 und 200 Kilogramm schwer, erreichen eine Schulterhöhe von 90 bis 150 und eine Körperlänge von 180 bis 250 Zentimetern. Weibliche Tiere sind etwas kleiner und leichter. Die in der BrentaGruppe heimische Population der (wie der Mensch mit dem ganzen Fuß auftretenden) Sohlengänger war 1997 auf drei Individuen geschrumpft. Deshalb wilderte man im Rahmen des Wiederansiedelungsprojekts Life Ursus zehn aus Slowenien eingeführte Bären hier aus und hofft so auf die Wiederherstellung einer sich selbst erhaltenden natürlichen Bärenpopulation.

Innen und außen überreich mit Fresken geschmückt: die Kirche San Vigilio in Pinzolo.

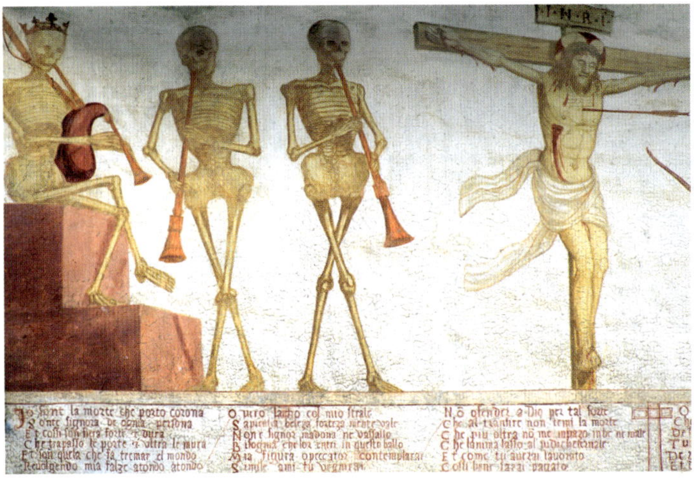

Das Fresko »Totentanz« an der Außenfassade von San Vigilio.

Der Blick auf Molveno mit seinem See und den Bergen.

** Val Rendena

Nördlich von Tione di Trento windet sich das rund 30 Kilometer lange, vom Fluss Sarca durchflossene Val Rendena vom Dorf Verdesina bis auf 1650 Meter Höhe in Campo Carlo Magno hinauf. Umgeben von den Gipfeln und Gletschern des Adamello-Presanella-Granitmassivs im Westen und den Felsnadeln der Brenta-Dolomiten im Osten, fährt man durch ein vorwiegend landwirtschaftlich geprägtes Gebiet, das erstmals wohl schon von den Kelten im 3. Jahrhundert v. Chr. besiedelt wurde. In vergangenen Zeiten mussten viele Talbewohner, um ihre Familien ernähren zu können, im Winter als Scherenschleifer über das Land ziehen, heute finden die meisten in der Holzwirtschaft, der Viehzucht oder dem Tourismus Beschäftigung. Kunstinteressierte wandern im Val Rendena auch auf den Spuren der Malerfamilie Bascheni, die hier gleich in mehreren Ortschaften Hauptwerke hinterlassen hat. Ruhe und Entspannung findet man im Thermalkurort Caderzone Terme in den Terme Val Rendena Fonte San Antonio, zu denen auch ein modernes Wellnesscenter gehört. Zu weiteren Erkundigungen laden zahlreiche vom Val Rendena abgehenden, in wild-geheimnisvolle Naturparadiese führende Seitentäler ein wie Val San Valentino, Val Borzago, Val Genova, Val Nambrone, Val Brenta und Val d'Agola.

* Pinzolo und Carisolo

Hauptort des Val Rendena ist das etwa auf halber Strecke taleinwärts gelegene Pinzolo, an dessen Ortseingang ein Denkmal an die Tradition der Scherenschleifer (Moleti) des Tals erinnert. Überragt wird der Ort vom schlanken, 72 Meter hohen Turm der Chiesa San Lorenzo, dem höchsten Kirchturm im Trentino. Vom nordöstlichen Ortsrand aus erschließen Seilbahnen das attraktive Wander- und Skigebiet Doss del Sabiòn sowie die – Pinzolo und Madonna di Campiglio auf über 150 Pistenkilometer miteinander vereinende – Skiarena Campiglio. Hauptattraktion für Kunstinteressierte ist die Chiesa di San Vigilio, ein schon von Weitem an seiner ganz mit Fresken bedeckten südlichen Außenwand erkennbaren Friedhofskirche mit Campanile aus dem Hochmittelalter und einem für das Val Rendena typischen Schindeldach. Von den beiden die Südwand bedeckenden Freskenfriesen zeigt der untere, nur schlecht erhaltene, die »Sieben Todsünden«. Berühmt ist die Kirche aber für den darüberliegenden, nahezu unversehrt gebliebenen Freskenfries: Geschaffen wurde dieser im Jahr 1539 von Simone II Baschenis und seinem Sohn Filippo, zu bewundern ist ein höchst ein-

Wie aus einem Traum entstanden oder gemalt, so unglaublich schön scheint der See Mandrone im Val Rendena.

drucksvoller »Totentanz« (Danza Macabre), auf dem nach dem Vorbild der Renaissance auch bedeutende Honoratioren der Zeit in ihren Prunkgewändern zu sehen sind. Im Nachbarort Carisolo findet man an der Friedhofskirche Santo Stefano ein 20 Jahre früher entstandendes Jugendwerk desselben Simone II Baschenis.

** Val di Genova

Das schönste der vom Val Rendena abgehenden Seitentäler beginnt gleich hinter der Friedhofskirche von Carisolo und führt unter den steilen Hängen des Adamello-Massivs bis zu den Gletschern der Cima Presanella. Eine besondere Attraktion ist hier der unter den tosenden Wassermassen der Cascata Nardis beginnende, zu weiteren steil herabstürzenden Wasserfällen führende Wanderweg Sentiero delle Cascate.

** Molveno

Eingebettet zwischen den Brenta-Dolomiten im Westen und dem Paganella-Massiv im Osten bietet der Lago di Molveno eines der eindrucksvollsten Panoramen der Südalpen: Wie ein grün funkelnder Edelstein schimmert der inmitten ausgedehnter Tannen- und Buchenwälder gelegene See vor der überwältigenden Kulisse der bleichen Berge. Segler und Surfer schätzen den rund 4 Kilometer langen See für seine hier ebenso beständig (wenn auch nicht ganz so stark) wie am Gardasee wehenden Winde Pelér und Ora. Am nördlichen Ende lohnt in Molveno, dem einzigen Ort am See, die im Jahr 1536 unter Einbeziehung von Bauteilen einer Vorgängerkirche aus dem 13. Jahrhundert errichtete, mit vielen Fresken geschmückte Chiesetta di San Vigilio einen Besuch. Molveno selbst ist ein beliebter Ferienort und ein Bergsteigerzentrum zugleich.

Der Trentiner Käse

Mehr als 250 aktiv tätige Almen gibt es in der Provinz Trient, etwa 80 davon stellen auch Käse her. Kein Wunder also, dass die Region mit ihren mehr als 20 verschiedenen hier produzierten Käsesorten auch Gourmets zu verwöhnen versteht. Mit der Milch hoch in den Bergen weidender, ausschließlich Grünfutter fressender Kühe, Lab und Feuer und den geschickten Händen des – sein jeweiliges Rezept als Geheimnis hütenden – Käsers entstehen schmackhafte Leckerbissen wie der Grana del Trentino, wohl der bekannteste, an seinem Brandzeichen auf der Rinde zu erkennende, Käse der Region (mit geschützter Herkunftsbezeichnung). Besonders lecker – als junger Käse eher süß, mit fortschreitender Reifung deutlich kräftiger – schmeckt auch der Spressa delle Giudicarie e Rendena.

Blumengarten Nonstal: Bestens markierte Spazier- und Wandwege führen vom Tal hinauf über satte Wiesen zu einladenden Almhütten.

** Nonstal

Wälder, Wiesen, Berggipfel – und jede Menge Äpfel: Das Nonstal ist ein von der Sonne verwöhnter üppig grüner Garten Eden, der im Norden von der Gebirgskette der Maddalene, im Südwesten von den Brentadolomiten, im Osten von den Anauni-Bergen und im Süden vom Paganellamassiv sowie vom Andalosattel begrenzt wird. Von der Rocchetta-Schlucht im Süden zieht sich das Tal in nördlicher Richtung über drei aufeinanderfolgende, von 641 Metern Höhe auf 1094 Meter sanft ansteigende Hochebenen am Wildbach Noce entlang bis zum Lago di Santa Giustina, einem künstlich angelegten Stausee bei Cles. Von dort geht es weiter den Rio Novella entlang bis zum Dorf St. Felix, das sich bereits in der Provinz Bozen befindet. Im Mittelalter war dies die Kornkammer des Trentino – neben Äpfeln baute man auch Wein, Maulbeerbäume und Quitten an. Heute regieren hier neben Neu-züchtungen wie Gala und Fuji vor allem Golden und Red Delicious sowie Renetta Canada: Diese drei Apfelsorten mit der geschützten Ursprungsbezeichnung (DOP) Val di Non werden von einem Konsortium vermarktet, dem 16 Obstgenossenschaften mit mehr als 5000 Mitgliedern angehören. Die jährliche Produktion auf etwa 6500 Hektar Anbaufläche beträgt rund 300 000 Tonnen, verkauft werden die Äpfel und ihre Verarbeitungsprodukte von hier aus in 27 Länder der Welt. Ende April/Anfang Mai verwandelt die Apfelblüte das wasserreiche Tal in einen optisch überwältigenden Ziergarten. Wegen seiner vielen Schluchten wird das Nonstal auch »Tal der Canyons« genannt. Unvergesslich in den Monaten Mai bis September: eine Kajakfahrt ins Innere der nur vom Lago di Santa Giustina erreichbaren wilden Schluchten des Gebirgsbachs Novella.

* Fondo

Hauptort des oberen Nonstals und ein guter Ausgangspunkt für Bergtouren auf den Mendelkamm, in die Brenta-Gruppe oder ins weiter westlich gelegene Ortlermassiv ist das bereits im Jahr 1517 von Kaiser Maximilian I. zum Markt erhobene Bergdorf Fondo. Mit den waldreichen Hügeln in seinem Rücken öffnet sich der auf etwa 1000 Meter Höhe gelegene Ort dem Besucher zum Tal hin wie auf einer Aussichtsterrasse. Mitten im Ort klafft die – dank eigens errichteter Stiege begehbare – Schlucht des Rio Sass, die als eine der spektakulärsten im ganzen Trentino gilt. Im Winter findet in Fondo eine der größten und wichtigsten Sportveranstaltungen des Tals statt: Mehr als 6000 Teilnehmer aus aller Welt zählte in den letzten Jahren die Ciaspolada, benannt nach den im lokalen Dialekt »ciaspole« genannten Schneeschuhen. Nicht mehr weit ist es von Fondo zu dem in einem künstlichen Becken am Ende des Tals angelegten Lago Smeraldo, einem inmitten bewaldeter Hügel gelegenen kleinen Stausee mit idyllischem Badestrand. Im Winter lädt der dann romantisch zugefrorene See zum Schlittschuhlaufen ein.

* Castelfondo

Etwa 3 Kilometer westlich von Fondo liegt das als Castrum Fundi vermutlich römische Wurzeln habende Castelfondo. Das heutige, von Arkadengängen und rustikalen Bauernhäusern sowie vornehmen Adelshäusern wie der Casa Lorenzetti und der Casa dalla Chiesa (Fassade mit 1437 entstandenem Kreuzigungsfresko von Gaspar Blattmirer) geprägte Stadtbild teilt sich in die drei Ortsteile La Villa, Platz und Cologna. Sehenswert ist auch die San Nicolò geweihte, zwischen den Jahren 1508 und 1530 errichtete Dorfkirche. Oberhalb des Orts thront auf einem Plateau zwischen zwei Schluchten das von dichtem Wald umgebene Castello di Castelfondo. Das mit dem Bau des imposanten Bergfrieds erstmals im 12. Jahrhundert dokumentierte, ab dem 14. Jahrhundert um mehrere sich rund um den Hauptturm gruppierende Wohnhäuser erweiterte Schloss wurde ursprünglich als Fluchtburg errichtet und befindet sich bis heute in Besitz der Adelsfamilie Thun (keine Besichtigung möglich).

* Nonsberg-Gruppe und Nonstal

Einen Großteil der zu den südlichen Kalkalpen gehörenden Nonsberg-Gruppe nimmt der – das Nonstal im Westen vom Etschtal im Osten auf der Länge zwischen Gampenpass und Rotaliana-Ebene trennende – Mendelkamm ein. Höchste Erhebung ist die 2434 Meter hohe Laugenspitze mit ihrem markanten Doppelgip-

Durch das Nonstal erstreckt sich die sogenannte Apfel- und Genussstraße – sie schmecken hier besonders knackig und süß.

fel – Reste eines vor über 250 Millionen Jahren entstandenen Vulkans.

Das Nonstal gehört zum großen Teil zum italienischsprachigen Trentino, nur seine drei nördlichsten Gemeinden (Proveis, Laurein, Unsere Liebe Frau im Walde-St. Felix) ragen wie die Spitze eines Nashorns in die Südtiroler Karte hinein. Sie werden Deutschnonsberg genannt und hier spricht man wie es der Name schon andeutet ausschließlich Deutsch. Nicht nur auf der Karte wirken diese Gemeinden abgelegen, tatsächlich sind sie auch in ihrer Entwicklung jahrelang vom übrigen Südtirol abgehängt gewesen. Was Besucher heute freut, weil bäuerliche Traditionen hier noch erhalten geblieben sind, hat lange Jahre zu wirtschaftlichen Problemen und Abwanderung geführt. Doch einzelne Initiativen haben den Trend umgekehrt – heute kommen viele Besucher, um alte Handwerkstechniken wie das Weben oder das Weidenflechten zu erlernen, die in anderen Landstrichen längst ausgestorben sind. In den Pausen zwischen den Lehrstunden entdecken die Gäste auf den Wanderungen ein sonniges Hochplateau mit smaragdgrünen Bergseen und löwenzahnübersäten Wiesen. Der Panoramablick reicht von hier bis zur Texel-Gruppe.

Im Frühling liegt die kleine Stadt Fondo eingebettet in sattem Grün.

Kloster San Romedio

Fast wie eine chinesische Pagode ragt die Wallfahrtskirche San Romedio auf dem mehr als 70 Meter hohen Kalkfelsen bei Sanzeno empor. Eine steile Treppe mit 131 Stufen führt nach oben zu den Heiligtümern. Der Überlieferung nach wohnte hier einst der heilige Romedius in einer Grotte. Der vermutlich im 4./5. Jahrhundert als Sohn einer wohlhabenden Tiroler

Adelsfamilie geborene Einsiedler hatte sich im Nonstal niedergelassen, um hier ein asketisches, der Meditation und dem Fasten, aber auch der christlichen Mission verschriebenes Dasein zu führen. Der Legende nach wollte er gegen Ende seines Lebens sein Pferd satteln lassen, um zu einem letzten Besuch des Bischofs Vigilius nach Trento zu reiten. Aber das Pferd war von einem hungrigen Bären gefressen worden. Romedius vergab dem Tier, worauf der Bär lammfromm wurde und den Heiligen auf seinem Rücken bis nach Trento reiten ließ. Schon bald nach Romedius' Tod errichteten Gläubige eine Wallfahrtsstätte: Dicht an die Felswände geschmiegt stehen hier nun rund um das Grab des Heiligen Kloster, Kirche und Kapellen.

Nach einem Brand 1529 wieder zur wehrhaften Burg aufgerüstet, heute ein Museum: Castel Thun im Nonstal.

** Sanzeno

An der östlichen Seite des Lago di Santa Giustina erstreckt sich eine sanft gewellte, von einigen tief eingegrabenen Schluchten durchzogene Wiesenlandschaft. Von Dermulo her kommend am südlichen Ende des Sees erreicht man dort als nächsten Ort das zwischen dem Rio San Romedio und dem Rio Mar auf einer sonnigen, bereits im Altertum besiedelten Terrasse gelegene Sanzeno. Gleich am Ortsrand erinnert die im 15. Jahrhundert errichtete Basilika dei Martiri an die hier im Jahr 379 von erbosten Nonstalern ums Leben gebrachten Missionare Sisinius, Martyrius und Alexander. Sehenswert im Ort selbst sind die Casa de Genitili – die auf einen im Jahr 1569 errichteten Bau zurückgehende, gegen Ende des 17. Jahrhunderts zum eleganten Stadtpalais mit schön dekorierten Balkonen umgebaute Residenz der Gentili, einer der ältesten Tiroler Adelsfamilien – und die Antica Farmacia, die letzte Wirkungsstätte des letzten Abkömmlings der Edelsfamilie, der Apotheker und Heilkundler war. Ehe man sich von hier in Richtung Osten zum nur 3 Kilometer entfernten Santuario di Romedio, der Wallfahrtsstätte des »Heiligen mit dem Bären« aufmacht, sollte man in Sanzeno noch dem Museo Retico einen Besuch abstatten. In dem modernen, von Licht durchfluteten Museumsbau begibt man sich auf eine Zeitreise in die Geschichte des Val di Non: von der Prähistorie bis zum Hochmittelalter. Auf das 5. Jahrhundert datiert wird die rätische Bronzefigur eines Reiters, die 1846 gefunden wurde und nun das Glanzstück der Sammlung ist.

Castel Cles steht trutzig einsam in grüner Natur und wirkt so besonders massiv und erhaben.

** Cles

Wenn im Spätsommer Nebelschwaden vom Stausee Santa Giustina hochziehen und das Castel Cles in Wolken schwebt, mutet es fast mystisch an. In diesem Bau wuchs ein berühmter Graf auf: Bernhard von Cles wurde hier 1485 geboren. Später wurde er nicht nur Bischof und Kardinal, sondern brachte als Fürstbischof das Konzil nach Trient. Aufgrund seines Wirkens veränderte Trient anschließend sein Gesicht und erlebte eine Blütezeit. Der Renaissance-Bau in Cles aus dem 12. Jahrhundert verlor 1825 bei einem großen Brand einen Turm. Das Schloss befindet sich bis heute in

Beeindruckend: Castel Thun.

Privatbesitz. Die Spuren des Wirkens der Grafen lassen sich mitunter dennoch besichtigen – etwa zu Sommerveranstaltungen. Dann öffnen die Edlen von Cles ihre Tore zu Konzerten und die Besucher können vielleicht einen Blick auf die wertvollen Freskenmalereien aus dem 16. Jahrhundert erhaschen.

* Nanno

Funde römischer Münzen aus verschiedenen Epochen deuten darauf hin, dass es sich bei dem am Westufer des Flusses Noce gelegenen Nanno um eines der ältesten Dörfer des Nonstals handelt. Dessen zentrale Piazza säumen im 17. Jahrhundert errichtete Häuser mit opulent verzierten Fassaden. Am nordwestlichen Ende des Orts erhebt sich mit vier Eck- und einem Hauptturm das quadratisch angelegte Castello di Nanno (nicht zu besichtigen).

* Lago di Tovel

An Tuenno vorbei erreicht man von Nanno den am westlichen Ende des Nonstals gelegenen Lago di Tovel, einen von Buchenwäldern gesäumten Bergsee in der Form eines Dreiecks. Zwei Zuflüsse speisen den See: die Sturzbäche Rislà und Santa Maria Flavona. Ein Wanderweg rund um den ganzen See ist vor allem für Familien ein beliebtes Ausflugsziel. Achtung! An einer Stelle wird es recht eng und steil abfallend!

* Castel Thun

Im 16. und 17. Jahrhundert residierten zahlreiche Adelsfamilien im Nonstal, die an markanten Punkten äußerst imposante Burgen errichten ließen. Eine der eindrucksvollsten Anlagen ist das gleich am Taleingang östlich der Rocchetta-Schlucht gelegene Castel Thun, der Stammsitz der Grafen Thun, eine der ältesten Adelsfamilien des Landes mit einem bis ins 11. Jahrhundert zurückreichenden Stammbaum. Ende des 13. Jahrhunderts als Wehrburg errichtet, wurde der von Festungsmauern und einem breiten Torbau umgebene vierstöckige Burgpalast im 16. Jahrhundert im Stil der Renaissance zum Schloss umgebaut.

Detail Fresko an Vigilius-Kirche.

Castello di Nanno

Das quadratisch anmutende Castello di Nanno wirkt mit seinen vier Ecktürmen und dem Hauptturm sehr kompakt und imposant. Es wurde im Mittelalter erbaut, später dann aber neu aufgebaut. Mit den Ringmauern des Schlosses, die mit Zinnen gekrönt sind, und den vier Wachtürmen ist die Erscheinung der Anlage an die italienischen Renaissance angelehnt. Neben dem stattlichen Aussehen ist es vor allem aber sagenumwoben. Der Legende nach soll sich in der im 16. Jahrhundert zu einem Burgpalast im venetisch-lombardischen Stil umgebauten Anlage eine Tragödie um zwei heimlich Liebende, Melisenda und Ludovico, abgespielt haben. Als der hartherzige Vater des Mädchens von der Beziehung erfuhr, ließ er die beiden bei lebendigem Leibe hier einmauern.

Lago di Tovel

Das glasklare Wasser des Lago di Tovel im Naturpark Adamello-Brenta lockt sogar Tiere wie Braunbären, die von den Menschen nicht immer gern gesehen werden. Der See ist mit 1 Kilometer Länge und 500 Metern Breite der größte natürliche See des Trentinos und beeindruckt mit wunderschöner Kulisse. Bekanntist der See durch einer Mikroalge, die ihm bis die 1960er-Jahre in den Sommermonaten eine dunkelrote Färbung verlieh.

Unterwegs im östlichen Trentino

Der östliche Teil des Trentino überrascht mit sensationellen Lehmformationen aus der Eiszeit und gigantischen Bergpanoramen. Im Kontrast dazu: idyllische Dörfer, sanfte Täler und satte grüne Almwiesen, die im Frühjahr ihre bunte Pracht entfalten.

Meisterwerk der Natur: die von eiszeitlichen Gletschern geschaffenen Erdpyramiden von Segonzano.

** Cavalese

An der breitesten Stelle des Fleimstals liegt Cavalese mit nur rund 400 Einwohnern inmitten sonniger Wiesen auf einer Geländeterrasse auf 1000 Metern Höhe. Der Ort wird im Süden von der Gebirgskette der Lagorai-Gruppe und im Norden von den Gipfeln des Schwarzhorns und des Latemar bekränzt. An die Wiesen und Äcker schließen grüne Nadelwälder an. Kein Wunder, dass die Bischöfe von Trient das Städtchen wegen dieser beneidenswerten Lage einst zu ihrer Sommerresidenz erkoren. Einmal im Jahr trafen sich hier auch die Vertreter der in der Magnifica Comunità di Fiemme vereinten Dörfer an der Banco della Resòn (»Bank der Einsicht«) im Stadtpark zu einer Art Parlament, um ihre Angelegenheiten zu verhandeln. Dieser Dörfergemeinschaft verdankt auch der fast städtisch geprägte Marktort Cavalese – mit Oberschule, Handels- und Handwerksbetrieben der Hauptort des Fleimstals – seinen Reichtum. Inzwischen ist der Tourismus mit einem breiten Hotelangebot und einer Seilbahn, die das Skigebiet von Cermis erschließt, der wichtigste Wirtschaftsfaktor von Cavalese. Neben dem Bischofspalast an der Durchgangsstraße steht die im 19. Jahrhundert in romanisierenden Formen neu erbaute Chiesa di San Sebastiano mit ihrem zinnenbekrönten Turm. Kunsthistorisch bedeutender ist die im Parco della Pieve südlich unterhalb des Orts gelegene Pfarrkirche Maria Assunta (Mitte 15. Jahrhundert), die bei einem Brand im Jahr 2003 schwer beschädigt wurde.

Almabtrieb in Cavalese: Blumengeschmückte Ziegen werden im Herbst wieder ins Tal gebracht.

** Cembratal

Während der enge, bewaldete und felsendurchsetzte Teil des oberen Cembratales herb und abweisend ist, präsentiert sich der zum Etschtal hin offene untere Teil des Tales mit seinem flächendeckenden Rebenkleid auf der Sonnenseite von reizenden Dörfern aufgelockert. Von der Talsohle des Avisio bis zu den steilen Flanken des Mittelgebirges ist die Landschaft auf einzigartige Weise vom Weinbau geprägt. Aus den Trauben der Müller-Thurgau-Reben, die auf den schmalen Terrassen der Steilhänge von fleißigen Bauernhänden bearbeitet werden und auf dem vulkanischen Boden beste Voraussetzungen finden, wird ein hochgeschätzter Weißwein gekeltert. An der bewaldeten Nordseite hingegen weist das Gelände große Wunden auf. Hier wird der rötlich-violette Porphyrstein gebrochen, zu Pflastersteinen und Platten verarbeitet und in die ganze Welt exportiert.

*** Burgruine von Segonzano** Von der im Jahr 1216 von Rodolfo Scancio im Auftrag des Fürstbischofs Friedrich von Wangen errichteten Burg blieb nach ihrer Zerstörung durch napoleonische Truppen im Jahr 1796 nur eine bizarre Ruine übrig, die erst im Jahr 2007 gesichert und teilrestauriert wurde. Der Nürnberger Albrecht Dürer ließ sich von ihr für sein 1494 entstandenes Gemälde »Das Wasserschloss« inspirieren.

*** Erdpyramiden von Segonzano** An der Burgruine vorbei führt der Dürerweg zu bis zu 20 Meter hohen Erdpyramiden.

Cascata del Lupo: Wasserfall des Wolfs.

Die Kirche San Sebastiano im Zentrum von Cavalese.

Ehemaliger Bischofspalast in Cavalesei

Gleich an der Durchgangsstraße von Cavalese ragt hinter einer niedrigen Zinnenmauer die bunt bemalte Fassade des erzbischöflichen Palastes auf, in dem inzwischen die Magnifica Comunità di Fiemme residiert, die noch heute Forstwesen und Fischerei verwaltende Dörfergemeinschaft des Fleimstals. Seine gegenwärtige Gestalt erhielt der Palast unter Bischof Bernardo Cles zu Beginn des 16. Jahrhunderts. Die historischen, mit bemalten Holzdecken und Freskenfriesen ausgestatteten Räume sind zum Teil zugänglich: Der Palazzo Storico della Magnifica Comunita delle Fiemme, wie der seit 1850 die Comunità beherbergende Palast offziell heißt, beherbergt neben einer Pinakothek und einem Archiv auch ein Museum zur Geschichte der Dörfergemeinschaft.

Im Sommer lockt das Pordoijoch mit anspruchsvollen Bergtouren und Wanderungen.

** Pordoijoch

Das Pordoijoch (2239 Meter) verbindet zwei ladinische Täler, nämlich das Fassatal im Süden und das Tal von Buchenstein im Norden. Es ist von mächtigen Bergen umgeben, darunter das Zweigestirn Lang- und Plattkofel im Nordwesten, der Sellastock (3152 Meter am Piz Boè) mit dem Plateauvorberg des Sass Pordoi im Norden sowie die Ausläufer der Marmolada im Osten. Das Pordoijoch bildet zusammen mit dem Sella-, Grödnerjoch und Campolongosattel die bei Rad-, Ski- und Motorradfahrern beliebte Vierpässerunde um den Sellastock. Im Ersten Weltkrieg verlief in der Nähe die Front zwischen Italien und Österreich, worauf auch ein eindrucksvolles Denkmal mit Soldatenfriedhof verweist. Mit der Seilbahn dauert es ganze 4 Minuten, um die 700 Höhenmeter zum Sass Pordoi zu überwinden, wo die berüchtigte Skisteilabfahrt durch die Pordoischarte zum Pass zurückführt.

»Viel dal Pan« (Bindelweg)

Der Weg, den einst die Mehlhändler nahmen, um schneller als auf den Straßen der Talsohle vom Trentino in die benachbarten Regionen zu gelangen, könnte auch »Weg des Mehls« heißen. Aber da aus Mehl vornehmlich Brot gemacht wird, heißt er »Weg des Brotes« (Viel dal Pan). Bekannt ist die etwa 6 Kilometer lange, den Fedaia-Pass mit dem Pordoijoch in durchschnittlich 2400 Meter Höhe verbindende, herrliche Panoramablicke über den Fedaia-Stausee auf die Marmolada bietende Strecke auch als »Bindelweg« – nach dem deutschen Arzt und Alpinisten Karl Bindel, der sich Ende des 19. Jahrhunderts dafür einsetzte, ihn als leichten Wanderweg (wieder-)begehbar zu machen. Als solcher heißt er auch ganz prosaisch: Weg Nummer 601.

** Campitello di Fassa

Am Zusammenfluss des Duron-Baches mit dem Avisio breitet sich zu Füßen des Langkofels und des Col Rodella das Dörfchen Campitello di Fassa – einer der renommiertesten Winter- und Sommerurlaubsorte des Fassatales – auf den Wiesen aus. Der Ort blickt auf eine lange Tourismustradition zurück. Von hier aus unternahmen die ersten englischen Alpinisten ihre Dolomitenexpeditionen. Die gotische Pfarrkirche und etliche schöne alte hölzerne Scheunen prägen das Dorfbild. Eine Seilbahn führt auf den Panoramabalkon des Col Rodella, in dessen Rücken der Langkofel auf 3181 Meter aufsteigt. Im Westen liegt der Rosengarten, von Osten und Südosten grüßen die Sellatürme und die vergletscherte Marmolada herüber. Sogar die fernen Ahrntaler Alpen wie die Pale von San Martino sind im Blick. Im Sommer ist der Himmel über Campitello bunt

Üppige Lüftlmalerei am Haus »La Floriana« in Canazei.

gesprenkelt von den Schirmen der Drachen- und Gleitschirmflieger, die hier beste Thermik vorfinden. Im Winter wird Campitello zum Ausgangspunkt für das zum berühmten Skikarussell Sellaronda gehörenden Skigebiet Col Rodella – Belvedere. Nomen est omen: Der Ausblick auf die majestätischen Gipfel der Dolomiten hier ist schlicht überwältigend.

**** Dorfkirche der Heiligen Philippus und Jakobus** Das im Jahr 1245 erstmals schriftlich dokumentierte Gotteshaus ist die älteste Kirche im gesamten Fassatal. Die Südfassade schmücken originelle, auf das 15. Jahrhundert datierte Fresken. Sie zeigen eine Allegorie der Entweihung des Sonntags. Älter sind die aus dem 14. Jahrhundert stammenden Fresken an den Innenwänden des Langhauses der Kirche.

** Canazei

Auch in Canazei, dem Hauptort des oberen Fassatales, sind die Berge die Hauptdarsteller: allen voran die Marmolada, der einzige größere Gletscher der Dolomiten, ferner der Sellastock und der Langkofel, ebenfalls zwei 3000er. Obwohl Canazei heute die unumstrittene Tourismushochburg des Fassatals ist, hat das Dorf seine großteils ländliche Prägung beibehalten und ist fest in der ladinischen Kultur verwurzelt. Auch wurden die vielen Hotelbauten durch die Verwendung von Holzelementen in ihrem Stil dieser Tradition angepasst. Etliche Häuser sind mit Wandgemälden geschmückt. Der Wintersport bildet sichtlich den Motor der Wirtschaft, denn die umliegenden Hänge sind gut mit Liftanlagen erschlossen. Canazei bildet außerdem durch drei Übergänge – das Sellajoch, das Pordoijoch und den Fedaiapass – das Eingangstor nach Gröden und ins Gebiet von Agordo.

Kirche Philippus und Jakobus in Campitello.

Von Viel dal Pan aus geht es mit der Seilbahn auf den 2950 Meter hohen Sass Pordoi.

Lüftlmalereien

Einst war Canazei eines der ärmsten Dörfer des Fassatals, heute gehört es dank seiner zentralen Position zwischen den Dolomitenpässen zu den beliebtesten Urlaubsorten für die nahe liegenden Skigebiete und für Bergtouren. Freunde der Lüftlmalerei dürften hier begeistert sein: Viele Häuserfassaden im Ortskern sind in dieser kunstvollen Freskotechnik ausgeschmückt. Ein Stück Oberammergau im Trentino ...

Grandioser Sonnenuntergang über dem Dolomiten-Felsmassiv.

Wer sich durch die Geröllhalden und teils kargen Wege zu den Dolomitengipfeln aufmacht, entdeckt Bergjuwelen wie den Antermoiasee.

** Fassatal

Für Reisende aus dem Fleimstal bildet Moena das Tor zum Fassatal und zu den Dolomiten. Das Fassatal ist das einzige Tal im Trentino, in dem noch Ladinisch gesprochen wird, ein auch »Dolomitenladinisch« genannter Oberbegriff für eine neben dem Fassatal hauptsächlich in Gröden und im Gadertal sowie in Buchenstein und Cortina d'Ampezzo gesprochene Gruppe romanischer Dialekte. Wir sind hier am Oberlauf des Avisio, der am Gebirgsstock Marmolada entspringt, das Fassa-, Fleims- und Cembratal durcheilt, um dann etwas nördlich von Trient in die Etsch zu münden. Hier begegnen wir einer der spektakulärsten alpinen Landschaften im Zentrum der »Bleichen Berge«, die sich bei Sonnenuntergang in das viel besungene magische rosa Abendrot (ladinisch: Enrosadira) hüllen. Im Winter finden Sportler hier Pisten und Loipen für jeden Geschmack. Das Fassatal ist Mitglied des weltgrößten Skikarussells Dolomiti Superski, das Skifahrern ermöglicht, mit den Skiern an den Füßen mit einem einzigen Skipass den Skizirkus von Südtirol, Trentino und Veneto zu nutzen.

*** Marmolada

Über 2 Kilometer breit und fast 1 Kilometer hoch ist der senkrechte Plattenpanzer aus Kalk. Darunter wirkt der Mensch winzig. Das ist die Marmolada-Südwand, die eindrucksvollste Wand der Dolomiten unterhalb des höchsten Gipfels, dem Punta Penia (3343 Meter) dieser so vielfältigen Berggruppe. Ganz anders sieht es auf der Nordseite aus: Bis die Gletscher schrumpften, befand sich dort über dem Fedaiapass das einzige Sommerskigebiet der Dolomiten. Im ewigen Eis des Gletschers hatten die Tiroler Gebirgsjäger im Ersten Weltkrieg ein 9 Kilometer langes Tunnelsystem gegraben, um erfolgreich die Stellung an den Vorgipfeln halten zu können. Lawinen kosteten Hunderte von Soldaten das Leben. Heute landen am Gipfel die Paragleiter. Bei guter Thermik kommen sie vom Sellapass heran, rasten in der Gipfelschutzhütte und fliegen wieder von dannen.

** Vigo di Fassa

Auf dem Murkegel des Rio di Vaèl, der aus dem Rosengartenmassiv kommend dem Avisio zueilt, breitet sich beidseits der Karerpass-Straße in sonniger Lage das Dörfchen Vigo di Fassa aus. Schöne, teils mit religiösen Freskenmotiven geschmückte Bauernhäuser und hölzerne Scheunen, die hier »Tobià« genannt werden, versöhnen mit dem fast schon städtischen Gepräge der vielen Hotels und Neubauten. Eine Bergbahn bringt im Sommer Wanderer und im Winter Skifahrer zu den Almen von Ciampedie und Gardeccia unter den Felswänden des Rosengarten und Larsec. Im Ortsteil San Giovanni lädt das Museo Ladin dazu ein, mehr über die besondere Kultur und Sprache des Fassatales zu erfahren. In prächtiger Panoramaposition etwas außerhalb des Ortes steht die Kirche der hl. Juliane mit sehenswerten gotischen Fresken und einem Flügelaltar.

Dem Himmel so nah ist man bei den meisten Trekkingtouren vom Fassatal aus.

*** Ladinisches Kulturinstitut Micurà de Rü** Der Hauptsitz des im Jahr 1976 gegründeten Instituts in St. Martin in Thurn (mit Außensitz in Wolkenstein in Gröden) trägt den Namen des Geistlichen Micurà de Rü (deutsch: Nikolaus Bacher, 1789–1847), eines im Weiler Rü in St. Kassian geborenen Pioniers der ladinischen Linguistik.

Ladinische Kultur in Vigo di Fassa.

Preusshütte

Im Herzen des Rosengarten, zu Füßen der in Klettererkreisen berühmten Vajolet-Türme, befindet sich auf 2243 Meter Höhe die Preusshütte. Errichtet wurde diese im Jahr 1933 als private Schutzhütte von Giovanni Piaz (1879–1948), genannt »Tita«, einem berühmten Bergführer und Bergsteiger aus dem Fassatal – zu Ehren seines Bergsteigerfreundes Paul Preuss (1886–1913). Anders als Piaz propagierte Preuss das auf jegliche Sicherungs- und Hilfsmittel verzichtende »stilreine« Freiklettern. Der begnadete Bergsteiger verunglückte im Alter von 27 Jahren an der Nordkante des Mandlkogels im Gosaukamm des Dachsteingebirges. Die nach ihm benannte, in den Monaten Juni bis Oktober geöffnete Hütte mit Zugang von der Gardeccia-Hütte (1950 Meter) befindet sich bis heute in Privatbesitz.

Marmolada

Tausende von Bergsteigern versuchen sich alljährlich am Aufstieg der Marmolada. Ihre fast senkrecht aufragende, 800 Meter hohe Südwand wurde 1901 zum ersten Mal bezwungen. Die Nordseite der »Königin der Dolomiten« fällt hingegen sanft ab und trägt den einzigen größeren Gletscher der Dolomiten. Im Juli 2022 kam es am Punta Rocca zu einem Gletschersturz, der mehrere Menschenleben kostete. Grund: die Erderwärmung. Seit 1965 transportiert eine Seilbahn Touristen auf den Gipfel, wo sie das Panorama genießen und das höchst gelegene Museum Europas besuchen können.

Den steil aufragenden Vajolet-Türme sollten sich nur geübte Kletterer stellen.

Das idyllisch im Talkessel der Dolomiten und dennoch sonnig gelegene Dorf Moena.

*** Vajolet-Türme

Wer kennt nicht die Sage vom Zwergenkönig Laurin, der in der Rosengarten-Gruppe sein Reich und einen Schatz aus Kristall, Gold und Silber hütete, von seiner unglücklichen Liebe zur Prinzessin Simhilde und von seinem verwunschenen Rosengarten, der in der Dämmerung im orangeroten Licht des Sonnenuntergangs erblüht? Im Zentrum dieses Reichs liegt eine bizarre Felsformation: die im Norden durch den Vajoletpass (2459 Meter), im Süden durch den Laurinspass (2627 Meter) begrenzten Vajolet-Türme. Diese gehören zum Naturpark Schlern- Rosengarten und werden in drei nördliche und drei südliche Türme geteilt, die jeweils auf einem eigenen Sockel stehen und durch die Winklerscharte (2650 Meter) voneinander getrennt sind. Die drei nördlichen Türme heißen Nord- (2810 Meter), Haupt- (2821 Meter) und Ostturm (2813 Meter), die drei südlichen sind die bekannteren und prägen wie sonst nur noch die Drei Zinnen die Ikonografie der Dolomiten. Benannt wurden die drei südlichen Vajolet-Türme nach ihren Erstbesteigern: Delago- (2790 Meter), Stabeler- (2805 Meter) und Winklerturm (2800 Meter). Den bei Kletterern aus aller Welt bis heute Sehnsüchte weckenden südlichen Türmen vorgelagert ist der Piazturm, benannt nach dessen Erstbesteiger, dem in Perra im Fassatal zu Füßen der Vajolet-Türme aufgewachsenen Giovanni Battista (»Tita«) Piaz. Im Jahr 1879 und somit zu spät geboren, um auch bei den Erstbesteigungen der drei Vajolet-Klassiker Winkler- (Erstbesteigung: 1887), Stabeler- (1892) und Delagoturm (1895) schon eine entscheidende Rolle spielen zu können, setzte er in den Folgejahren mit vielen neuen Routen an allen Türmen wichtige Marksteine. Ziel fantastischer Wanderungen und Stützpunkt der Vajolet-Kletterer ist die 1929 in unmittelbarer Nähe der Türme auf 2621 Meter Höhe im sogenannten Gartl (einem Schuttkar in der Rosengarten-Gruppe) errichtete, 1933 von Tita Piaz erworbene und umgebaute Gartlhütte. Am einfachsten erreicht man diese von der östlich gelegenen, über das Fassatal leicht zugänglichen Vajolet-Hütte aus.

**** Fleimstal** Glück und Leid liegen manchmal erschreckend nah beieinander. Das schöne Fleimstal ist diesbezüglich schicksalsgebeutelt. Die Dammbruchtragödie von Stava 1985 mit über 250 Toten und der unerlaubte Tiefflug eines amerikanischen Jets 1998, der eine Seilbahn mit 20 Menschen in den Abgrund riss, werden sicher noch lange mit dem Namen des Tals verknüpft bleiben. Ungetrübt bleibt indes die landschaftliche Kulisse des weit ausge-

Der Latemar-Gebirgsstock ist das kleinste und touristisch am wenigsten erschlossene Dolomiten-Massiv.

dehnten Val di Fiemme (so die italienische Bezeichnung des Fleimstals), das bei Predazzo unmerklich ins Fassatal übergeht. Monumental stehen über dem langen Tal die Felskulissen von Rosengarten, Langkofel, Sella – und leuchtet hinten über Canazei der einzige Dolomitengletscher der Marmolada. Gen Süden führen einsame Täler zu Pässen mit klin-genden Namen und schillernden Bergen – so der filigran geformte Pale di San Martino oder in Kontrast dazu die behäbigen Lagoraigipfel. Die auf der Westseite des Tals liegende Gemeinde Altrei gehört nicht zum Trentino, sondern zu Südtirol, ebenso wie der Naturpark Trudner Horn.

** Moena

Moena ist die erste Gemeinde im Tal, in der Ladinisch gesprochen wird. Somit gehört Moena geografisch und sprachlich zwar zum ladinischen Fassatal, geschichtlich und verwaltungsmäßig aber war der Ort immer mit dem Fleimstal verbunden. Moena war und ist Teil der Sonderverwaltung »Magnifica Comunità di Fiemme«, unterstand dem Fürstbistum Trient und ist kirchlich dem Dekanat Cavalese zugehörig. Der Avisio ist hier noch ein munteres Bächlein, der den kleinen See am Dorfbeginn durchfließt. Die Dolomiten zeigen sich in der Umgebung von Moena in ihrer ganzen Pracht. Die Siedlung ist von so berühmten Bergen wie Latemar, Rosengarten, Langkofel und Sella umrahmt. Diese wunder-bare Landschaft war der Auslöser für den blühenden Tourismus, der Arbeitsplätze und Wohlstand für die Bevölkerung brachte. »La Turchia« ist der Name eines jährlich im August in Moenas Ortsteil »Turchia« stattfindenden Dorffestes, das mit einem traditionellen »Umzug der Türken«, viel Musik und kulinarischen Köstlichkeiten an jenen Türken erinnert, nach dem der Ortsteil benannt wurde: Der Legende nach soll dieser bei der Belagerung Wiens durch die Türken der Gefangenschaft entkommen und von der Bevölkerung Moenas so freundlich aufgenommen worden sein, dass er beschloss, dauerhaft an seinem Zufluchtsort zu bleiben. Kunstinteressierte Reisende finden auf dem Col de Sèn Vile von Moena zwei interessante Kirchen. Die im Jahr 1164 geweihte Chiesa di San Vigilio schmückt ein Hochaltar, dessen Bildtafel Valentino Rovis schuf, der auch einige Jahre in der Werkstatt Tiepolos tätig war. Nebenan zeigt die romanische Chiesa di San Volfango um 1450 entstandene Fresken eines Trentiner Wandermalers.

Cima Scalieret

Mit 2887 Metern Höhe steht die Scalieretspitze im Schatten von Kesselkogel (3004 Meter) und Rosengartenspitze (2981 Meter), doch ihre Lage im Zentrum der Rosengarten-Gruppe macht sie zu einem grandiosen Aussichtsgipfel, von dessen Scheitel der Blick über kulissenartig gestaffelte Felsgrate hinweg bis zu den weiter entfernten Gletscherbergen reicht. Von Vigo di Fassa geht es zunächst mit der Seilbahn hinauf zum »Bergbalkon« Ciampedie (2000 Meter); von dort können gute Geher Hin- und Rückweg an einem einzigen Tag schaffen. Schöner ist es jedoch, sich zwei Tage Zeit zu nehmen und den Berg von Vajolet nach Antermoia zu überschreiten, um durchs Valle di Dona nach Fontanazzo im Fassatal abzusteigen (Übernachtung in der Vajolet- oder Grasleitenpasshütte).

Mit und ohne Seil über dem Abgrund

Tausende Drachenflieger und Paragleiter sehen jährlich die Dolomiten von oben – ein grandioses Panorama mit Sicherheit. Aber auch wer den Blick von unten nach oben richtet, wird den Atem anhalten, wenn sich schroffe Felsen zu riesigen Wänden auftürmen, Schluchten und Täler tiefe Labyrinthe bilden. Geheimnisse solcher Art zu lüften ist des Bergsteigers Wunsch, wenn er nicht nur um die Berge herum wandern möch-

te, sondern losklettert, über den leichtesten Weg oder die schwierigste Route, mit oder ohne Seil. In den übererschlossenen Dolomiten mit ihren vielen Passstraßen ist das Bergebesteigen meist leicht, doch wo Straße und Kar enden, sind zwei Beine meist nicht mehr ausreichend. Drei Zinnen, Rosengarten oder Guglia di Brenta müssen professionell erklettert werden, Schlern, Peitler, Lagazuoi, Antelao und viele andere können zwar ohne Seil bestiegen werden, bieten aber auch Klettergenuss vom Feinsten an ihren Abbrüchen. An diesen Wänden machten Männer und Frauen wie Paul Preuss, Hans Dülfer, Riccardo Cassin, Emilio Comici, Reinhold Messner, Maurizio Zanolla, Christoph Hainz, Paula Wiesinger oder Thomas Huber das Klettern zur Wissenschaft: mit und ohne Seil, das Leben in den eigenen Händen.

Die Touren rund um die Lagorai-Bergkette sind sowohl bei Wanderern als auch bei Mountainbikern sehr beliebt.

* Tesero

In zentraler Lage mitten im Fleimstal gelegen, erhebt sich Tesero auf einer Terrasse gegenüber der Lagorai-Bergkette, deren schwarz-rot-grün schimmernde Felswände vor rund 300 Millionen Jahren aus vulkanischer Tätigkeit entstanden sind. Der sich hinter einer weitläufigen Piazza an den Hang schmiegende Ort gilt als Hochburg des Fleimstaler Handwerks, als »Città dell'Artigianato Fiemmese«. Ende Juli ist Tesero Schauplatz des historischen Festes Le Corte di Tíezer, bei dem auch alte Handwerkstechniken vorgeführt werden. Sehenswert im eng gedrängten Ortsbild ist die im Jahr 1499 errichtete Pfarrkirche Sant'Eliseo mit attraktivem Netzrippengewölbe, vor der die im Jahr 1528 erbaute Kapelle San Rocco steht. Die Straße ins Stavatal überragt die in ihrem Inneren vollständig ausgemalte Kirche San Leonardo (1472).

* Lago di Tesero

Zu Füßen der Stadt liegt im Tal der Lago di Tesero – bekannt für das hier beheimatete Langlaufzentrum, das schon dreimal Austragungsort der Nordischen Ski-WM war. Es umfasst im Winter insgesamt 18 Kilometer präparierte Loipen. Im Start- und Zielbereich befinden sich Anlagen für Biathlon, Rollski und Eiskunstlauf. Im Sommer ziehen hier Wanderwege und Mountainbikerouten die Gäste an.

In Predazzo geht es noch traditionell zu: Alphornbläser geben ein Ständchen.

Tesero im Fleimstal.

Blick vom Lagorai-Höhenweg hinunter in den Talkessel von Predazzo.

* Predazzo

Im äußersten Nordwesten des Fleimstals gelegen, ist Predazzo das wirtschaftliche Zentrum der Region. Sehenswert ist die spätgotische Friedhofskirche San Nicoló, eine gewölbte Saalkirche mit Fresken im Chor aus der Entstehungszeit (um 1500). Die Gegend um Predazzo gilt als Eldorado für Geologen, der nahe Fichtenwald des Parco Naturale Paneveggio-Pale di San Martino ist berühmt für die Qualität seiner Bäume – schon Stradivari suchte sich hier das Holz für seine Geigen aus.

** Catena del Lagorai

Die Bergkette der Lagorai-Gruppe (Catena del Lagorai), die mit dem Monte Cece (2754 Meter) die höchste Erhebung erreicht, zieht sich vom Rollepass bis zum Manghenpass und den Ausläufern des Cembratales hin. Geologisch tanzen diese Berge aus der Reihe, sind sie doch aus kristallinem rotbraunem Quarzporphyr aufgebaut, der einen Kontrast zu den bleichen Dolomitenwänden bildet. Die dunklen pyramidenförmigen Gipfel flankieren wie ein Sägeblatt das Fleimstal und das Travignolotal. Über den Gipfelkamm verlief im Ersten Weltkrieg 1915 bis 1918 die Kriegsfront zwischen den Österreichern und Italienern.

Krippen aus Tesero

In vielen Trentiner Tälern und Dörfern werden um die Weihnachtszeit Krippen aufgestellt, die an die Geburt Christi erinnern. Am stimmungsvollsten ist es um diese Jahreszeit in Tesero: Dort findet man hier dann an die hundert solcher Krippen überall im alten Dorfkern aufgestellt. Für die Gestaltung der – vom späten Nachmittag bis Mitternacht beleuchteten – Krippen nützen die Künstler neben dem Holz und anderen natürlichen Materialien aus den Wäldern auch Stoff, Gips und sogar Salzteig. Besonders schön ist ein etwa einstündiger Spaziergang vom Ortseingang zur Piazza Cesare Battiti, auf der lebensgroße Statuen der Verehrung Marias in freudiger Erwartung vor der Geburt künstlerischen Ausdruck geben. Um den Erhalt der schönen Tradition kümmert sich liebevoll ein Verein der Krippenfreunde.

Naturpark Paneveggio und Pale di San Martino

Wer glaubt, an der Marmolada die höchste Wand der Dolomiten entdeckt zu haben, irrt. Diesen Rang würde ihr schon die Croz-del-Altissimo-Südwand in der Brenta streitig machen. Am allerhöchsten jedoch ist die Nordkante des Mont'Agner in der Pala-Gruppe: 1400 Meter Höhenunterschied – dreimal so viel wie bei den Drei Zinnen. Doch so schroff die Felsgipfel der Pala sind, so eintönig wirkt die große Steinwüste des Altopiano delle

Pale. Vom Tal aus in San Martino di Castrozza lässt sich das Plateau hinter den Felstürmen nicht erahnen. Von hier aus kontrastieren die Felstürme mit dem auf 1500 bis 2000 Metern Meereshöhe liegenden Fichtenwald des Paneveggio. Der Naturpark liegt im östlichen Teil der Region Trentino, zwischen den Tälern Fiemme und Fassa, mit den Wildbächen Cismon und del Vanoi. Er vereint gleich drei sehr wichtige Landschaften in sich: neben dem Dolomitenmassiv Pale di San Martino und der Lagorai-Porphyrkette auch den großen Fichtenwald. Der Naturpark ist wegen dieses Waldes nicht nur ökologisch bedeutsam. Die Haselfichtenfasern sind auch für den Geigenbau ideal. Er wird deshalb auch »Geigenwald«, Foresta dei Violini, genannt, aus dem sich schon der berühmte Antonio Stradivari Holz für seine Geigen aussuchte.

Venetien

Venetien in einem Südtirol-Reiseführer? Verbindet man nicht sofort mit dieser Region die Adriaküste, die legendäre Hauptstadt Venedig, den Gardasee, die Poebene? Aber Venetien ist weitaus mehr. Hier liegen auch Teile der mächtigen Gebirgsgruppe der Dolomiten, die zu den Südlichen Kalkalpen zählt und sich auf Venetien und die autonome Region Trentino-Südtirol erstreckt. Ein grandioses Naturwunder, das 2009 zum UNESCO-Weltnaturerbe erklärt wurde.

Unterwegs in Belluno

Schon im 5. Jahrhundert v. Chr. besiedelten Veneter und Kelten die heutige Provinz Belluno in der Region Venetien. Die Landschaft dominierend erheben sich auch hier die grandiosen Felsformationen der Dolomiten. Ihrem Schutz gilt ein besonderes Augenmerk der Bewohner.

2105 Meter hoch erhebt sich der Passo di Falzàrego und verbindet das Dolomitental Fodom mit Cortina d'Ampezzo.

*** Passo di Falzàrego

Action! Dieses Wort kennt man gut in der umwerfend schönen Gegend zwischen Lagazuoi, Tofane und Cinque Torri. Vor dem Ersten Weltkrieg explodierten Sprengladungen beim Bau der Dolomitenstraße über dem Falzaregopass. Während des Ersten Weltkriegs lieferten sich Österreicher und Italiener in der Lagazuoi-Südwand nicht weniger explosive Gefechte. Ein Klettersteig führt heute durch die engen Tunnel des übrig gebliebenen »Schweizer Käse« zum Gipfel – den auch eine Seilbahn erreicht. In den 1980er-Jahren hieß es »Action« beim Dreh für den Tierfilm »Der Bär« von Jean-Jacques Annaud, in den 1990ern mussten die steilen Wände der Tofane als Kulisse für Sylvester Stallones Actionfilm »Cliffhanger« herhalten. Profi-Kletterer doubelten den Star in den Wänden der Fünf Türme, wo sie sich trotz fiktiven Schneetreibens das Hemd vom Leibe reißen mussten. Dass die Handlung »eigentlich« in den Rocky Mountains« spielt, zeigt, dass sich nicht nur Filmstars doubeln lassen können (zumal, wenn sie auch noch wie Sylvester Stallone an Höhenangst leiden), sondern sogar ganze Gebirgszüge. Und wer wollte schon bestreiten, dass die Dolomiten ihre ganz eigenen Starqualitäten haben?

Zahlreiche Routen ab dem III. Schwierigkeitsgrad erschließen die Cinque Torri für Bergliebhaber.

** Cinque Torri

Unweit vom Falzaregopass, dem Übergang vom Gadertal ins Ampezzaner Gebiet, erhebt sich die bizarre Felsformation der Cinque Torri (deutsch: fünf Türme) an der Dolomitenstraße. Die steilen Zacken bildeten sich durch die Abspaltung von einem großen Felsblock und liegen isoliert und beherrschend in der Landschaft: Es scheint, als würden die Felsentürme einfach so aus den Almwiesen sprießen. Der höchste Turm ist die Torre Grande mit 2361 Meter. Die Torre Seconda, Torre Latina (auch Torre Terza), Torre Quarta und Torre Inglese sind deutlich kleiner. Im Jahr 2004 stürzte die Torre Trephor aus Altersschwäche ein. An den Türmen herrscht im Sommer ein reges Treiben von Kletterern und Freeclimbern auf den Routen verschiedener Schwierigkeitsgrade, während Wanderer auf familienfreundlichen Steigen die Felsen umrunden.

*** Monte Lagazuoi

Auf dem Monte Lagazuoi lässt sich ermessen, warum dieser Berg im Ersten Weltkrieg so umkämpft war: Er bildete die Möglichkeit für einen unüberwindbaren Wachtposten an der Dolomitenstraße, die das Ampezzaner Gebiet mit dem Südtiroler Gadertal verbindet. Der Doppelgipfel vom Großen (2835 Meter) und Kleinen Lagazuoi (2788 Meter) ist der äußerste Vorposten der Fanesgruppe und nur durch eine Scharte von den Tofane-Gipfeln, die bereits auf Cortina blicken, getrennt. Vom Falzaregopass führt eine Seilbahn auf das Gipfelplateau mit Bergrestaurant, von dessen Terrasse sich eines der schönsten Dolomitenpanoramen eröffnet: Im Norden sieht man die Gipfel der Fanesgruppe, im Osten alle drei Spitzen der Tofana, die Sorapiss-Gruppe und den Antelao, im Süden die Cinque Torri, Monte Pelmo, Civetta und Marmolada, im Westen den Sellastock und die Puezgruppe. Wer mit gutem Schuhwerk ausgerüstet ist, kann die rbeleuchteten Kriegsstollen vom Gipfel bis an den Fuß der Felswände absteigen.

Dolomiten-Höhenweg 1

Zehn Höhenwege erschließen dem Bergwanderer die Dolomiten. Jeweils mit einem liegenden Dreieck markiert, wurden die ersten sechs Höhenwege bereits in den 1960er- und 1970er-Jahren angelegt, 1976 folgte der außerordentlich anspruchsvolle Höhenweg 7 von Pieve d' Alpago nach Segusino (Karnische Alpen), in den 1980er-Jahren legte man die restlichen drei Höhenwege an. Als Klassiker gilt der Dolomiten-Höhenweg 1: Er führt in etwa 13 Tagen auf einer Länge von 150 Kilometern (Luftlinie 60 Kilometer) an den Hauptkämmen der östlichen Dolomitengruppen entlang gen Süden, vom Pragser Wildsee bis nach Belluno. Highlights der Route sind der lange Aufstieg zum Rif Lagazuoi, das märchenhaft gelegene Rifugio Croda da Lago sowie die Durchquerung der Civetta- und der Schiara-Gebirgsgruppe.

Hier wird der Mensch ganz klein: Blick vom Lagazuoi, dem zweigipfligen Berg in der Fanesgruppe der Dolomiten.

Atemberaubend: Blick auf die Tofane-Gruppe.

* Naturpark Ampezzaner Dolomiten

Nördlich von Cortina d'Ampezzo erstreckt sich der im Jahr 1990 zum Schutz der vielfältigen Flora und Fauna dieser Region gegründete, 112 Quadratkilometer große Naturpark Ampezzaner Dolomiten. Mit dem angrenzenden südtiroler Naturpark Fanes-Senes-Prags erhöht sich die geschützte Fläche auf insgesamt 370 Quadratkilometer. Zum Naturpark Ampezzaner Dolomiten – einem von fünf Naturschutzgebieten der Region Venetien – gehören die Tofane-Gruppe, die Bergmassive der Fanes, des Col Bechei, der Hohen Gaisl und des Cristallo. Getrennt werden diese jeweils von engen Tälern – Travenanzestal, Fanestal, oberes Boitetal, Felizontal – die alle an einem Punkt zusammenlaufen, an dem sich auch der Haupteingang des Parks befindet. Verwaltet wird dieser von der Regole d'Ampezzo, einem Konsortium zur kollektiven Nutzung der Wiesen und Wälder durch die ursprünglichen Familien Ampezzos. Das System solcher familiären Berggemeinschaften geht mindestens auf die Zeit der Langobarden zurück und hat seinen Ursprung vielleicht schon in den keltischen und römischen Siedlungen Ladiniens. Mehr darüber erfährt man beispielsweise in den Regole-Museen im Kongresszentrum von Cortina d'Ampezzo.

** Tofane-Gruppe

Das Dreigestirn der Tofane-Gruppe – Tofana di Rozes, Tofana di Mezzo und Tofana di Dentro – prägen das Bild der Ampezzaner Berge und tragen zum Weltruhm Cortinas als »Perle der Dolomiten« bei. Der Gipfel der Tofana di Rozes ist der markanteste des Dreigestirns im Westen des Beckens von Cortina d'Ampezzo. Mit ihren 3225 Metern ist diese Tofana nur wenig niedriger als die 3244 Meter hohe Tofana di Mezzo (die mittlere Tofana) und die Tofana di Dentro (die hintere Tofana, 3238 Meter). Auf die Tofana di Rozes mit ihrer imposanten Südwand führt neben mehreren Kletterrouten auch ein berühmter Klettersteig, die Via Ferrata Lipella in der Westflanke. Der Steig geht dabei an alten Kriegsstollen vorbei. Auf die Tofana di Mezzo schwebt von Cortina – direkt vom Stadtgebiet beim Olympiastadion – aus die Seilbahn »Freccia del Cielo« (deutsch: Himmelspfeil) in drei Abschnitten auf den Gipfel und überwindet dabei fast 2000 Höhenmeter.

* Croda da Lagound Lago Fedora

»Tranquilio«, sagen die Italiener, wenn sie etwas langsam und gemütlich angehen lassen wollen – genau das richtige Motto für eine leichte Wanderung von Cortina d'Ampezzo hoch zu dem im Jahr 1901 erbauten Rifugio Croda da Lago (2046 Meter). Vier bis fünf Stunden braucht man für die elf Kilometer lange, 1320 Höhenmeter überwindende Strecke, an dessen Ziel der hungrige Wanderer in der gemütlichen Hütte mit guter Küche versorgt wird. Gleich neben dem Rifugio spiegelt sich im Lago Fedora, einem der schönsten, an heißen Tagen zu einem erfrischenden Bad einladenden Bergseen der Dolomiten, die wild gezackte Felskulisse des zu den Ampezzaner Dolomiten gehörenden Bergmassivs Croda da Lago-Cernera.

** Passo di Giau

Wenn in der – auch »Rifugio Gianni Palmieri« genannten – Schutzhütte Croda do Lago noch alles schläft und sich das erste Licht im Osten über den Gipfeln des Antelaomassivs bricht, ist genau die richtige Zeit für ein »Konzert« der besonderen Art: Am felsigen Ufer des Lago Federa sitzend, wird man Zeuge einer Symphonie in Blau. Mit den ersten Sonnenstrahlen eröffnet sich, einem optischen Crescendo gleichend, auf der spiegelglatten Wasseroberfläche das Antlitz der Croda-da-Lago-Spitzen. Es sind Momente des Innehaltens – und nur von kurzer Dauer. Mit dem Erwachen des Lebens im Rifugio entschwindet der Zauber, kommt die Zeit für den Aufbruch.

Der Becco di Mezzodi spiegelt sich malerisch im Lago di Federa.

Blühende Alpenrosen vor Monte Cristallo und Croda di Lago.

2709 Meter hoch sind hier die bizarren und nur schwierig zu erkletternden Gipfel. Einfacher ist der Steig darunter, vorbei und hinüber zum Passo Giau (2236 Meter) mit seinen imposanten Ausblicken auf Nuvolau, Pelmo und Tofane.

** Monte Cristallo

Bereits der Name »Kristallberg« löst Erwartungen aus, denen der Gebirgskamm, der sich schützend im Norden des Cortineser Talbeckens aufbaut und dessen spitze, bleiche Türme bis auf 3221 Meter aufsteigen, voll gerecht wird. Der unbezwingbar scheinende Hauptgipfel von zwei weiteren Bergen der »Christallogruppe« wurde 1865 vom Österreicher Paul Grohmann mit den Cortineser Bergführern Angelo Dimai und Sandro Siorpaes zum ersten Mal bestiegen. Heutzutage erleichtert eine Seilbahn den Zugang, sodass der Cristallo di Mezzo nahezu überlaufen ist. Auf den Marino- Bianchi- und Ivano-Dibona-Klettersteigen, die an der Bergstation der Kabinenbahn bei der Scharte Forcella Stounies beginnen, herrscht an schönen Tagen Trubel. Das tut aber der beeindruckenden 360°-Weitsicht über die Dolomitenlandschaft bis zum eisgpanzerten Alpenhauptkamm im Norden, die von hier oben zu genießen ist, keinen Abbruch.

Via Ferrata Ra Gusela

Von seinem Ausgangspunkt am Falzaregopass in 2105 Meter Höhe führt dieser – für Dolomitenverhältnisse vergleichsweise unspektakuläre, kurze und einfache – Klettersteig hinauf zum Nuvolau auf 2574 Meter Höhe. In zwei Abschnitte untergliedert, steigt man im unteren, gesicherten Teil hinauf in das Geröllkar zwischen den Gipfeln Ra Gusela und Nuvola. Dann folgt ein einfacher, gut markierter Weg zum zweiten Teil, dem versicherten Südgrat des Nuvolau. Den Anstieg über Stahlseile und eine Leiter hinauf zum direkt am gleichnamigen Gipfel stehenden Rifugio Nuvolau können auch Klettersteigneulinge gut bewältigen. Helme schützen vor dem gelegentlichen Steinschlag. Erfahrene Klettersteiggeher kombinieren den Abstieg mit der Via Ferrata dell'Avera und steigen danach zum Passo Giau ab.

Ehrfurcht gebieten die grauen Felsmassen der Cadini-Gruppe.

** Lago di Misurina

Ein beliebter Ausflug von Cortina d'Ampezzo aus führt über den Tre-Croci-Pass hoch zum Misurinasee. Von dort lässt sich die Südseite der Drei Zinnen bestaunen und später mit der Seilbahn der herrlichen Aussicht wegen auf die mittlere Spitz der Tofane fahren. Ganz zu schweigen von winterlichen Pistenfreuden auf olympiageprüftem Gelände. Auf den Geschmack gekommen sind auch die Filmproduktionen, zuletzt James Bond »In tödlicher Mission«. Der Misurinasee liegt auf 1754 Metern am flachen Misurinapass, dem Übergang von Auronzo ins Pustertal. Im Norden erheben sich dann wie erwähnt majestätisch die Drei Zinnen, die Symbolberge der Dolomiten. Im stattlichen Gebäude südlich des Sees ist eine Klinik für asthmakranke Kinder untergebracht, die hier auf dieser Höhe, vor der imposanten Kulisse der Sorapissgruppe, Linderung finden.

** Cortina d'Ampezzo

»Heimliche Hauptstadt der Dolomiten«, »italienisches St. Moritz« – der mondäne Ferienort am östlichen Ende der Dolomitenstraße verdankt seinen Ruf den legendären Gipfeln der ringsum aufragenden Ampezzaner-Dolomitengipfel Cristallo (3218 Meter), Pelmo (3168 Meter), Sorapis (3205 Meter) sowie der über 3200 Meter ho-

Naturpark Fanes-Sennes-Prags in den Dolomiten bei Cortina d'Ampezzo.

hen Tofane-Gruppe. Berühmt wurde der in der Provinz Belluno gelegene, sich im weiten Talbecken des Bergflusses Boite ausbreitende Ort durch die Olympischen Winterspiele im Jahr 1956. Bis heute fügt sich das ganz mit Holz verkleidete, auch im Sommer geöffnete Olympia-Eisstadion harmonisch ins Stadtbild ein; davor erinnert ein Denkmal an den französischen Mineralogen Déodat de Dolmomieu (1750–1801), nach dem das Dolomitgestein benannt wurde. Seinen Aufstieg verdankt das früher vor allem von Holzarbeitern und Hirten bewohnte Bergdorf in 1211 Metern Höhe dem beginnenden Alpinismus im 19. Jahrhundert. Heute flaniert auf dem Corso Italia, der zentralen Fußgängerzone der zweisprachig (italienisch, ladinisch) ausgeschilderten Stadt, das ganze Jahr über ein internationales Publikum, darunter vor allem zu Weihnachten auch viel Prominenz aus Rom und der Lombardei. Immer wieder gibt es Versuche, Cortina zu einem Teil der autonomen Provinz Bozen-Südtirol zu machen – in einer Volksabstimmung im Jahr 2007 sprach sich die Südtiroler Bevölkerung mehrheitlich dafür aus. Doch die italienische Regierung möchte den beliebten Ferienort nicht verlieren.

*** Pfarrkirche St. Philipp und Jakob** Etwas zurückgesetzt an der als Fußgängerzone ausgewiesenen Hauptgeschäftsstraße Corso Italia, wurde um das Jahr 1775 an der Stelle eines Vorgängerbaus die den (von der Fassade grüßenden) Stadtpatronen Philippus und Jacobus geweihte Pfarrkirche errichtet. Der Sakralbau, ein Werk von Josef und Anton Costa aus Wengen im Gadertal, ist eine Mischung aus Tiroler Rokoko und italienischem Monumental-Barock. Der frei stehende Glockenturm, 71 Meter hoch und über 233 Stufen zu erklimmen, kam erst im Jahr 1853 hinzu und überragt bis heute auch die modernsten Bauten der Stadt. Den Hochaltar (1773) und die beiden ersten Seitenaltäre schuf Johann Müssak, das Altarbild malte Giuseppe Zanchi. Schon in der Vorläuferkirche stand der Altar mit der Gnadenreichen Madonna von Andrea Brustolon (1703). Das Gewölbe mit der Heiligen Dreifaltigkeit gestaltete Giuseppe Ghedina, das »Martyrium des heiligen Jakobus« und die 14 Kreuzwegsationen schuf Franz Anton Zeiller aus Reute in Tirol, der auch die weiter südlich beim Friedhof gelegene Wallfahrtskirche Madonna della Difesa (1743) ausschmückte.

*** Denkmal Angelo Dibona** Eine vor der Pfarrkirche aufgestellte Bronzebüste erinnert an den legendären Bergführer Angelo Dibona (1879–1956), einen der besten Kletterer seiner Zeit. Geboren in Cortina d'Ampezzo bewältigte der Vater von sieben Kindern in einer gemeinsamen Seilschaft mit seinem Bergführerkollegen Luigi Rizzi und den aus Wien stammenden Brüdern Max und Guido Mayer unter anderem die Erstbegehung der Laliderer-Nordwand.

Weltstädtisch: Cortina d'Ampezzo hier sollen die Olympischen Winterspiele 2026 stattfinden.

Austragungsort der olympischen Eisschnellaufwetttbewerbe 1956: der Misurinasee.

Cadini di Misurina

Die Cadini-Gruppe bildet den südlichen Abschluss der ihrerseits zu den (dem Alpenhauptkamm vorgelagerten) Südlichen Kalkalpen gehörenden Sextner Dolomiten. Mit ihren steilen Felstürmen und Zinnen gilt die im Westen vom Misurinasee, im Norden von den Drei Zinnen sowie im Süden und Osten vom Ansietal begrenzte Gebirgslandschaft als Paradies für Kletterer. Höchste Erhebung ist die 2839 Meter hohe Cima Cadin di San Lucano, landschaftlich besonders schön die am Südufer des Misurinasees beginnende hochalpine Umrundung der zentralen Cadini-Gruppe (Giro di Cadini) auf dem Sentiero Durissini. In eine sonst nur Kletterern vorbehaltene Welt führt ein luftig ausgesetzter Klettersteig hinauf: die Via Ferrata Merlone an der Westwand der Cima Cadini Nordest (2796 Meter).

Ein lohnenswertes Wanderziel ist der Lago di Sorapiss.

Lago di Sorapiss

Diese Farbe ist so irreal, dass sie kaum zu beschreiben ist, Türkisblau trifft es vielleicht am ehesten, dennoch nicht vollständig. »Unglaublichblau« ist fast noch treffender. Der Lago di Sorapiss strahlt wie ein unnatürlich blaues Auge eingebettet in dem zerklüfteten Gebirgsstock der Sorapiss-Gruppe hervor. Ein Rundweg führt zu dieser Seeperle inmitten des Dolomiti d'Ampezzo. Vom Passo Tre Croci geht der Abstieg hinunter zum Bergsee mit den weißen Sandstränden, der in einem gewaltigen Felsenkessel liegt. Über die Scharte Forcella Marcoira und das weite, einsame Geröllkar Ciadin del Làud geht der steile Anstieg durch eine Geröllrine zur Forcella Marcoira. Für eine Rast auf der Wanderung, die mit dem Anblick des Sees belohnt wird, eignet sich das Rifugio Vandelli.

** Gruppo del Sorapiss

Im Osten des weiten Beckens von Cortina ragen zwei Berggruppen auf: die Sorapiss-Gruppe (3205 Meter) und die Marmarole. An der Sorapiss-Nordflanke befindet sich eines der großen und gut besuchten Skigebiete von Cortina d'Ampezzo. Die Seilbahn zur Faloria startet direkt in der Stadt und es bieten sich gleich drei Schutzhütten als Stützpunkte für Skifahrer und Wanderer an. Berühmt ist die Sorapiss-Ansicht mit den Seespiegelungen vom Misurinasee aus.

** Gruppo delle Marmarole

Wer in den Bergen das Wilde, Unerschlossene sucht, der ist in der sich südlich an die vergleichsweise stark frequentierten Sextner Dolomiten anschließende Marmarole-Gruppe genau richtig. Das zerklüftete Gebiet mit dem Cimon del Froppa (2932 Meter), der Cima Bastioni (2926 Meter) und der Pala di Meduce (2864 Meter) als höchste Erhebungen gilt wegen fehlender Schutzhütten und Liftanlagen noch als ein Geheimtipp in den Dolomiten. Übernachtet wird an der Nordseite der Marmarole in Bivaccos – in Fertigbauweise errichtete, containerartige, nur geringfügig wärmeisolierte Biwakschachteln mit kleinem Einstieg auf der wetterabgelegenen Seite, in denen es nur ein paar notdürftig ausgestattete Schlafplätze auf geringem Raum, aber weder fließendes Wasser noch Toiletten gibt. Die Wasserarmut und die Schwierigkeit des Geländes machen die Erkundung der Marmarole-Gruppe oft zu einem Abenteuer. Wanderwege sind hier dünn gesät. Nur der in etwa zehn Tagen von Sexten nach Pieve di Cadore führende Dolomiten-Höhenweg 5 (»Tizian«) quert den Gebirgsstock.

*** Valle di Cadore

Cadore – das ist eine Landschaft mit mehreren Gesichtern: unberührte Täler und wilde Landschaften, dann Dolce Vita, internationaler Gästetrubel und der Pistenzirkus von Cortina. Cadore erstreckt sich über den Oberlauf des Flusses Boite und dessen Tal. Der Boite entspringt nördlich von Cortina und nimmt aus den Dolomitengruppen längs seines verschlungenen Weges durch bewaldete Täler zahlreiche Wildbäche auf, ehe er bei Perarolo in den Piave mündet. Das an einem See gelegene Städtchen Pieve di Cadore, das auf den Renaissance-Maler Tizian – seinen berühmtesten, zu Lebzeiten auch »da Cadore« genannten Bürger – stolz ist, bildet das Tor zu dieser Bergwelt. Schon die Römer siedelten hier, und im 15./16. Jahrhundert entstanden jene prachtvollen Gebäude, die heute noch das Stadtbild bestimmen. Dazwischen gibt es Ausblicke auf die schönsten Gipfel der Welt: Civetta, Tofane, Cristallo, Sorapiss, um nur die Wichtigsten zu nennen.

* Calalzo di Cadore

La Lunga Via delle Dolomiti (der »Lange Weg der Dolomiten«) ist ein über 60 Kilometer langer, zum größten Teil auf der alten Trasse der Dolomitenbahn von Toblach nach Calalzo di Cadore führender Radweg. Die vielen Tunnel und Viadukte der Schmalspurstrecke wurden im Ersten Weltkrieg errichtet, während der Olympischen Winterspiele in Cortina d'Ampezzo bekam die Verbindung noch einmal eine besondere Bedeutung; in den 1960er-Jahren wurde der Bahnbetrieb eingestellt. Aber Toblach ist bis heute bequem mit dem Zug zu erreichen, und selbst wenn die Strecke leider noch nicht durchgängig asphaltiert ist, wird der Radausflug von dort durch die einzigartige Gebirgswelt der Dolomiten zu einem ganz besonderen Erlebnis. Sehenswert im kleinen, beschaulichen Ort Calalzo di Cadore selbst ist vor allem die mit Kunstwerken von Orazio Vecellio, einem Sohn Tizians, ausgestattete Pfarrkirche St. Blasius.

* Val d'Oten

Calalzo di Cadore ist ein idealer Ausgangspunkt für Wanderungen ins wilde, von den Gipfeln der Marmarole-Gruppe überragte Val d'Oten, etwa am Sturzbach Molinà entlang, an dem einst zahlreiche Getreidemühlen standen, oder zur rauschenden Cascata delle Pile.

Das von Wolken bedeckte Valle de Boite mit dem Berg Sorapiss im Hintergrund.

Typischer Service am Dolomiten-Höhenweg 5: das Bivacco Tizian bietet Bergsteigern Zuflucht, bevor es an die Marmarole-Durchquerung geht.

Karnische Dolomiten

Der italienische Name »Creta Forata« (durchlöcherter Grat), bezeichnet den 2462 Meter hohen Gipfel treffender als das deutsche Breitenkofel. In der Tat weist der Berg ein riesiges Felsenfenster auf. Aber die Jahrhunderte währende deutschsprachige Besiedlung des Orts Sappada am Fuß der Karnischen Alpen tritt noch heute in der Sprache der Bewohner

und vor allem auch in deren Brauchtum zutage. Von Osttirol aus wurde der Ort als »Plodn« besiedelt und jedes Jahr am dritten Septemberwochenende wird zum Wallfahrtsort Maria Luggau in Kärnten gewandert. Neun Stunden dauert der Marsch über den Karnischen Kamm, der um diese Jahreszeit bereits durch eine verschneite Herbstlandschaft führen kann. »Weg der Stille« wird der von Sappada (Bladen) nach Vittorio Veneto führende, den westlichen Teil der karnischen Dolomiten auf einer Länge von 190 Kilometern erschließende Dolomiten-Höhenweg 6 auch genannt. Lange, anstrengende Etappen mit mehreren Klettersteigen und schwierigen (II–III) Passagen sind auf der 14-tägigen Tour zu bewältigen.

Der Monte Pelmo gehört mit einer Höhe von 3168 Metern zu den höchsten Gipfeln der Dolomiten.

** Val Fiorentina

Zwischen Agordino und Cadore in der Provinz Belluno erstreckt sich das Fiorentina-Tal. Umgeben von majestätischen Dolomitengipfeln und vom benachbarten Boite-Tal mit seinem Hauptort Cortina d'Ampezzo durch das Cernera-Massiv getrennt, wurde das Tal schon früh besiedelt – zunächst von Jägern und Hirten, später auch von den Minenarbeitern der Region, von deren Geschichte die durch das Fiorentina-Tal führende Strada da la Vena (»Straße des Eisens«) zeugt. Hauptort des Tals ist das malerische Bergdorf Selva di Cadore.

** Monte Pelmo

So majestätisch baut sich der Monte Pelmo über dem Fiorentina-Tal auf, dass die Einwohner von Selva di Cadore ihn auch wegen der Form seines Nebengipfels »El Caregon del Padreterno« nennen, den Thron Gottes. Dabei geht es im bedeutenden Skiort der Skiarena Civetta oft recht weltlich zu. Heutzutage jedenfalls. Als der irische Alpenpionier Sir John Ball 1857 den Pelmo-Gipfel als erster Mensch bestieg, muhten im Tal nur ein paar Kühe. Die einheimischen Gamsjäger folgten dem Erstbesteiger aber nicht über das nun nach Ball benannte Felsband zum Gipfel – zu gefährlich erschien ihnen dieser Weg. Entspannt ist hingegen die Wanderung rund um den Berg. Am Weg liegt der Fels mit den vor wenigen Jahren entdeckten Dinosaurierabdrücken.

Unter dem gewaltigen Monte Pelmo drehten einst die Dinosaurier ihre Runden.

* Forno di Zoldo

Gemeinsam mit dem benachbarten Zoldo Aldo bildet die von der Civettagruppe, dem Pelmomassiv mit dem Monte Pelmo (3168 Meter) und der Bosconero-Gruppe umgebene Gemeinde Forno di Zoldo das »urbane« Zentrum des Zoldo-Tals. In früheren Zeiten mehrfach von Überschwemmungen und anderen Naturkatastrophen heimgesucht, hat sich der – heute durch aufwendige hydrogeologische Geländearbeiten gesicherte – Ort zu einem freundlichen Urlaubs- und Einkaufsziel entwickelt. Interessant ist das im Palazzo del Capitano

Zoldo Alto

Knapp 30 Kilometer nordwestlich von Belluno in der gleichnamigen Provinz liegt im Val di Alto die Gemeinde Zoldo Alto. Deren Einwohner wie die des gesamten Tals sind für ihre »Gelateri« (ital. Eismacher) bekannt, die sich mit ihrer konditorischen Kunst bis weit über die Grenzen der Republik Venedig hinaus einen Namen machten. Bekannt ist das Tal auch für seine rund tausendjährige Bergbautradition. Schon im 14. Jahrhundert gab es hier Schmelzöfen, auch die Gemeinde Zoldo Alto wurde von diesem Handwerk geprägt. Auf die alte Tradition verweisen auch Ortsnamen wie Fusine – neben Brusadaz, Coi, Costa, Goima, Mareson, Pecol und Pianaz eine der wichtigsten Fraktionen der Kommune –; eine Ableitung vom mundartlichen »Fosina«, der Bezeichnung für eine Schmiede.

untergebrachte Nagelmuseum, das aber nicht nur über die Herstellung von Nägeln, sondern auch über das Handwerk der Schmelzer und Schmiede informiert. Bekannt ist Forno di Zoldo zudem für berühmte Holzschnitzer wie Andrea Brustolon (1622–1732), Paolo Gamba Zampol (1723–1802) und Valentino Pancora Besarel (1829–1902). Einige ihrer Werke sind in der 1487 geweihten Chiesa San Floriano in Pieve di Zoldo zu besichtigen. Lebendig erhalten wird die schöne lokale Tradition von zeitgenössischen Künstlern wie Mariano Lazzarin und Bruno De Pellegrin.

* Val di Zoldo

Wie das Val di Zoldo entvölkerten sich die entlegenen Täler der Bellunesischen und der Friauler Dolomiten aus wirtschaftlichen Gründen bis in die 1980er-Jahre hinein. Zu abgelegen waren sie, zu schwer zugänglich, die Hänge für eine intensive Landwirtschaft zu steil. Arbeitsplätze gab es nur auswärts. Wirtschaftlich besser ging es der Bevölkerung hier nur zur Hochzeit des Eisenabbaus und letzthin durch den Tourismus. Zeiten der Armut taten der Natur allerdings gut. Unter den gewaltigen Abstürzen des 3220 Meter hohen Civettamassivs hat sich ein natürliches Tal mit seinen ursprünglichen Weilern erhalten. Die Straßen zu den Pässen von Cibiana, Staulanza und Cadore ermöglichen ein Erkunden schier endloser Berglandschaften: von der Bosconero- über die Pelmo- und Civetta-Gruppe bis zu den Ausläufern des Naturparks Belluneser Dolomiten.

** Monte Civetta

Eingerahmt vom Val di Zoldo im Westen, dem Val Cordevole im Osten und dem Val Fiorentina im Süden, erhebt sich der 3220 Meter hohe Monte Civetta, der mit einigen kleineren Gipfeln die Civetta-Moiazza-Gruppe bildet.

Monte Civetta und der Coldai-See, an dem es auch eine Hütteneinkehrmöglichkeit gibt.

Morgenstimmung über den Belluneser Dolomiten mit dem 2565 Meter hohen Monte Schiara.

*** Naturpark Belluneser Dolomiten

Es ist ein berauschendes Gefühl, vom Gipfel des Monte Schiara aus, inmitten des Nationalparks Belluneser Dolomiten, in der Ferne die venezianische Lagune zu sehen, das Meer. Wer den Wellenschlag nicht hören kann, sollte sich nachts den Blick auf das Lichtermeer der endlos wirkenden Poebene zu Füßen des Parks nicht entgehen lassen. Dafür bietet sich eine Nacht in der nahen Ugo-dalla-Bernardina-Biwakschachtel an. Sie liegt neben einem 40 Meter senkrecht in den Himmel ragenden schlanken Felszacken, der auch »Finger des Bischofs« genannt wird. Dieser kann auch vom reizvollen Städtchen Belluno aus gesehen werden, wo man im Zweifel wesentlich kommoder nächtigt. Und in der Umgebung bieten zahlreiche prähistorische Ausgrabungsstätten sowie das mehr als 500-jährige Bergbauzentrum in Valle Imperina lebendigen Geschichtsunterricht.

Nur für erfahrene Bergsteiger: Der Klettersteig »Via Ferrata Olivieri« an der Punta Anna.

** Belluno

Die Hauptstadt der gleichnamigen Provinz liegt zu Füßen der Dolomiti Bellunesi, des südlichsten Ausläufers der Dolomiten, auf einem Felsvorsprung über dem Zusammenfluss von Ardo und Piave. Diese exponierte, strategisch günstige Lage machten sich schon die Römer zunutze und errichteten hier ein Kastell. Bis ins Mittelalter hielt man sich weitgehend an die antiken Grenzen – heute ist Belluno längst darüber hinausgewachsen und wird wie viele Orte in Norditalien von einem wenig attraktiven Industriegürtel umgeben. Auf dem Weg ins touristisch überflutete Venedig kann man hier im Zentrum unter Laubengängen wandeln, alte Brunnen und Paläste aus Gotik und Renaissance bestaunen und sich einen ersten Eindruck vom venezianischen Einfluss verschaffen – nicht umsonst stand Belluno ab dem Jahr 1404 rund 400 Jahre lang unter dem Schutz der mächtigen Republik Venedig. Am besten erreicht man den schönen Altstadtkern, wenn man das Auto auf dem großen Parkplatz Lambioi zu Füßen des Ortes abstellt und dann via Rolltreppe(n) direkt zur Piazza del Duomo emporschwebt. Und dann heißt es genießen in einem der vielen Cafés und Restaurants.

***** Piazza del Duomo** Den Domplatz umstehen der Palazzo dei Rettori Veneziani, Sitz der Präfektur, daneben der alte Bischofspalast, von dessen ursprünglich drei im Jahr 1190 errichteten Türmen einer erhalten blieb. Schmuckstück im Süden der Piazza ist der gewaltige, außen schlichte Duomo Santa Maria Assunta, ab dem Jahr 1517 nach Entwürfen des in Venedig geborenen Bildhauer-Architekten Tullio Lombardo erbaut, mit Krypta unter der Apsis. Das Altarbild zeigt den hl. Martin, den Schutzheiligen Bellunos. Der isoliert stehende Kampanile von Filippo Juvarra, einer der schönsten barocken Kirchtürme Italiens und hier im Norden ein eher ungewöhnliches Bild, folgte im Jahr 1742. Das Baptisterium gegenüber wurde im Jahr 1520 gebaut. In dem im Jahr 1491 errichteten Palazzo dei Rettori Veneziani, einem eleganten dreigeschossigen Bau mit Loggia nach dem Vorbild des Dogenpalastes in der Lagunenstadt, residierten die (an der Fassade in Form von Büsten und Wappen verewigten) venezianischen Statthalter. Nach dem Vorbild des Torre dell' Orologio auf Venedigs Piazza San Marco wurde Bellunos Palazzo dei Rettori ein im Jahr 1549 errichteter, später noch aufgestockter Uhrturm hinzugefügt. Östlich der Piazza präsentiert das Museo Civico in der Via Duomo 16 eine Sammlung archäologischer Fundstücke und eine Gemäldegalerie lokaler Künstler.

*** Piazza delle Erbe** Von der im Mittelalter Belluno umgebenden Mauer blieben nur die beiden Stadttore Porta Doiona und Porta Ruga erhalten. Durch Ersteres erreicht man die auch Piazza del Mercato genannte Piazza delle Erbe, das mittelalterliche Herz der (Alt-)Stadt – im heutigen Erscheinungsbild erhalten als Renaissanceensemble mit Arkaden und teils freskierten, wappenverzierten Fassaden an im frühen 16. Jahrhundert errichteten Bauten wie dem Monte di Pietá, dem Pfandleihhaus von 1501. Den Platz schmücken zudem ein Brunnen von 1410 und die im Jahr 1471 gebaute Loggia dei Ghibellini. Auf halben Weg zwischen Piazza Duomo und Piazza dei Martiri befindet sich der Palazzo della Crepadona mit einem Sarkophag des Römers Flavius Ostilius im Innenhof. Den prächtig gestalteten Sarg zieren Jagdszenen und eine rätselhafte Inschrift. Im ersten Stock des heute die Stadtbibliothek beherbergenden Palazzos finden regelmäßig Ausstellungen statt.

*** Piazza dei Martiri** Die lang gestreckte, von Laubengängen mit Cafés flankierte und vom neoklassizistischen Theater Communale begrenzte Piazza dei Martiri ist die Promeniermeile der Stadt.

In den Belluneser Dolomiten ist auch der seltene Steinadler heimisch.

Der beste Ausgangspunkt für Ausflüge in die Bergwelt der Belluneser Dolomiten ist Belluno.

Sebastiano Ricci

Der am 1. August 1659 in Belluno getaufte, am 15. Mai 1734 in Venedig gestorbene Sebastiano Ricci gilt als einer der berühmtesten italienischen Barockmaler. Sein Wirkungskreis reicht über Venedig, Turin und Parma bis nach London und Wien. Dabei arbeitete er häufig mit seinem von ihm angelernten Neffen Marco zusammen, dem er gern das Architektonische und den Landschaftshintergrund überließ, um sich selbst auf die (meisterliche) Figurendarstellung konzentrieren zu können. Dabei unterschied er sich auffallend von den Auffassungen des führenden Theoretikers der Perspektivmalerei seiner Zeit, Andrea Pozzo: Statt auf extreme Verkürzungen und (den Raum illusionistisch vergrößernde) Quadraturmalerei zu setzen, verzichtete er auf beides und legte seine Figuren stattdessen oft untersichtig an.

Unterwegs im Friaul

Zur autonomen Region Friaul-Julisch Venetien gehörend wird das Friaul größtenteils von Berglandschaften geprägt: Friaulische Dolomiten, Karnische Alpen und Julische Alpen bilden hier ein grandioses Panorama, ehe Italien sich landschaftlich dem Meer zuwendet.

Die kleine Bergseeperle Bordaglia kann man von Pierabech in 2 ½ Stunden zu Fuß erreichen.

*** Monte Borgà

2228 Meter über den Meeresspiegel erhebt sich die schroff abfallende Bergspitze des Monte Borga aus den Friulanischen Dolomiten. Der mühsame Aufstieg von den Ortschaften Erto oder Casso aus führt durch eine herrlich unberührte Natur und vorbei an Vorkommen von rotem Marmor. Wer das kleine Eisenkreuz auf dem Gipfel erreicht hat, dem liegt das Piavetal zu Füßen und die stolzen Felsgiganten der Ampezzaner und Sextener Dolomiten vor Augen. Von hier oben reicht der Blick bei guten Verhältnissen sogar bis zum zweithöchsten Gipfel der Dolomiten, dem Monte Antelao.

* Lago di Vajont

Ein trauriges Datum macht den Stausee, dessen Mauer 1959 fertig gestellt und mit über 260 Metern alle Rekorde sprengte, bekannt: Am 9. Oktober 1963 löste sich eine Felsflanke am Monte Toc und die Erdmassen rutschen in den Stausee. Die gigantischen Sturzwellen zerstörten in Sekundenschnelle die am Ufer gelegenen Dörfer Erto und Casso und begruben die angrenzende Region unter Wasser und Schlamm. 2000 Menschen starben. Heute ist bekannt, dass unterirdische Wasserflüsse den Berg ins Rutschen brachten. Das Geröll teilt den See nun in zwei Hälften. Die noch intakte ehemalige Staumauer dient inzwischen als Freilichtmuseum.

Die Vajont-Staumauer widerstand der Flutkatastrophe 1963 nahezu unbeschadet.

** Cimolais

Das beschauliche 360-Seelen-Dorf in der Provinz Pordenone ist beliebter Ausgangspunkt für Ausflüge in die Friauler Dolomiten. Von hier ist es nicht weit bis zu den Touristenmagneten in Claut (Dinosaurierspuren, Grotta del Landre Scur). Außerdem lässt es sich bestens zu Wander-, Mountainbike-, Langlauf- oder Klettertouren aufbrechen.

*** Val Cimoliana

Das wildromantische Tal zieht sich rund 20 Kilometer mitten durch das Herz der Friulanischen Dolomiten. Die sprudelnden Wasserläufe der Cimoliana haben tiefe Täler in den Fels gegraben und verändern das Gesicht der Landschaft bis heute: Wo im Frühjahr Schneemassen und Tauwasser ins Tal gestürzt sind, bleiben statt Wegen nur Schotterpisten zurück. Wer zum Campanile di Val Montanaia am Ende des Tals aufbricht, sollte das im Hinterkopf behalten. Der Anblick dieses schroffen Wahrzeichens der Region ist reizvoll vom leicht zu erreichenden Aussichtspunkt Belvedere del Campanile di Val Montanaia aus. Profikletterer hingegen suchen die Herausforderung in der felsigen Gipfelregion dieser besonders geformten Felsnadel.

*** Campanile di Val Montanaia

Dieser 200 Meter hohe, schlanke und schroffe Fels liegt inmitten eines kargen Bergkessels und umgeben von den imposanten Felsriesen der Dolomiten. Seine kuriose Form lockt Bergfreunde aus aller Welt an, die sich mit ihm messen wollen. Die Kletterroute über die Südwand gehört zu den Klassikern in den Dolomiten.

Poffabro

In idyllischer Abgeschiedenheit schmiegt sich eines der schönsten Dörfer Italiens in die felsigen Ausläufer des Monte Raut im Val Covera. Viele der Häuser mit ihren aus Stein gehauenen Wänden, den hölzernen Balkonen, Treppen und Steinbögen stammen noch aus dem 16. und 17. Jahrhundert. Sie erzählen von früher, als hier schwer arbeitende Bauern und Handwerker lebten und in den langen Wintermonaten unter sich blieben: Der Weg ins Tal war lang und beschwerlich. 1967 erschütterte ein schweres Erdbeben die Region und hinterließ auch in Poffabro schwere Schäden. Beim Wiederaufbau legte man großen Wert auf Originaltreue.

* Forni di Sopra

Das kleine Örtchen ist eine beliebte Basis für Outdoorfans. Die Lage im idyllischen Flusstal des Tagliamento wussten bereits die Kelten zu schätzen: Archäologische Funde lassen auf eine Besiedelung bereits im 8. Jahrhundert v. Chr. schließen.

* Forni di Sotto

Die größte Gemeinde in der Region Friaul-Julisch Venetien war wie der Nachbarort Forni di Sopra bereits in vorrömischer Zeit besiedelt. In beiden Orten schmolz man einst in großen Öfen Mineralien aus der Region. Daher auch die Namen: »Forno« ist das italienische Wort für Ofen.

** Andreis

Die kleine Gemeinde östlich von Pordenone gehört zum Naturpark Friauler Dolomiten und prägt eine typische, an die Gegebenheiten der Landschaft angepasste Bauweise. Eine Ausstellung im Museum für Kunst und bäuerliche Kultur im ehemaligen Rathaus liefert vertiefende Informationen über das dörfliche Leben in der Vergangenheit.

***** Ethnographische Museum der Kunst und der Bauernkultur** Wie lebten und arbeiteten die Menschen Anfang des 20. Jahrhundert in dieser Region? Beim Betreten der nachgebauten Räume eines historischen Bauernhauses fühlt man sich sofort ins Damals zurückversetzt. In der Küche stehen ein zeittypischer Herd, Möbel, Geschirr und Gebrauchsgegenstände. Das Handwerkszeug zur Herstellung von Tabakdosen oder Kämmen aus Knochen wird gezeigt und Wissenswertes über die traditionelle Holzverarbeitung vermittelt.

Cimolais: Nordwestlich des Ortes liegen die beiden höchsten Berge der Friauler Dolomiten, der Monte Duranno und die Cima dei Preti.

Naturpark Friauler Dolomiten

Die sonnigen Hochgebirgswiesen von Canpuros, die Weiden der Senons-Alm und die stille Einsamkeit der sogenannten Medunatäler machen den Naturpark Friauler Dolomiten einzigartig. Mit dem 1996 gegründeten, knapp 370 Quadratkilometer großen Park ist das Naturreservat Forra del Cellina verbunden, eine imposante Schlucht, die der Wildbach Cellina vor

seinem Austritt in die Obere Friauler Tiefebene in die Kalkschichten gegraben hat. Keine Ecke der Dolomiten ist so wenig erschlossen wie dieser Park, der sich um die Cima dei Preti (2706 Meter), den Monte Duranno (2668 Meter) und die Cima Monfalcon di Montanaia (2548 Meter) mit dem 300 Meter hohen, frei im Felskessel des obersten Val Montanaia aufragenden Felsturm Campanile di Val Montanaia (2173 Meter) erstreckt. Der Felsturm ist das Wahrzeichen des Gebiets. Und darüber zieht der Steinadler seine Kreise. Über Flora und Fauna informiert ein bei Cimolais gelegenes Besucherzentrum. Im Park selbst gibt es nur einige wenige Selbstversorgerhütten und Bivaccos – inmitten herrlicher, weitgehend unberührter Natur.

Die schönsten Reiserouten in Südtirol und den Dolomiten

Südtirol bietet mit zahllosen Burgen und Schlössern und vielen kunstgeschichtlich bedeutenden Sakralbauten eine Vielzahl an Möglichkeiten für Stadtbesichtigungen und Rundfahrten. Bekannt ist es jedoch auch für atemberaubende Naturlandschaften: Erhabene Hochgebirgslandschaften wechseln sich mit idyllischen grünen Tälern ab. Ein reiches Brauchtum und jahrhundertealte Traditionen lassen sich auf Veranstaltungen, Festen und Feiern erleben, genauso wie die kulinarische und kunsthandwerkliche Vielfalt, die man auf zahlreichen Märkten bewundern und mit allen Sinnen erfahren kann.

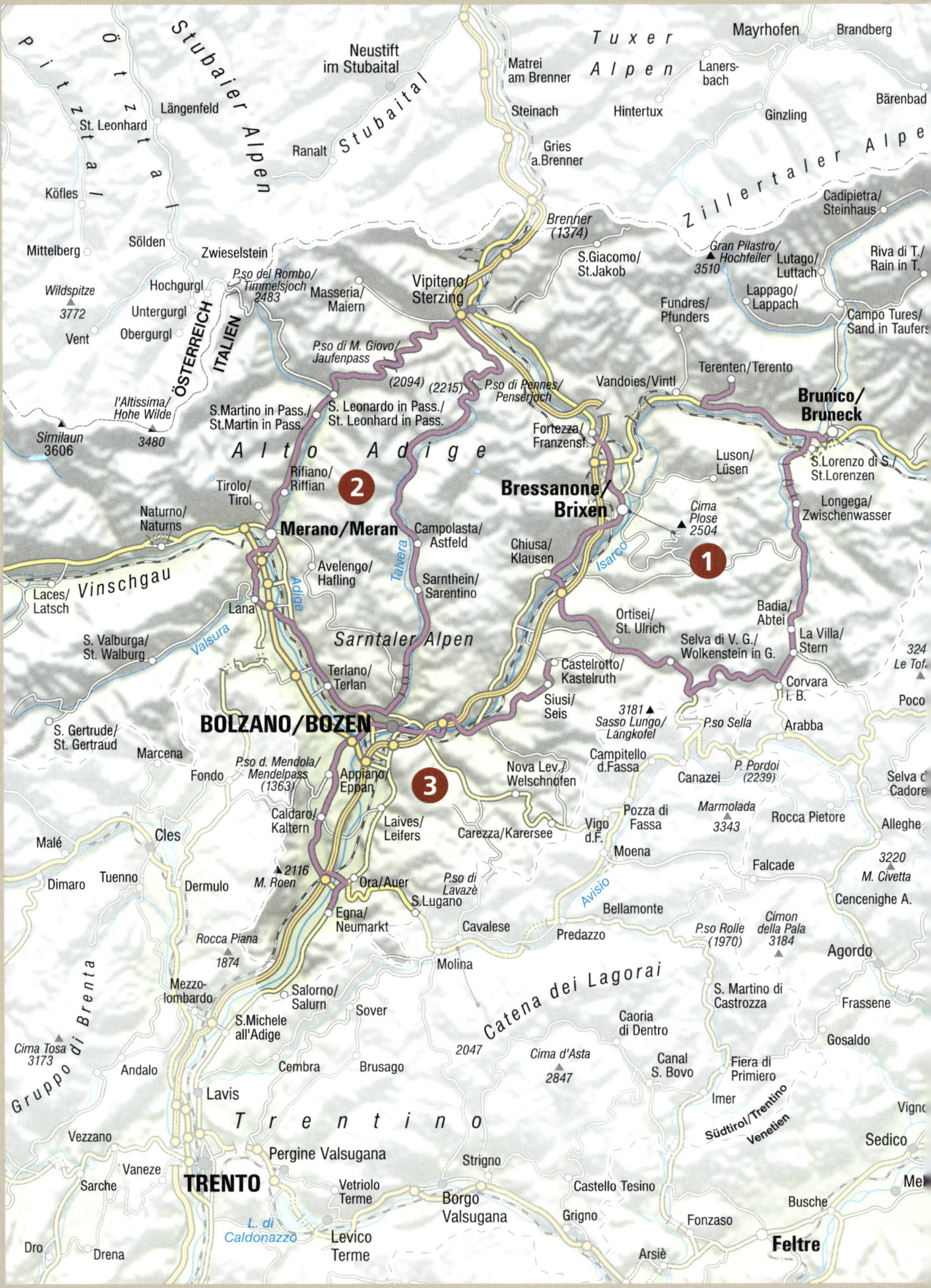
Pitztal
Ötztal
Stubaier Alpen
Neustift im Stubaital
Stubaital
Matrei am Brenner
Tuxer Alpen
Mayrhofen
Brandberg
Lanersbach
Bärenbad
St. Leonhard
Längenfeld
Ranalt
Steinach
Hintertux
Ginzling
Gries a.Brenner
Zillertaler Alpe
Köfles
Sölden
Mittelberg
Zwieselstein
Brenner (1374)
S.Giacomo/ St.Jakob
Gran Pilastro/ Hochfeiler 3510
Lutago/ Luttach
Cadipietra/ Steinhaus
Riva di T./ Rain in T.
Wildspitze 3772
Vent
Hochgurgl
Untergurgl
Obergurgl
P.so del Rombo/ Timmelsjoch 2483
Masseria/ Maiern
Vipiteno/ Sterzing
Fundres/ Pfunders
Lappago/ Lappach
Campo Tures/ Sand in Taufers
ÖSTERREICH
ITALIEN
P.so di M. Giovo/ Jaufenpass
(2094)
(2215)
P.so di Pennes/ Penserjoch
Vandoies/Vintl
Terenten/Terento
Brunico/ Bruneck
l'Altissima/ Hohe Wilde 3480
Similaun 3606
S.Martino in Pass./ St.Martin in Pass.
S. Leonardo in Pass./ St. Leonhard in Pass.
Alto Adige
Fortezza/ Franzensf.
Luson/ Lüsen
S.Lorenzo di S./ St.Lorenzen
Tirolo/ Tirol
Rifiano/ Riffian
2
Bressanone/ Brixen
Longega/ Zwischenwasser
Cima Plose 2504
Naturno/ Naturns
Merano/Meran
Campolasta/ Astfeld
Chiusa/ Klausen
Isarco
1
Vinschgau
Laces/ Latsch
Avelengo/ Hafling
Talvera
Adige
Sarnthein/ Sarentino
Lana
Ortisei/ St. Ulrich
Badia/ Abtei
La Villa/ Stern
Selva di V. G./ Wolkenstein in G.
S. Valburga/ St. Walburg
Valsura
Sarntaler Alpen
Castelrotto/ Kastelruth
Terlano/ Terlan
Siusi/ Seis
Corvara i. B.
Le Tof.
Poco
3181 Sasso Lungo/ Langkofel
P.so Sella
Arabba
S. Gertrude/ St. Gertraud
BOLZANO/BOZEN
Marcena
Fondo
P.so d. Mendola/ Mendelpass (1363)
Appiano/ Eppan
3
Nova Lev./ Welschnofen
Campitello d.Fassa
Canazei
P. Pordoi (2239)
Selva di Cadore
Caldaro/ Kaltern
Laives/ Leifers
Carezza/Karersee
Vigo d.F.
Pozza di Fassa
Marmolada 3343
Rocca Pietore
Alleghe
Malé
Cles
Moena
Falcade
3220 M. Civetta
Dimaro
Tuenno
Dermulo
2116 M. Roen
Ora/Auer
P.so di Lavazè
S.Lugano
Avisio
Bellamonte
Cencenighe A.
Egna/ Neumarkt
Cavalese
Predazzo
P.so Rolle (1970)
Cimon della Pala 3184
Agordo
Rocca Piana 1874
Molina
Catena dei Lagorai
S. Martino di Castrozza
Frassene
Mezzolombardo
Salorno/ Salurn
Sover
Caoria di Dentro
Gruppo di Brenta
S.Michele all'Adige
Gosaldo
Cima Tosa 3173
Andalo
Cembra
Brusago
2047
Cima d'Asta 2847
Canal S. Bovo
Fiera di Primiero
Lavis
Imer
Südtirol/Trentino
Venetien
Trentino
Vezzano
Pergine Valsugana
Strigno
Sedico
Vaneze
Sarche
TRENTO
Vetriolo Terme
Borgo Valsugana
Castello Tesino
Busche
L. di Caldonazzo
Levico Terme
Grigno
Fonzaso
Dro
Drena
Arsiè
Feltre

Routenübersicht

Route 1: Franzensfeste-Terenten

Route 2: Südlich von Sterzing

Route 3: Eisacktal und Südtiroler Weinstraße

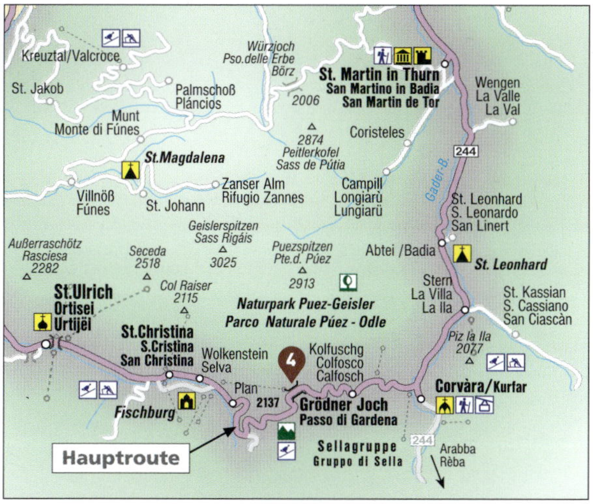

Das Kloster Säben – malerisch inmitten von Weinreben gelegen.

Legende

- Gebirgslandschaft
- Felslandschaft
- Schlucht/Canyon
- Vulkan erloschen
- Höhle
- Gletscher
- Flusslandschaft
- Wasserfall/Stromschnelle
- Seenlandschaft
- Naturpark
- Nationalpark (Landschaft)
- Nationalpark (Flora)
- Nationalpark (Fauna)
- Biosphärenreservat
- Wildreservat
- Zoo/Safaripark
- Küstenlandschaft
- Strand
- Insel

- Vor- und Frühgeschichte
- Prähistorische Felsbilder
- Griechische Antike
- Römische Antike
- Christliche Kulturstätte
- Kulturlandschaft
- Historisches Stadtbild
- Burg/Festung/Wehranlage
- Burgruine
- Palast/Schloss
- Technisches/industr. Monument
- Staumauer
- Sehenswerter Leuchtturm
- Herausragende Brücke
- Grabmal
- Kriegsschauplatz/Schlachtfelder
- Denkmal
- Mahnmal
- Spiegel- und Radioteleskop
- Weinanbaugebiet
- Markt/Basar
- Feste und Festivals
- Museum
- Theater
- Weltausstellung
- Olympische Spiele

- Skigebiet
- Segeln
- Tauchen
- Windsurfen
- Kanu/Rafting
- Seehafen
- Badeort
- Mineralbad/Therme
- Freizeitpark
- Spielkasino

Die Festung Franzensfeste wurde nach Kaiser Franz I. von Österreich, dem Monarchen der Planungsphase, benannt.

Route 1: Franzensfeste-Terenten

Die Route verläuft durch das östliche Südtirol. Traumhafte Tallandschaften wie Eisack-, Grödner-, Gader- und Pustertal und kulturhistorisch interessante Schloss-, Burg- und Klosteranlagen machen ihren Reiz aus. Vielfach kann man eindrucksvolle Gebirgspanoramen betrachten. Für die Strecke sind etwa drei Tage einzuplanen.

In Südtirol findet man viele Burgen und Schlösser, oft imposant und bestechend schön. Zudem können sie so manche Superlative und Rekorde aufstellen. Dazu gehört auch die massive Festung Franzensfeste (italienisch: fortezza), bei der die Tour beginnt. Sie wurde 1833 bis 1838 erbaut, um die Verkehrsverbindung durch das Eisacktal zu sichern. Zu jener Zeit zählte die rund 1 Quadratkilometer große Anlage – die übrigens nie vollendet wurde – zu den gewaltigsten Burgen in Europa. Faszinieren kann ein Gang durch den unterirdischen Tunnel, der über 457 Stufen die rund 100 Meter Höhenunterschied zwischen unterem und oberem Teil der Festung überwindet. Die Franzensfeste, die nie angegriffen wurde, ist seit Jahren Veranstaltungsort kultureller Ereignisse, unter anderem für die sehenswerte europäische Kunstbiennale »Manifesta7«.

Auch das Kloster Neustift in Vahrn kann beeindrucken. Das 1142 gegründete Augustiner Chorherrenstift zählt zu den bedeutendsten Klosteranlagen Europas. Die strenge Fassade verbirgt ein prachtvolles Inneres, worin Kunstwerke mehrerer Epochen vereint sind. Am romanischen Glockenturm beeindrucken Sonnenuhr und Uhr, die Fresken im gotischen Kreuzgang zeigen biblische Szenen, die barocke Stiftsbasilika zu Unserer Lieben Frau birgt farbige und vergoldete Stuckaturen. Die Stiftsbibliothek ist im Rokoko-Stil ausgeschmückt.

Kultur und Vergangenheit Südtirols sind aber nicht nur an den zahlreichen Burgen, Schlössern und Klöstern auszumachen, auch die Städte locken mit allerhand Sehens- und Denkwürdigem. Brixen (italienisch: Bressanone) – am Zusammenfluss von Eisack und Rienz gelegen – ist die älteste Stadt Tirols und Hauptort des Eisacktals. Die Silhouette von Brixen wird vom barocken Dom (erbaut 1745 bis 1754) beherrscht, der ebenso wie der sich anschließende Kreuzgang mit eindrucksvollen Fresken ausgestaltet ist. Das Diözesanmuseum in der Hofburg, der einstigen Residenz der Brixner Bischöfe, präsentiert bemerkenswerte Sakralkunst, aber auch Kunst der Neuzeit. Nach der städtischen Luft folgt gleich wieder das nächste Schloss: Schloss Feldthurns (italienisch: Velturno). Die Anlage von Schloss Feldthurns wurde 1577 bis 1587 im Stil der Renaissance erbaut und diente bis Anfang des 19. Jahrhunderts als Bischofssitz, danach gehörte sie zeitweise den Habsburgern. Zum Schmuck des Anwesens gehören kunstvoll geschnitzte Portale und Holzdecken, der Prunksaal ist mit Intarsienarbeiten und einer Kassettendecke verziert. Das Schloss ist als Veranstaltungsort für Konzerte und Ausstellungen ein weithin ausstrahlender kultureller Mittelpunkt.

Die Stadt Klausen (italienisch: Chiusa) wartet

Routensteckbrief:

Routenlänge: ca. 130 km | **Zeitbedarf:** 3 Tage

Franzensfeste → 10,1 km **Kloster Neustift** → 3,4 km **Brixen** → 8,5 km **Schloss Feldthurns** → 5,3 km **Kloster Säben** → 22,2 km **St. Ulrich in Gröden** → 4,1 km **St. Christina in Gröden** → 1,8 km **Fischburg** → 8 km **Grödner Joch** → 8,9 km **Corvara** → 18,4 km **St. Martin in Thurn** → 22,6 km **Bruneck** → 16,7 km **Terenten**

Kloster Neustift Das Kloster bei Brixen bietet Führungen durch die prachtvollen alten Räume des Stifts, die Bibliothek, den Innenhof und den beeindruckenden Kreuzgang. Auch Kinder können bei einer Museumsführung Geschichte des Mittelalters hautnah erleben.

Bruneck Wer sich dem Hauptort des Pustertals von Süden nähert, sieht bis auf das aussichtsreich gelegene Schloss Bruneck erst einmal nur Berge und Wiesen. Unterhalb der Burg findet sich aber die mittelalterliche Stadtgasse.

Brixen Nicht zu übersehen ragt das Wahrzeichen Brixens, der markante »Weiße Turm« der Pfarrkirche St. Michael, zwischen den Dächern der Altstadt hervor.

Grödner Joch Majestätisch erheben sich die Gipfel der Langkofelgruppe und des Sellamassivs beim Grödner Joch über Ladinien und das weite friedliche Grödnertal.

Einladend auf der Tour für eine gemütliche Rast und ein wenig zum Verweilen ist der Gasthof bei den Erdpyramiden von Terenten.

mit ihrem Kloster Säben auf. Der von Weinbergen und Kastanienhainen umgebene Ort ist ein Mekka für Freunde des Törggelen. Zinnengekrönte Fassaden und Erker prägen das Ortszentrum. Von Klausen aus lohnt sich eine Wanderung hinauf zum Benediktinerinnenkloster Säben. Die auf einem Bergsporn grüßende Anlage zählt zu den ältesten Wallfahrtsorten der Region und war erster Bischofssitz von Tirol. Die Aussicht von hier über das Eisacktal hinweg ist einfach fantastisch.

Weiter geht die Tour in das Grödnertal, und zwar direkt in den Hauptort des Tals, nach St. Ulrich (italienisch: Ortisei). Er gehört zu den bekanntesten Ferienorten Südtirols. Eine mächtige Statue des heiligen Ulrich an der Pfarrkirche gemahnt an den Schutzpatron der Gemeinde. Viele Läden in den Gassen verkaufen Holzschnitzereien aus dem Umland. Das Museum Gröden präsentiert eine ganze Reihe wertvoller Exemplare (unter anderem Krippen- und Schachfiguren, sakrale Holzplastiken) und darüber hinaus noch archäologische Funde aus der Umgebung. Ein Highlight des Museums ist die Luis-Trenker-Gedenksammlung, eingerichtet zu Ehren des in St. Ulrich geborenen legendären Südtiroler Erzählers, Filmregisseurs und Bergsteigers.

Vom Hauptort des Grödnertals geht es zum ältesten desselbigen: St. Christina (italienisch: Santa Cristina). Der Ort entstand rund um die Kirche St. Christina und St. Antonio Abate. Sehenswert ist vor allem deren Hochaltar (1690). Oberhalb des Gotteshauses verläuft ein Kreuzweg mit von Holzschnitzern gestalteten Stationen. Nicht weit ist es zur 1641 fertiggestellten Fischburg, einem in seiner Monumentalität beeindruckenden Jagdschloss aus der Renaissance-Zeit.

Neben dem vom Menschen Erschaffenen leistet auch die Natur Beeindruckendes. Das Grödnerjoch (italienisch: Passo di Gardena) – ein 2121 Meter hoher Pass – verbindet Grödner- und Gadertal. Vom Grödnerjoch bietet sich ein grandioser Blick, der den 3181 Meter hohen Langkofel einschließt. Beiderseits des Passes gibt es Wanderwege nach Wolkenstein im Grödnertal beziehungsweise nach Kurfar im Gadertal.

Nächste Station der Tour ist Corvara (italienisch: Kurfar). Das Fremdenverkehrszentrum

Kloster Neustift wartet im Kreuzgang mit herrlichen Fresken auf.

Der Brixner Domkreuzgang: Seine gotischen Fresken zählen zu den bedeutendsten Kunstwerken Südtirols.

im Gadertal liegt in 1568 Meter Höhe am Fuß des Sassongher. Mehrere Passstraßen führen zum Grödnerjoch und zum Campolongo-Sattel. Neben Bergsteigern und Skifahrern kommen verstärkt auch Golfer nach Kurfar, ein Neun-Loch-Platz liegt in der Nähe.

Die Anfänge des Schlosses Thurn bei St. Martin in Thurn reichen bis ins 13. Jahrhundert zurück. Ausgehend von einem um 1230 errichteten dreigeschossigen Wohnturm, erbaute man ein von Mauern geschütztes Wohngebäude. 1996 wurde in den Schlossräumen das Ladinische Landesmuseum eingerichtet, das sich der Sprache und Kultur der Ladiner widmet – bilden diese doch in dieser Region die zahlenmäßig stärkste Bevölkerungsgruppe. Auch über die Entstehung und Erschließung der Dolomiten erfährt man viel in Schloss Thurn. Die Präsentation erfolgt multimedial. Das Hauptgebäude und der Innenhof werden auch für Konzerte genutzt.

Nach Natur und Schloss fasziniert Bruneck (italienisch: Brunico) als Wirtschaftszentrum des Pustertals, welches an der Mündung des Ahrnbachs in die Rienzliegt. Bruneck wurde 1256 gegründet und gelangte ab dem 14. Jahrhundert als Handelsplatz zu Wohlstand. Zu den bekanntesten Bauwerken gehört die gotische, von Fresken geschmückte Ursulinenkirche (15. Jahrhundert). Auf einem leicht zugänglichen Hügel thront Schloss Bruneck (13. Jahrhundert), das mit dem 2010 eröffneten Messner Mountain Museum über eine besondere Attraktion verfügt. Die Stadtgasse wird von Gebäuden mit imposanten Giebeln flankiert. Der Kronplatz, Brunecks 2275 Meter hoher Hausberg, bietet einige attraktive Skipisten, die zu den gefragtesten der italienischen Alpen zählen.

Ende der Reise ist Terenten mit den bizarren, sehr beeindruckenden Erdpyramiden. Auf einem Hochplateau über dem Pustertal liegt Terenten, das als der Ort mit der höchsten Sonneneinstrahlung Südtirols gilt. Auf dem Gemeindegebiet sind einige historische Mühlen zu besichtigen. Die Erdpyramiden von Terenten sind eine geologische Attraktion und oberhalb des Ortes eingehend zu bestaunen. Die bizarr geformten Säulen, Türme und Kegel wirken als spezielle Erosionsformen geradezu künstlerisch.

Die fünf Sellatürme sind beliebte Kletterziele mit unterschiedlichen Schwierigkeitsgraden.

Blick vom Jaufenpass (Passo di Monte Giovo), dem nördlichsten mit einem Kraftfahrzeug befahrbaren Alpenpass Italiens.

Route 2: Südlich von Sterzing

Die Route mit Start- und Endpunkt in Sterzing führt durch Obstplantagen, über hohe Alpenpässe hinweg und zu Prachtorten wie Meran und Bozen. Der Besucher wandelt auf den Spuren Andreas Hofers und kann auch die Gletschermumie »Ötzi« besuchen. Für die Strecke sollte man sich drei bis vier Tage Zeit nehmen.

Das Wipptal bietet atemberaubende Natur, kurivge Pässe, wunderschöne Kirchen und viel Brauchtum und Tradition. Ausgangspunkt ist das als Tourismus- und Wirtschaftsort wichtige Sterzing (italienisch: Vipiteno). Die Stadt am Eisack entwickelte sich wegen ihrer günstigen Lage zwischen Brenner- und Jaufenpass bereits im 15. Jahrhundert zu einem wichtigen Handelsplatz. In jener Epoche entstanden einige der interessantesten Bauwerke – wie der Zwölferturm, Sterzings Wahrzeichen, oder das Rathaus. Der älteste Teil der Stadt wird von Laubengängen und schmucken Bürgerhäusern geprägt. Eine besondere Attraktion ist das Knödelfest, das man im September feiert. Dann werden in der Altstadt auf einer langen Tafel Knödel in allen Variationen, süß oder salzig, serviert.

Spektakuläre Aussichten bietet weiterhin der Jaufenpass (italienisch: Passo di Monte Giovo). Dieser 2094 Meter hohe Gebirgspass verbindet das Passeier- mit dem Eisacktal. Die höchst kurvenreiche, ständig wechselnde Panoramen bietende Passstraße ist die kürzeste Verbindung zwischen Sterzing und Meran. In unmittelbarer Nähe des Jaufenpasses erhebt sich der 2481 Meter hohe Jaufenspitz.

Weiter führt die Route in das im Passeiertal, in dem St. Leonhard (italienisch: San Leonardo in Passiria) liegt. Aufgrund seiner zentralen Lage im Passeiertal ist St. Leonhard dessen wichtigster Fremdenverkehrsort – mit reicher touristischer Infrastruktur, die vom Erlebnisfreibad über einen 18-Loch-Golfplatz bis zur Kletterwand vieles umfasst. Trotzdem blieb das Flair eines intakten Dorfes erhalten. Die Pfarrkirche zum heiligen Leonhard wurde im Jahr 1116 geweiht; zur eindrucksvollen Ausstattung zählen der neugotische Hochaltar und ein Taufstein aus weißem Marmor. Ein besonderer Anziehungspunkt in der Gemeinde ist das Geburtshaus des Andreas Hofer, dem man ein Museum zum Gedenken an den Freiheitskämpfer angegliedert hat.

Ein weiterer Ort im Passeiertal, der eine Besichtigung lohnt, ist St. Martin (italienisch: San Martino in Passiria). Bekannteste Sehenswürdigkeit im größten Ort des Passeiertals ist die 1178 erstmals erwähnte, reichlich mit Stuckaturen ausgestaltete Pfarrkirche des heiligen Martin mit vier in barocken Formen schwelgenden Altären, alle geschaffen von Künstlern aus der Passeier Malerschule. Von diesen stammen auch die Fresken an einigen Häusern am Dorfplatz von St. Martin sowie am Malerhaus, der einstigen Wirkungsstätte dieser Schule.

Es ist nicht gerade groß, dennoch bietet das Dorf Tirol neben seinem Schloss eine Fülle an Sehenswürdigkeiten. Es zählt zu den meistbesuchten Fremdenverkehrsorten weit und breit. Schloss Tirol wurde 1140 bis 1160 als Stammburg der heimischen Grafen errichtet und blieb bis ins 15. Jahrhundert hinein das Zentrum ihrer Landesherrschaft. Bemerkenswert sind die

Routensteckbrief:

Routenlänge: ca. 160 km | **Zeitbedarf:** 3–4 Tage

Sterzing → 18,1 km **Jaufenpass** → 19,4 km **St. Leonhard in Passeier** → 3,7 km **St. Martin in Passeier** → 14,7 km **Dorf Tirol** → 8,4 km **Algund** → 2,2 km **Meran** → 11 km **Lana** → 14,1 km **Terlan** → 14,8 km **Bozen** → 19,6 km **Sarnthein** → 30,6 km **Penser Joch**

Sterzing Gleich hinter dem Brennerpass liegt Sterzing, Hauptort des Wipptals und 948 Meter über dem Meeresspiegel liegend. Der Zwölferturm, das Wahrzeichen der Stadt, teilt die Neustadt von der Altstadt.

Jaufenpass Insgesamt 31 Kilometer ist die Strecke des Jaufenpasses lang. Sie führt durch eine fantastische Landschaft mit wunderschönen Aussichten. Außerdem ist der Pass wegen seiner gemäßigten Steigungen bei Wanderern und Bikern beliebt.

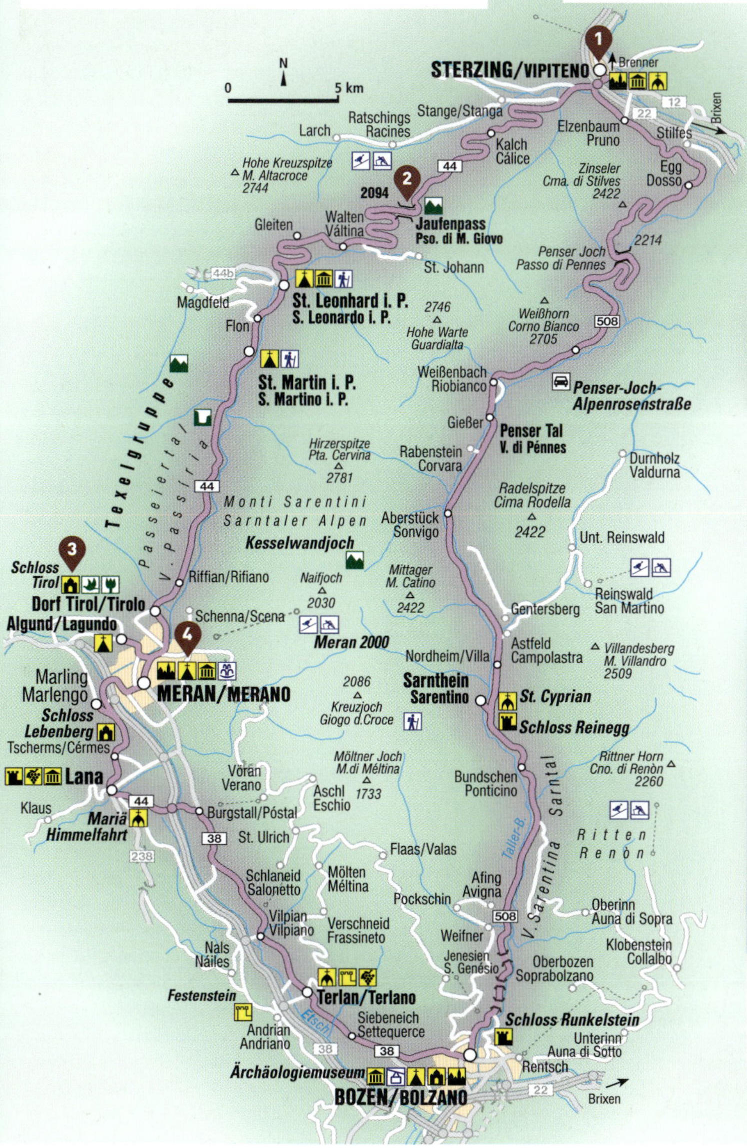

Dorf und Schloss Tirol Über Meran und dem Etschtal thront in einmaliger Lage Schloss Tirol. Kunsthistorisch interessant sind die Fresken der Kapelle und das Museum im Inneren des Schlosses.

Meran Neben der Kirche St. Nikolaus ist es das Wahrzeichen Merans: das Kurhaus, im historisierenden beziehungsweise im Jugendstil errichtet. Im Kurpark kann man zwischen üppig blühenden mediterranen Pflanzen südliches Flair genießen.

mit reichem Skulpturenschmuck versehenen Marmorportale, die zu den originellsten Werken der Romanik in Südtirol gehören. In der Kapelle beeindrucken Wandmalereien sowie eine mächtige Kreuzigungsgruppe. Im Schloss ist das Museum für Kultur und Landesgeschichte untergebracht.

Die nächste Station auf dem Wege durch das Wipptal ist Algund (Lagundo). Bekannt ist der Ort vor allem wegen der Brauerei Forst, die zu den größten in Italien zählt. Die 1966 bis 1971 erbaute Pfarrkirche zum Heiligen Josef gehört zu den wohl gelungensten Beispielen moderner Architektur im ganzen Alpenraum. Prähistorische Funde wie Menhire und Schalensteine sind an mehreren Stellen des Ortes zu sehen. Bei der Ausfahrt Algund an der Straße Bozen–Meran fällt das auf einer Verkehrsinsel errichtete Kunstwerk »SteinZeit« auf. Den besten Eindruck von der im Jahr 2002 angelegten, aus 80 Findlingen bestehenden »steinernen Sonne« hat man beim Blick aus der Höhe.

Das höchste Gebäude Sterzings: der Zwölferturm.

Die nach Bozen zweitgrößte Stadt Südtirols – Meran (italienisch: Merano) – und einstige Hauptstadt Tirols blickt auf eine lange Tradition als Kur- und Urlaubsort zurück. Das Zentrum besticht durch bemalte, mit Erkern verzierte Häuser. Die Stadtpfarrkirche St. Nikolaus und die Heiliggeistkirche weisen reichen Figurenschmuck auf. Schloss Trauttmansdorff beherbergt das Museum für Tourismus, in den Schlossgärten blühen Pflanzen aus aller Welt. Zu Ostern findet in Meran das Haflinger Galopprennen statt.

Von der großen Stadt aus geht es weiter an ein wieder etwas beschaulicheres Örtchen. Umgeben von ausgedehnte Obstplantagen (vor allem Apfelpflanzungen) zeigt sich Lana, das ungeachtet seiner wirtschaftlichen Bedeutung als Handels- und Verarbeitungszentrum für Äpfel auch durch seine Bauwerke beeindruckt. Prunkstück der spätgotischen Pfarrkirche Mariä Himmelfahrt ist der gut 14 Meter hohe monumentale Flügelaltar. Neben dem Südtiroler Obstbaumuseum zieht auch der Skulpturenweg viele Lana-Besucher an.

Der Weg führt weiter nach Terlan (italienisch: Terlano). Seinen Ruhm verdankt der Ort an der Strada del Vino dem hier gekelterten vorzüglichen Wein. Wahrzeichen von Terlan ist die Ruine der aus dem 13. Jahrhundert stammenden Burg Neuhaus (auch: Burg Maultasch). Die Pfarrkirche Mariä Himmelfahrt birgt einen wertvollen Freskenzyklus. Zur Spargelzeit bieten viele Terlaner Lokale eine üppige Auswahl an Gerichten rund um dieses Edelgemüse an.

Städtischer wird die Reise dann wieder bei einem ausgiebigen Halt in Bozen (italienisch: Bolzano). Das politische, wirtschaftliche und kulturelle Zentrum Südtirols liegt nahe der Mündung des Eisack in die Etsch. Das Stadtbild kennzeichnet eine reizvolle Atmosphäre, gemixt aus österreichischen und italienischen Elementen. Architektonisches Wahrzeichen ist der ab dem 14. Jahrhundert entstandene Dom. Mit Fresken, Stuck und stilvollen Portalen verzierte Häuser der Zeit vom 16. bis zum 18. Jahrhundert flankieren einige Straßen im Zentrum. Doch nicht zuletzt moderne Bauten prägen das Bild: In einem markanten Glasbau residiert das Museum für moderne und zeitgenössische Kunst (Museion). Attraktion des Südtiroler Archäologiemuseums: »Ötzi«, die Gletschermumie.

Die nächste Station bietet Kultur und Brauchtum pur: Sarnthein (itlienisch: Sarentino) im Sarntal. Das Sarntal gehört zu den ursprünglichsten Tälern Südtirols, die hiesigen Trachten zählt man zu den schönsten der Region. Nicht zu-

Imposant thront Schloss Tirol über dem gleichnamigen Dorf und dem Etschtal. Hier lohnt das Südtiroler Landesmuseum einen Besuch.

letzt aber ist es auch für das traditionsreiche Kunsthandwerk der Federkielstickerei bekannt. In Sarnthein, dem Hauptort des Tals, stehen noch einige alte Bauernhäuser mit blumengeschmückten Balkonen und Fenstern mit aufgemalten Friesen. Schloss Reinegg, bekanntestes Bauwerk des Ortes, wurde im 13. Jahrhundert erstmals erwähnt.

Abschließend geht es in das Pensertal und über das Penser Joch. Vom Sarntal zweigt bei Astfeld das bei Langläufern wegen seiner Loipen beliebte Pensertal ab. Die durch das Tal verlaufende Straße führt hinauf zum Penser Joch, einem 2211 Meter hohen Gebirgspass. Im August wird das Penser-Joch-Radrennen veranstaltet, bei dem die Teilnehmerinnen und Teilnehmer mehr als 1000 Höhenmeter überwinden müssen.

Tradition: feierliche Prozession im Sarntal.

Wer das Penser Joch vom Norden mit dem Rad befährt wird durch eine lange Abfahrt belohnt.

Kastelruth: Gasthauskultur im Hotel zum Turm oder Kunstgenuss im Ansitz Lächler. Dazwischen grüßt der Turm der Pfarrkirche St. Peter und Paul.

Route 3: Eisacktal und Südtiroler Weinstraße

Im Eisacktal bieten sich die Bergdörfer Kastelruth mit seinem Schloss, Seis und Völs sowie die Seiser Alm als Abstecher von der Brennerautobahn an. Genießer kommen entlang der Südtiroler Weinstraße auf ihre Kosten.

Südtriol ist neben anderen loklen Spezialitäten auch berühmt für seine Weine. Die endlos scheinenden Reben an den Weinbergen ziehen entlang der Weinstraße an einem vorbei. Das malerische Bergsteigerdorf Kastelruth (italienisch: Castelrotto) war häufig Schauplatz in den Filmen von Luis Trenker und ist heute durch die »Kastelruther Spatzen« einem Millionenpublikum bekannt. Bereits in vorgeschichtlicher Zeit besiedelt, diente der Ort lange als römisches Kastell. Farbenreiche Fassaden, enge und schattige Gassen, vor dem mächtigen Kirchturm ein plätschernder Brunnen und allerlei schöne Läden beherrschen die Szenerie im Zentrum. Wenn im Sommer und Herbst die »Spatzen« zu ihrem Volksmusik-Open-Air einladen, ist es indessen mit der Beschaulichkeit vorerst vorbei. Die Pflege von Volksgut und Tradition wird hier in Kastelruth besonders hochgehalten – was man anlässlich der Prozessionen und Märkte überall vor Ort miterleben kann.

Die wunderschöne Natur Südtirols erlebt man bei der nächsten Station in Seis (italienisch: Siusi) und auf der Seiser Alm.Seis, unterhalb der Santnerspitze gelegen, gilt mit der Ruine Hauenstein aus dem 12. Jahrhundert als Startpunkt für einen Besuch der Seiser Alm. Die legendenumwobene Burg war im 15. Jahrhundert Wohnort des Tiroler Minnesängers Oswald von Wolkenstein. Europas größte Hochalm mit ihren weiten Matten und eingestreuten Sennhütten und Stadeln ist zu jeder Jahreszeit ein Geheimtipp für Besucher. Umrahmt von markanten Dolomitengipfeln wie der Langkofelgruppe, dem rot glühenden Rosengarten und dem Schlernmassiv, gilt die Seiser Alm als Südtiroler Traumlandschaft schlechthin. Wo sich im Winter Alpinskifahrer tummeln und Langläufer ihr Eldorado finden, ist in Frühjahr und Sommer die Blumenpracht einfach überwältigend. Die Alm erreicht man vom Grödnertal per Seilbahn, Bus oder mit der Umlaufbahn von Seis aus.

Der nächste wieder kulturelle Halt ist bei Schloss Prösels. Die herrschaftliche Anlage wurde zwischen 1490 und 1520 von Leonhard von Völs, dem Landeshauptmann von Tirol, erbaut – auf den Grundmauern einer Burg aus dem 11. Jahrhundert. Die trutzige Wehranlage – mit Burgkapelle, prächtigen Sälen mit reichlich Fresken und Ornamenten – lädt zur Besichtigung ein. Ausgestellt sind mittelalterliche Waffen, Gemälde und Skulpturen.

Nicht verpassen darf man Bozen (italienisch: Bolzano). Die Hauptstadt der Südtiroler, an den Ausläufern des Etschtals und der Autostrada (A22) gen Süden gelegen, zieht mit ihrem breiten Geschäfts- und Gastronomieangebot in der malerischen Altstadt die Touristen an, nicht zuletzt auch als Ausgangspunkt zur Erkundung der Dolomiten. Hier sind Entdeckungen landschaftlicher und kulinarischer Art entlang der Südtiroler Weinstraße garantiert. Keinesfalls versäumen sollte man den Besuch des goti-

Routensteckbrief:
Routenlänge: ca. 70 km | **Zeitbedarf:** 2 Tage
Kastelruth → 3,4 km **Seis** → 10,3 km **Schloss Prösels** → 15,2 km **Bozen** → 13 km **Eppan an der Weinstraße** → 6,3 km **Kaltern** → 4,5 km **Altenburg** → 9,6 km **Tramin an der Weinstraße** → 5,6 km **Auer** → 6,8 km **Neumarkt**

Bozen In den Lauben und Passagen von Südtirols Hauptstadt kann man vorzüglich einkaufen oder sich einfach vom Flair der Altstadthäuser bezaubern lassen. Oder doch lieber eines von sieben Museen besuchen?

Ritten Der Rittner Rücken mit seinen bizarren Erdpyramiden lädt zum Staunen ein. Die Formationen sind wohl eine Folge von Erosionen, die durch den Wechsel von Regen- und Trockenzeiten in windgeschützten Lagen begünstigt wurden.

Eppan Kurz vor der Weinlese im Herbst, ist der Ort eingebettet in gold und gelb gefärbte Weinberghänge. Die Sonne ist ein wichtiger Katalysator, damit die Trauben reifen können. In Südtriol gibt es 300 Sonnentage im Jahr ...

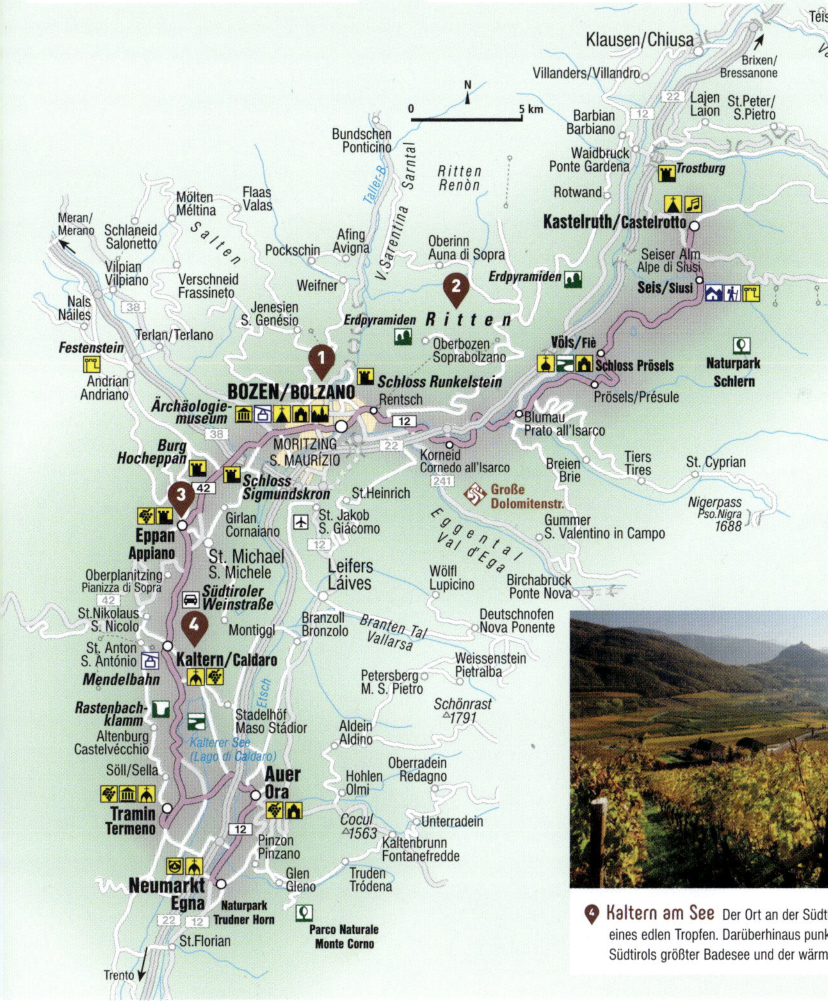

Kaltern am See Der Ort an der Südtiroler Weinstraße ist eine Hochburg für alle Liebhaber eines edlen Tropfen. Darüberhinaus punktet in nächster Nähe des Ortes auch der Kalterer See, Südtirols größter Badesee und der wärmste Badesee des Alpenraumes.

Die größte Hochalm Europas: die Seiser Alm in der Dolomitenregion.

schen Doms, der Dominikanerkirche, des Franziskanerklosters (mit Kreuzgang) und des Waltherplatzes (mit Denkmal des berühmten Minnesängers Walther von der Vogelweide). Auch die Laubengänge, das Museum für moderne Kunst, der Palast Kaiser Maximilians I. sowie Burg Maretsch sind touristische Highlights.

Aus der großen Stadt hinaus führt der Weg weiter nach Eppan (italienisch: Appiano). Reizvoll eingebettet in die liebliche Landschaft seiner Weinberge, vereinigt verstreut liegende Dörfer sowie eine Fülle von Einzelhöfen. Charakteristisch sind die vielen Burgen und Ansitze (d. h. gegendtypische, eher kleine, feudale Wohnbauten), die zwischen 1550 und 1650 von wohlhabenden Händlern und Adelsfamilien im sogenannten Überetscher Stil errichtet wurden. Viele der Ansitze sind prächtig renoviert und beherbergen heute Weingüter, schicke Restaurants und Übernachtungsmöglichkeiten. Mit über 1000 Hektar Fläche ist Eppan das größte Weinbaugebiet von Südtirol.

Eine wahre Perle ist der Kalterer See, und einen Stop sollte man dann auch in Kaltern (italienisch: Caldaro) einlegen. Aus der Vernatsch-Rebe wird der »Kalterer See« gekeltert, ein milder Rotwein, der den Ort und den See weltweit bekannt gemacht hat. Der Ort Kaltern besteht aus neun Fraktionen, die sich von 200 auf 600 Meter Höhe emporziehen. Die Rastenbachklamm führt über Treppen und Stege von Altenburg hinunter bis zum Kalterer See. Sehenswert ist die St.-Peter-Basilika in Altenburg. Der fast zwei Kilometer lange, vier Meter tiefe Kalterer See ist eines der saubersten Binnengewässer Italiens – und so besonders fischreich. Das flache Becken des als wärmster Alpensee geltenden Kalterer Sees ist Teil eines verlassenen Flussbetts der Etsch.

Nach der beeindruckenden Natur geht es in die Heimat des Gewürztraminers, des beliebten

Besonders im Frühjahr ist das Dorf Eppan eine Idylle inmitten blühender Apfelbäume.

würzigen Weißweins. In Tramin (italienisch: Termeno) ist das historische Ortszentrum sehr beschaulich, und das Traminer Dorfmuseum gibt einen spannenden Einblick in das Leben eines Südtiroler Weindorfs. Neben zahlreichen Weinlokalen fallen hier die Gotteshäuser auf: die gotische Pfarrkirche mit ihrem über 80 Meter hohen Kirchturm und den schönen Fresken aus dem 15. Jahrhundert, dazu St. Valentin und das romanische Kirchlein St. Jakob zu Kastelaz mit seinem beeindruckenden Freskenzyklus.

Der beschauliche Ort Auer (italienisch: Ora), einst im Überschwemmungsbereich des Schwarzenbachs auf einem Bachschutt- und Schotterkegel entstanden, erkennt man am Gesteinsmaterial seiner alten Häuser und Mauern. Heute ist der Bach verbaut und lagert nur noch selten seine Mitbringsel im besiedelten Gebiet ab. Hinter hohen Natursteinmauern liegen Weingärten. Die spätgotische Pfarrkirche mit ihrem Christophorus-Fresko erreicht man über mehrere Treppenstufen, die ebenfalls belegen, wie viel Gesteinsmasse über die Jahre aufgefüllt worden ist. Oberhalb vom Örtchen Auer erhebt sich die Naturoase Castelfelder, ein von karger submediterraner Vegetation überzogener Porphyrfelsen. Viele prähistorische Bauten unterschiedlicher Epochen geben einen Eindruck von einer langen Siedlungsgeschichte in dieser Region.

Einen krönenden Abschluss der äußerst lohnenswerten Route findet man in Neumarkt (italienisch: Egna). Das historische Zentrum ist von der Autobahn rasch anzusteuern und zu erreichen. Neumarkt wurde schon 1189 als Warenumschlagplatz angelegt. Ein besonderes Speditionsprivileg besagte damals, dass alle in den Ort gebrachten Waren im Ballhaus verzollt und sodann nur von Neumarktern weitertransportiert werden dürften. Unter schattigen Lauben sind heute nette Ladengeschäfte, Cafés, Vinotheken – darunter auch das bei Weinkennern beliebte »Johnson & Dipoli« – sowie Restaurants eingezogen, eine Mischung, die zum Bummeln und Verweilen einlädt. Teilweise noch wie in den alten Zeiten gelangt man über niedrige, von Kreuzgratgewölben bekrönte Durchgänge zu großen Höfen, wo einst die Handelswaren gelagert wurden. Filigrane gotische Steinmetzarbeiten und wunderbare Fresken sind in der St.-Nikolaus-Kirche zu sehen. Das Museum für Alltagskultur bietet einen interessanten Einblick in Leben und Wohnkultur der Neumarkter zur Zeit des 19. Jahrhunderts.

Die vom Weinanbau geprägte Landschaft rund um Kaltern und den Kalterer See bietet zalreiche Freizeitmöglichkeiten.

Die schönsten Bergtouren in Südtirol und den Dolomiten

Die Schönheit und Einzigartigkeit Südtirols lässt sich vermutlich nie ganz erschließen, auf Auto- und Städtetouren offenbaren sich dennoch schon so einige kulturelle und naturelle Schätze, und die Menschen dieses Landstrichs zeigen sich von ihrer ganz eigenen Seite. Südtirol wird landschaftlich aber vor allem von einem bestimmt: den Dolomiten. Um diese grandiose und einmalige Natur zu erfahren, erlebt man sie am besten hautnah bei ausgewählten Wander- und Bergtouren – sowohl für Fortgeschrittene als auch für Familien mit Kindern. Jeder kommt auf seine Kosten und Tipps zur möglichen Einkehr oder sogar Übernachtungsmöglichkeit bekommt man hier auch mit auf den Weg.

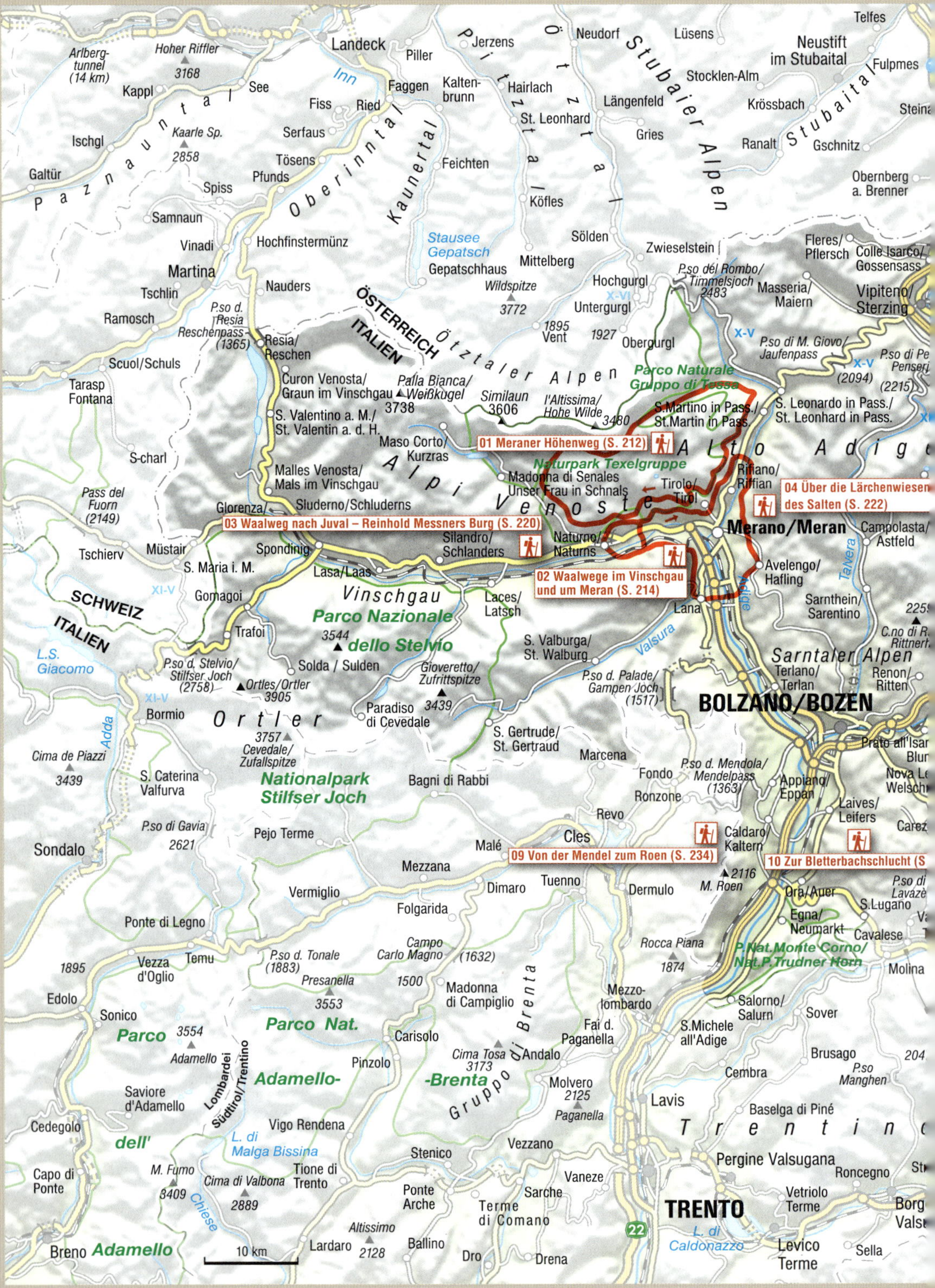
01 Meraner Höhenweg (S. 212)
02 Waalwege im Vinschgau und um Meran (S. 214)
03 Waalweg nach Juval – Reinhold Messners Burg (S. 220)
04 Über die Lärchenwiesen des Salten (S. 222)
09 Von der Mendel zum Roen (S. 234)
10 Zur Bletterbachschlucht (S
ÖSTERREICH
ITALIEN
SCHWEIZ
Ötztaler Alpen
Stubaier Alpen
Alpi Venoste
Alto Adige
Trentino
Ortler
Vinschgau
Parco Nazionale dello Stelvio
Nationalpark Stilfser Joch
Parco Naturale Gruppo di Tessa
Naturpark Texelgruppe
Parco Nat. Adamello-Brenta
Parco dell' Adamello
Gruppo di Brenta
Sarntaler Alpen
P.Nat.Monte Corno/ Nat.P.Trudner Horn
Landeck
Merano/Meran
BOLZANO/BOZEN
TRENTO
Lombardei Südtirol/Trentino
10 km

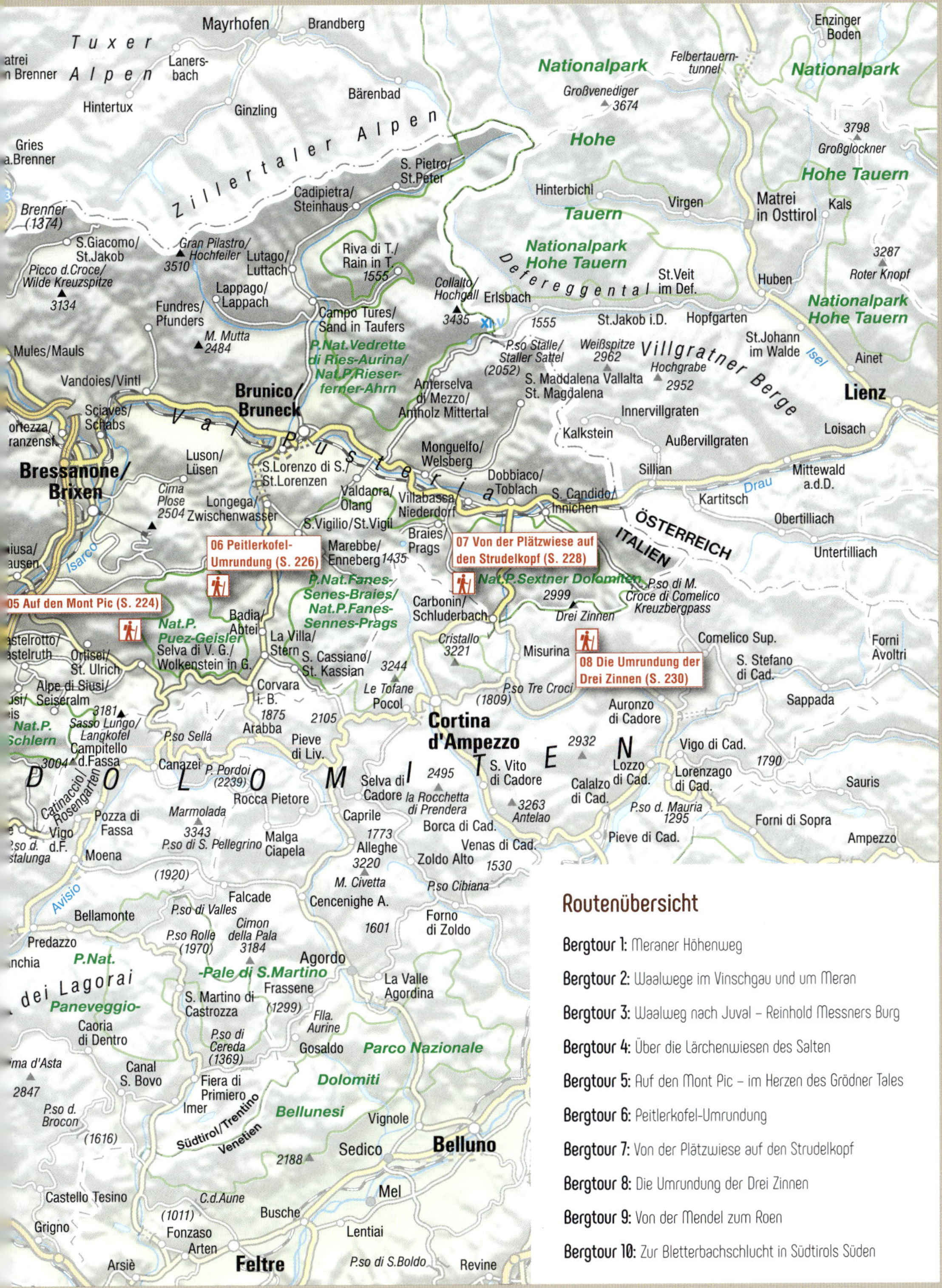

Routenübersicht

Bergtour 1: Meraner Höhenweg

Bergtour 2: Waalwege im Vinschgau und um Meran

Bergtour 3: Waalweg nach Juval – Reinhold Messners Burg

Bergtour 4: Über die Lärchenwiesen des Salten

Bergtour 5: Auf den Mont Pic – im Herzen des Grödner Tales

Bergtour 6: Peitlerkofel-Umrundung

Bergtour 7: Von der Plätzwiese auf den Strudelkopf

Bergtour 8: Die Umrundung der Drei Zinnen

Bergtour 9: Von der Mendel zum Roen

Bergtour 10: Zur Bletterbachschlucht in Südtirols Süden

Auf dem Meraner Höhenweg steigt der Wanderer zur Hohen Wilden im Pfossental auf.

Bergtour 1: Meraner Höhenweg

Der 1985 eröffnete Bergwanderweg bietet eine alpine Rundwanderung in sechs Tagesetappen mit viel Abwechslung und traumhaften Aussichten. Entlang der Route stehen Übernachtungsmöglichkeiten mit gewissem Komfort Wandernde.

Der Meraner Höhenweg kann ohne Übertreibung zu den schönsten Wanderrouten im Alpenraum gezählt werden. Er bietet geübten Bergwandernden spektakuläre Ausblicke und ein unvergleichliches Naturerlebnis. Interessant macht ihn auch, dass er durch verschiedene Vegetations- und Klimabereiche, von den sonnenverwöhnten Hängen bei Meran über die Hochalmen des Schnalstales bis an die Gletscher des Hochgebirges in einem der schönsten Gebiete des Naturparks Texelgruppe führt. Diese Gebirgsgruppe, ein Ausläufer der Ötztaler Alpen, liegt im Nordwesten Merans und umfasst Teile des Vinschgaues, des Schnals- und Passeiertales sowie des Meraner Beckens. Wandernde erhalten hier Einblick in die Welt der Bergbauern, die in jahrhundertelanger harter Arbeit diese Kulturlandschaft mitgestaltet haben.

Ein Vorteil des Höhenweges ist auch, dass er beliebig unterbrochen werden kann. Bei Schlechtwetter oder anderen Problemen wie überfüllten Unterkünften am Weg in der Hochsaison ist der Abstieg ins Tal mit Bus, Taxi, Seilbahn oder zu Fuß möglich. Der Weg verläuft vielfach auf relativ gleichbleibender Höhe (um 1500 Meter) entlang der Markierung 24 und ist für jeden routinierten Wanderer mit guter Kondition und richtigem Schuhwerk geeignet. Einige wenige exponierte Stellen sind durch Ketten, Seile oder Geländer gesichert. Dort bedarf es Trittsicherheit und Schwindelfreiheit. Teilstrecken eignen sich auch für eine Tageswanderung. Der Weg ist knappe 100 Kilometer lang, und die Gesamtgehzeit beträgt sechs Tage. Es gibt Übernachtungsmöglichkeiten in Gasthäusern, Ferienwohnungen und Schutzhütten entlang der Strecke, die sich auf die Weitwanderer eingestellt haben. Das Zimmerangebot ist beachtlich. Wer es etwas behaglich möchte, kann den Schlafsack also zu Hause lassen. Um aber auf Nummer sicher zu gehen, sollten die Quartiere zumindest in der Hochsaison vorbestellt werden.

Ein Tourenvorschlag beginnt im Dorf Katharinaberg (Bushaltestelle, freie Parkplätze, 1245 Meter), das 25 Kilometer nordwestlich von Meran im engen Schnalstal liegt.

Toureninfo:
Dauer: Gehzeit 6–7 Tage für die ca. 100 Kilometer, bei Tagesetappen von 5 bis 6 Stunden.
Beste Zeit: Juni–Oktober.
Eine Liste mit Unterkunftsmöglichkeiten, Streckenbeschreibungen, Höhenprofil, Zustieg- und Parkmöglichkeiten, Aufstiegsanlagen, Taxi- und Buslinien, Rucksackpackliste und mehr sind im Internet unter www.meranerland.com unter dem Stichort »Meraner Höhenweg« zu finden.

1. Etappe: Von Katharinaberg zum Eishof

Die Route führt von hier in das karge, einsame Pfossental, an der Pestkapelle sowie mehreren kleinen Höfen vorbei und zur kleinen Jausenstation Vorderkaser mit Gasthaus (1693 Meter). Dann zieht man weiter über die Rableid-Alm auf einem breiten Wanderweg zum Eishof (2069 Meter), der einst der höchstgelegene, ganzjährig bewohnte Bauernhof Südtirols war und jetzt ein Berggasthaus beherbergt. Diese Etappe wird von einer beeindruckenden Gipfelkulisse von Dreitausendern begleitet.

2. Etappe: Vom Eishof bis Pfelders Vom Eishof geht die Wanderung weiter taleinwärts,

Der Meraner Höhenweg bietet oberhalb des Dorfes Tirol entlang spektakuläre Aussichten.

Richtung Talschluss. Hier wird der Weg steiniger und führt mit gleichbleibender sanfter Steigung auf einer alten Militärstraße ins Hochgebirge bis zum Eisjöchl (2908 Meter), dem höchsten Punkt der Umrundung. Ein prächtiger Ausblick auf die Gipfel der Ortlergruppe im Westen belohnt für den geleisteten Aufstieg. Hier beginnt der Übergang von der Hochgebirgszone ins dichter besiedelte Passeiertal. Die Stettiner Hütte (2875 Meter) wurde 2014 nach starken Schneefällen von einer Lawine weitgehend zerstört. Nach dem Einrichten einer provisorischen Übernachtungsmöglichkeit konnte 2022 der Neubau eröffnet werden. Somit existiert wieder eine Möglichkeit, sich für den Abstieg nach Pfelders (1622 Meter) zu stärken.

3. Etappe: Von Pfelders bis Christl Jetzt verläuft der Weg über das Pfeldererta hinaus und südwärts über Inner- und Außerhütt (1500 Meter) in Ulfas. Vom Weiler Ulfas (1369 Meter) mit seinen knapp 40 Einwohnern führt die Wanderroute über den einsam gelegenen Gögelehof (1295 Meter) zur Jausenstation Christl (1132 Meter). Südlich prägt die Kulisse der Sarntaler Alpen das Bild, nordöstlich ist der Jaufenpass zu sehen.

Auf dem Meraner Höhenweg können einem Ziegen schon recht nahe kommen.

4. Etappe: Von Christl bis Hochmuth Nun verläuft der Weg am Steilhang entlang mit einmaligem Blick auf den Meraner Talkessel zu den abenteuerlich gelegenen Muthöfen (1200 Meter) am Hang der Mutspitze und oberhalb von Dorf Tirol. Trotz der exponierten Lage gewinnen die Bergbauern dem steilen Boden Kartoffeln und Roggen ab.

5. Etappe: Von Hochmuth bis Giggelberg
Die Wanderroute führt auf teils spektakulärem Steig weiter über das Hochganghaus (1839 Meter, höchster Punkt der Südroute) und einer alpinen Landschaft zur etwa zwei Kilometer entfernten Tablander Alm (1788 Meter). Von dort nimmt man den Höhenweg zur neu errichteten Nassereith-Alm (1523 Meter) hinunter, überquert den Zielbach und erreicht das Gasthaus Giggelberg (Bergstation der 2009 erreichteten Texelbahn, 1535 Meter).

6. Etappe: Von Giggelberg nach Katharinaberg Hier am Vinschgauer Sonnenberg reicht der Blick zum Etschtal, den fernen Dolomiten und bis zu den Gletschern der Ortlergruppe. Es folgen die Einkehrmöglichkeiten Hochforch (1555 Meter), Innerforch (1460 Meter) und Linthof (nahe der Bergstation der Seilbahn Unterstell, 1386 Meter), ehe es in den Endspurt geht, denn ab hier führt der Weg ins Schnalstal und weiter zum Startpunkt in Katharinaberg zurück.

In der Nähe von Meran führen Waale – die eine lange Tradition haben und den Waalwegen ihren Namen geben

Bergtour 2: Waalwege im Vinschgau und um Meran

Jahrhundertealte Wege, im Zuge der landwirtschaftlichen Wasserversorgung des Vinschgaus und Meraner Beckens entstanden, werden heute touristisch genutzt. Sie sind aufgrund geringer Schwierigkeitsgrade bei weniger routinierten Wanderern und Kindern beliebt.

Der Vinschgau und das Meraner Becken sind bekannt für viele Sonnentage und wenig Regen. Kaum 500 Millimeter Niederschlag pro Jahr entsprechen den Werten von Sizilien, was auf den ersten Blick sehr erfreulich klingt – aber viel zu wenig ist, um intensive Landwirtschaft ohne künstliche Bewässerung betreiben zu können. Schuld daran sind die fast 4000 Meter messenden Berge der Ortlergruppe im Süden und die kaum weniger hohen Ötztaler Alpen im Norden, welche als Schlechtwetterbarrieren wirken. Die Bauern behalfen sich mit Bewässerungsgräben, den sogenannten Waalen – vom lateinischen Wort »aqualis«. Durch diese schmalen Kanäle wurde das Schmelzwasser von Gletscherbächen, Flüssen oder Quellen zu den Feldern geleitet. Das »Wasserrecht« wurde brieflich festgehalten, denn es war oft der Grund für heftige Auseinandersetzungen. Der Beruf des Waalers entstand: Ein Arbeiter, der Tag und Nacht den Wasserfluss beobachten und Schäden durch herabfallende Äste, kleine Murenabgänge und Dammbrüche beheben musste sowie die Verteilung des Wassers nach festgelegtem Kalender auf die Felder zu kontrollieren hatte. Dazu diente der Begleitsteig des Waales. Bei langen Waalen wohnte der Waaler im Sommer in einer einfachen Behausung am Waal, in der »Waalerhütt«. Eine von einem Wasserrad betätigte Glocke zeigte ihm durch ihre Klänge an, dass das Wasser lief. Blieb die Glocke stumm, war das ein Warnsignal, den Grund des Wasserverlustes aufzuspüren. Von den vielen Hunderten Kilometern an Waalen sind die meisten freilich längst durch rationellere Bewässerungssysteme ersetzt worden, wobei unterirdische Rohre das Wasser an automatische Sprinkler verteilen. Zweihundert Kilometer dieser Kanäle sind aber nach wie vor in Betrieb, allerdings wird nur jeder vierte offen geführt. Bergseitig wird der Waal von einem munter rauschenden Bächlein begleitet – etwa dreißig Zentimeter tief, kalt und glasklar. Erst Anfang der 90er-Jahre wurde den Tourismusverantwortlichen der Wert dieser Waale und ihrer ebenen Begleitsteige bewusst. Genusswanderer und Familien mit Kindern lieben die gut befestigten Wege längs der Waale, denn sie queren den Steilhang mit einem kaum spürbaren Steigungswinkel und bieten meist eine prächtige Aussicht. Die viel begangenen Waalwege sind zum Markenzeichen der Vinschgauer und Meraner Landschaft geworden und vom Fremdenverkehrsangebot nicht mehr wegzudenken. Zwei besonders schöne Wege – ein längerer auf mehreren Etappen und ein kürzerer – sind in den nachstehenden Kapiteln zu entdecken.

Toureninfo:

Dauer: 6–8 Tage, 53,6 Kilometer, 1300 Höhenmeter | **Beste Zeit:** April bis Oktober
Die Meraner Waalrunde ist durchgehend mit Wegweisern, die ein blau-weißes Wassersymbol aufweisen, gekennzeichnet. Eine detaillierte Beschreibung mit Kartenskizzen und Infos zu öffentlichen Verkehrsmitteln, Parkplätzen, Sehenswürdigkeiten am Weg und mehr kann unter meranerland.com aus dem Internet heruntergeladen werden. Suchworte: Meraner Waalrunde pdf. Tel. Infobüro Meraner Land: 0473 20 04 43.

– durch in herbstliche Farben getauchte rebenbehangene Weinberge.

Besonders im Frühling, zur Obstbaumblüte, und im Herbst, wenn sich die Landschaft bunt einfärbt, sind Wanderungen auf den Waalwegen ein Genuss! Die Meraner Waalrunde fügt elf dieser Waalwege und entsprechende Verbindungswege zu einer durchgehenden 80 Kilometer langen Route zusammen. Sie umrundet das Meraner Becken und den unteren Vinschgau leicht erhöht über dem Tal auf 400 bis 900 Metern Höhe. Die ganze Strecke kann in acht Tagesetappen eingeteilt werden. Meran-Reisende mit Wanderlust können sich jeden Tag ein Stück davon vornehmen und dabei die zahlreichen am Weg liegenden kulturellen und historischen Sehenswürdigkeiten und Naturschönheiten bewundern. Der Weg sollte am besten in einzelnen Etappen begangen werden:

1. Etappe: Töllgraben – Kuens Ausgangspunkt ist auf der Talstufe Töll, oberhalb von Algund. Die zu Partschins gehörende Ortschaft an der Vinschgauer Straße verfügt über Parkmöglichkeiten, Bushaltestelle und Bahnhof der Vinschgauer Bahn. Der Algunder Waalweg – einer der schönsten Südtirols – geht sechs Kilometer lang bis nach Plars. Dann heißt es schwitzen, denn es geht bergauf auf dem Ochsentodweg (nomen est omen! – denn viele dieser Lasttiere sind schon auf dem steilen Gelände zuweilen tödlich abgestürzt) in Richtung Vellau und auf dem Kuenser Waalweg weiter zum Etappenende beim Gasthof Ungericht. Dauer: 4 Stunden, 11 Kilometer, 640 Höhenmeter.

2. Etappe: Kuens – Saltaus Vom Gasthof Ungericht führt der Weg kurz bergab zum Einstieg in den Riffianer Waalweg. Auf etwa 650 Metern über der Meereshöhe ober dem Passeiertal fließt das Wasser hier zwar unterirdisch, aber die Trasse ist einmalig schön und verläuft an bemoosten Felsen, unter Laubbäumen und zuletzt an Feldern entlang. Nach Riffian knüpft der Rösslsteig an, der an der Riffianer Wallfahrtskriche mit ihrem hübschen Zwiebelturm vorbeiführt und auf dem Wandernde zur Talstation der Hirzerseilbahn kommen. Dauer: 2.20 Stunden, 7,6 Kilometer, 260 Höhenmeter.

3. Etappe: Saltaus – Naiftal Vom Parkplatz der Bahn folgt man dem Weg zur Passer, überquert den Fluss und läuft nun dem Passerwaalweg entlang talauswärts. Nach drei Kilometern verlässt der Pfad den Wasserlauf, die Wegweiser führen den Wanderer bergauf zum Anschluss an den Schenner Waalweg, der sonnig sowie durch Mischwälder und Obstwiesen und mit prächtiger Aussicht durch Apfelgärten ins Naiftal führt. Dauer: 3.45 Stunden, 1 Kilometer, 420 Höhenmeter.

Startpunkt der mehrtägigen Wanderung: der Algunder Waalweg.

Waalwege

Diese ausgeklügelten Bewässerungskanäle wurden vor Jahrhunderten angelegt, um im regenarmen Vinschgau und Meraner Becken das kostbare Nass aus Bächen und Quellen abzuleiten und zu den Feldern zu bringen.

Die Begleitsteige der Waale, einst zur Instandhaltung durch Wartungsarbeiter genutzt, sind mittlerweile beliebte Wanderwege, da sie ohne große Steigung die Hänge queren und immer wieder tolle Ausblicke eröffnen.

Trutzig und imposant thront Schloss Tirol auf seinem Berg über dem gleichnamigen Dorf.

4. Etappe: Naif bis Lana Dies ist eine kontrastreiche Verbindungsetappe, bei der es nicht auf Waalwegen, sondern auf landschaftlich reizvollen Steigen und Güterwegen durch Obstwiesen, Rebgärten und Feldern auf der Ostseite des Meraner Beckens zwischen den Gärten von Schloss Trauttmansdorff, an Burgen und Schlössern vorbei und zuletzt das Etschtal querend bis Lana geht. Wer mehr Zeit einplant, kann sich im Castel Trauttmansdorff das Touriseum, das Südtiroler Landesmuseum für Tourismus, anschauen. Dauer: 3.45 Stunden, 13 Kilometer, 260 Höhenmeter.

5. Etappe: Von Lana zur Töll Diese Etappe führt zuerst vom südlichen Ortsrand von Lana auf dem Brandiswaalweg und später dem Jakobsweg leicht ansteigend in Richtung Norden aus der Ortschaft heraus. Es geht an Tscherms vorbei und auf den Tschermser und später Marlinger Waalweg. Der erste Teil der Wanderung lässt sich hervorragend in eine gemütliche Rundtour an den sonnigen Wäldern und Weinhängen um Schloss Lebenberg ausbauen. Später wird einem ein grandioser Blick auf das Meraner Becken geboten, bis die Etappe in der Töll an der Vinschgauer Straße endet. Dauer: 4 Stunde, 13 Kilometer, 300 Höhenmeter.

6. Etappe: Von Töll nach Rabland Diese kurze Etappe reicht von der Töll nach Rabland. Auf dem Peter Mitterhofer Weg geht es leicht bergauf nach Partschins, weiter auf dem Sagenweg (Markierung 7A), dann am Sonnenberg entlang, über den Zielbach und dann auf Markierung 1 dem Bachverlauf folgend, rechts ab auf einen Forstweg (Markierung 91) zum Rablander Waalweg und ans Ende dieser Etappe. Dauer 2.15 Stunden, 6 Kilometer, 280 Höhenmeter.

7. Etappe: Von Rabland nach Naturns Dieser Abschnitt führt auf schönen Wegen und Steigen vom westlichen Ortsrand auf dem Jakobsweg (Markierung 26, später 91) in ständigem Auf und Ab über den Pardellbach, später über den Lahnbach sowie einen Güterweg, dann auf den Wallburgweg den Sonnenberg entlang bis oberhalb von Naturns. Dann bringt der Naturlehrpfad (Weg Nr. 10) die Wanderer ins Dorfzentrum von Naturns. Dauer: 2.30 Stunden, 9,6 Kilometer, 400 Höhenmeter.

8. Etappe: Von Naturns zur Töll Die letzte Etappe dieser Wanderung startet vom Zentrum Naturns auf Weg Nr. 5 in südlicher Richtung. Auf den Themenwegen »Jesusweg« und »Rittersteig« (Markierung 1) geht es nun in leichten Steigungen und Gefällen durch idyllische Wiesen und Wälder, dann auf Weg 30A und kurz danach auf Weg 25 und dem Forstweg »Badlweg« zur Bahnhofsstraße und weiter auf dem Peter Mitterhofer Weg zum Ziel, dem Beginn des Marlinger Waalweges östlich der Töll. Dauer: 3.30 Stunden, 11 Kilometer, 640 Höhenmeter.

Heute befindet sich darin ein Museum – das Landesmuseum –, das es zu besichtigen gilt.

Der Waalweg bei Meran ist gesäumt von goldenen Reben.

Schloss Juval thront geradezu herrschaftlich oberhalb von Weinfeldern.

Bergtour 3: Waalweg nach Juval

Am Fuße der Ötztaler Alpen findet sich ein wahrliches Schmuckstück: Juval ist besonders für sein Schloss bekannt, das einem der bekanntesten Extrembergsteiger gehört und das Messner Mountain Museum beherbergt.

Im unteren Vinschgau, wo sich das Dörfchen Tschars an den Sonnenhang schmiegt und von ausgedehnten Apfelanlagen umgeben ist, liegt hoch oben auf einem Felsrücken, am Eingang zum Schnalstal, das Schloss Juval: die Sommerresidenz von Reinhold Messner, in der zahlreiche Exponate des Bergsteigers ausgestellt sind. Unterhalb der Burg fließt in einem schmalen offenen Kanal Wasser aus dem Schnalser Bach zur Bewässerung bis zu den Feldern von Tschars. Auf dem Begleitsteig dieses Waales verläuft ein bequemer Wanderweg, der das Dorf mit dem Schloss verbindet. An der Pfarrkirche mit dem Zwiebelturm vorbei folgt der Weg der Markierung 1A kurz bergauf zum eigentlichen Beginn des Tscharser Waales. Dann quert er, unmerklich steigend und etwas erhöht über dem Dorf, durch Laubmischwald und an bemoosten Felsen vorbei, mit prächtiger Aussicht über das Tal und zu den hohen Bergen der Ortlergruppe den sonnseitigen Hang. Mit der Markierung 3 und gegen die Fließrichtung des Wassers geht es ostwärts bis zur Jausenstation Sonnenhof. Hier führt ein romantischer, mit Steinen gepflasterter Weg kurz hinauf zum Schloss Juval. Die schön restaurierte Museumsburg lädt zur Besichtigung und der am Fuß des Burgfelsens liegende Schlosswirt zur Einkehr ein. Am Wasserlauf geht es in wenigen Minuten zurück zum Sonnenhof und von dort linker Hand mit der Markierung 1 bergab bis nach Staben sowie zum gleichnamigen Waalweg. Ohne Steigungen schlängeln sich im Anschluss Waal und Steig zum Falzrohrhof mit zahlreichen gemütlichen Ferienwohnungen, am Gasthof Himmelreich vorbei bis nach Tschars, wo der Rundweg endet.

Das Messner Mountain Museum enthält u. a. dessen Tibeka-Sammlung.

Toureninfo:
Dauer: 3 Stunden, Länge 8 Kilometer, 820 Höhenmeter | **Beste Zeit:** März bis November
Ausgangspunkt Tschars, Parkplatz und Bushaltestelle. Einkehr: Schlosswirt, Mi Ruhetag, Tel. 0473 66 80 56, schlosswirtjuval.it

Vom Gasthof Schlosswirt in Juval aus bietet sich ein traumhafter Ausblick auf die Ausläufer der Ötztaler Alpen.

Das Hochplateau zwischen Meran und Bozen lädt dazu ein, über die sanften, welligen und sonnenbeschienen Lärchenwiesen zu wandern.

Bergtour 4: Über die Lärchenwiesen des Salten

Der Salten ist Europas höchstes Lärchenhochplateau. Nahe Jenesien gelegen können hier wundervolle Wanderungen und auch Biketouren unternommen werden. Ständiger Begleiter ist das atemberaubende Panorama auf die Dolomiten.

Im Herzen von Südtirol dehnt sich zwischen Meran und Bozen ein sonniges Hochplateau, der Salten, aus: eine wunderbar sanfte, wellige, von Lärchenwiesen überzogene Landschaft. Dieses prächtige Gebiet wird von der vielleicht schönsten, mit Sicherheit aber der angenehmsten Etappe des über 3200 Kilometer langen Europäischen Fernwanderweges E5 gequert. Die meisten Wanderer starten in Oberstdorf im Allgäu und gehen in sieben Zwischenstationen nach Bozen. Die siebte und letzte, hier beschriebene Etappe beginnt an der Bergstation der Seilbahn Meran 2000 auf 1900 Metern Höhe. Sie führt auf gut markierten Wegen immer an der Baumgrenze über Almwiesen oder durch schütteren Wald mit unglaublich freier Sicht zur Meraner Hütte, über den Spieler und das Kreuzjöchl aufs Auener Jöchl, zur Möltner Kaser, wo sich auch gemütlich einkehren lässt, zum Sattel bei Schermoos (Möglichkeit die Tour zu unterbrechen, Bushaltestelle) bis zur Höhenkirche St. Jakob auf Langfenn mit angeschlossenem Berggasthaus und 360-Grad-Rundumsicht von den Dolomiten bis zum Ortler. Über herrliche Lärchenwiesen läuft der Weg sanft nach Jenesien (1100 Meter) aus, von wo man zu Fuß, mit Bus oder Seilbahn Bozen erreicht.

Toureninfo:
Dauer: 7 Stunden, 32 Kilometer, 2000 Höhenmeter | **Beste Zeit:** Frühling bis Herbst
Die Auffahrt von Meran aus geht über den Ortsteil Naif mit der Seilbahn Meran 2000 (weitere Informatioenen sind unter www.meran2000.com zu finden). Aufstieg von der Bergstation zur Meraner Hütte, ab hier Markierung E5. Info Seilbahn oder Bus Jenesien: www.sii.bz.it. Gasthaus Langfenn, auch Unterkunft in schönen Zimmern, Mobil-Tel. +39 349 62 45 059, www.langfenn.it. Nur sanfte An- und Abstiege, lang, aber leicht, keine alpinen Passagen.

Vereinzelte Holzhütten ergänzen die naturbelassenen Impressionen im Salten.

Ein sehr typisches Bild für den Salten: friedlich grasende Haflinger auf grünen Wiesen wie hier auf dem Tschögglberg.

Mit der Bergbahn Col Raiser von Wolkenstein aus erreicht man das gleichnamige Almhotel.

Bergtour 5: Auf den Monte Pic

Im Herzen des Grödner Tales bilden die drei Gemeinden St. Ulrich, St. Christina und Wolkenstein ein Tourismusparadies für Skifahrer. Doch nicht nur im Winter lohnt sich ein Besuch, im Sommer kommen Wanderer auf den Monte Pic definitiv auf ihre Kosten.

St. Ulrich im Grödner Tal wird von unberührter Natur eingerahmt.

Toureninfo:
Dauer: 5 Stunden, 15 Kilometer, 1600 Höhenmeter | **Beste Zeit:** Mai bis Oktober
Start Bergstation Col Raiser Gondelbahn (Tel.: 0471 79 20 89).
Einkehr am Weg: Fermedahütte, Curona-Hütte kurz oberhalb des Cuca-Sattels, Lech Sant-Hütte. Gut markierte Wege, keine Orientierungsschwierigkeiten. Die Route kann auch mit Kindern begangen werden.

Im Osten Südtirols liegt Gröden, der Inbegriff für mondänen Skitourismus und sportliches Felsklettern. Die typische Dolomitenlandschaft mit ausgezackten Felskämmen und mächtigen Dolomit-Monolithen, unterbrochen von Bergwiesen und -seen, umrahmt das Tal mit den drei Grödner Gemeinden und zugleich geschäftigen Fremdenverkehrsorten St. Ulrich, St. Christina und Wolkenstein. Der Monte Pic ist einer der prächtigsten Aussichtsberge, das Beste daran: Er ist auf einfachen und kurzen Wegen zu erreichen. Die Gondelbahn Col Raiser bringt die Wanderer schnell von St. Christina auf 2106 Meter. Bereits während der Fahrt beeindruckt der Ausblick zu den Felsriesen der Langkofelgruppe, deren höchster Gipfel stattliche 3181 Meter hoch aufragt. Von der Bergstation schlängelt sich der Weg westwärts mit wahrlich prächtigem Bergpanorama durch blumenreiche Almwiesen, an der Fermedahütte, in der man einkehren und gegebenenfalls sogar übernachten kann, vorbei, zum Cuca-Sattel (2153 Meter). Ab hier führt ein Steiglein am Kamm weiter zum Gipfelkreuz des Mont Pic (2363 Meter). Der Rückweg geht wieder zum Cuca-Sattel und nach einem undeutlichen Wiesenpfad an dem lieblichen Bergsee Lech Sant mit der danebenliegenden gemütlichen gleichnamigen Alm, an der man sich ausgiebig mit einer Marende stärken kann, vorbei und dann über Wiesen zur Fermedahütte und zur Bergstation zurück.

Robust ragt die kleine Kirche St. Jakob in St. Ulrich auf ihrem Berg und trotzt der Gewitter-Weltuntergangs-Stimmung um sie herum.

Fühlt sich nicht nur auf der Insel wohl: ein schottisches Rind vor dem Würzjoch.

Bergtour 6: Peitlerkofel-Umrundung

1978 wurde der Naturpark Puez-Geisler um den Peitlerkofel, dem höchsten Gipfel der gleichnamigen Gebirgsgruppe, gelegen eröffnet. Eine zauberhafte, wenn auch etwas anspruchsvolle Rundtour nimmt jeden Eindruck um den Berg mit.

Das gesamte Massiv vom Peitlerkofel im Norden bis zu den Flanken des Grödner- und Gadertals bildet den Naturpark Puez-Geisler. Der abwechslungsreiche Weg um den Peitlerkofel (2875 Meter), dem markanten nordwestlichsten Dolomitengipfel, führt durch Wälder und blumenreiche Matten an schroffen Felswänden und einer geologisch interessanten Schlucht vorbei. Startpunkt ist am Parkplatz Würzjoch auf 2004 Metern. Der Weg (Nr. 8A) geht gemütlich bergauf, am Rand der Schlucht des Moibaches vorbei zur zwischen Mai und Oktober geöffenten Almwirtschaft Munt de Furnela (2073 Meter). Er quert das Schotterkar unter den Peitlerwänden, um als steiler Steig in Kehren in einem Bachgraben bis zur Scharte mit Bergkreuz (2348 Meter, 1.30 Stunde) zu klettern. Hier öffnet sich der Blick weit über das Gadertal und zu den Gipfeln der östlichen Dolomiten. Nun senkt sich der Weg bergab (Markierung Nr. 4B) und erreicht dann in leichtem Auf und Ab durch schönste Almwiesen die Vaciarahütte (2090 Meter, 2.20 Stunden). Der Höhepunkt jeder Bergtour ist neben dem Gipfelglück die Einkehr in eine der vielen gemütlichen Jausenstationen. Die Vaciarahütte, jährlich ab Juni geöffnet, ist für eine Mittagspause günstig gelegen. Danach steigt der Steig zum Gömajoch (2108 Meter) und zur gleichnamigen Hütte, um dann abwechslungsreich durch Wald, Wiesen und Latschenbestände sowie an Felsblöcken vorbei zur idyllischen Munt-de-Furnela-Hütte und zurück zum Parkplatz am Würzjoch zu führen.

Toureninfo:
Dauer: 5 Stunden, Länge 17 Kilometer, 1800 Höhenmeter | **Beste Zeit:** Juni bis Oktober
Anfahrt zum Ausgangspunkt Würzjoch von Brixen je nach Verkehrslage nördlich oder südlich um die Plose herum oder von Osten über das Gadertal-Untermoj.

Die untergehende Sonne malt den prächtigen Peitlerkofel in Sand- und Pastellfarben – ein herrliches Postkartenmotiv!

Vom Strudelkopf hat man einen herrlichen Blick auf die Tofane – 1958 olympische Skiabfahrtsstrecke.

Bergtour 7: Von der Plätzwiese zum Strudelkopf

Ist das Pragser Tal zu beschreiben, dann zumeist mit unvergesslichen Naturplätzen wie dem Pragser Wildsee und der Plätzwiese hoch oberhalb des Tales. Von dort gelangt man zum Strudelkopf – und damit zurück in eine Zeit kriegerischer Auseinandersetzungen.

Mehrere Personen am Gipfelkreuz des Strudelkopf mit Cristallogruppe.

Toureninfo:
Dauer: 2–3 Stunden, 8 Kilometer, 579 Höhenmeter | **Beste Zeit:** April bis Oktoner
Parkplatz beim Gasthof Brückele am Talschluss des Altpragser Tales. Ab 10 Uhr Zufahrt zur Plätzwiese nur mit Shuttlebus. Mehrere Einkehrmöglichkeiten. Leichte und sichere Tour.

Die Plätzwiese ist ein sonniges weites Almgelände am Ende des Altpragser Tales. Die Hochalm ist von mächtigen Dolomitengipfeln umgeben: Im Westen steigt die Hohe Gaisl auf 3148 Meter auf, im Süden liegen die gewaltigen Zacken der Cristallo-Gruppe und im Osten läuft der Dürrenstein in die Buckel der Strudelköpfe aus. Ausgangspunkt ist das Gasthaus Plätzwiese. Wir begeben uns auf dem Steig Nr. 40 sanft über Wiesen hinauf, stoßen auf den Dolomitenweg Nr. 3 und folgen diesem nun südostwärts, bis er in eine breite Almstraße mündet, die jetzt wieder etwas ansteigend auf den Strudelkopfsattel (2212 Meter) zusteuert. Der Weg ist von typischer bunter Dolomitenflora gesäumt und das Kreuz auf der flachen Gipfelkuppe bereits auszumachen. Nach weiteren 20 Gehminuten erreicht man den Strudelkopf (2312 Meter). Der Ausblick ist fantastisch: Wie Theaterkulissen schiebt sich eine Gipfelgruppe vor die andere. Im Südosten liegen die Drei Zinnen, die Symbolberge der Dolomiten, im Norden reicht der Blick ins Pustertal und weiter zum Alpenhauptkamm. Für den Rückweg nehmen wir den Weg Nr. 34, der uns zur Dürrnsteinhütte – einer gemütlichen Einkehr – und von dort zurück zur Plätzwiese bringt. Das Gebiet um diese herum war im Ersten Weltkrieg Schauplatz erbitterter Kämpfe zwischen österreichischen und italienischen Gebirgstruppen. Davon zeugen Kasernenruinen, die militärische Sperranlage Dürrenstein sowie Schützengräben im Gipfelbereich.

Vom Strudelkopf aus genießt man einen unverstellten, einmaligen Blick auf die schroffen, unverkennbaren Drei Zinnen.

Spätnachmittags scheinen die Berge fast golden.

Bergtour 8: Die Umrundung der Drei Zinnen

Der markante Gebirgsstock in den Sextner Dolomiten an der Grenze zwischen den italienischen Provinzen Belluno im Süden und Südtirol im Norden lässt sich auf einer kleinen Rundtour optimal von allen Seiten betrachten.

Was für ein Panorama, welch beeindruckender Anblick! Im Osten Südtirols ragen die »Drei Zinnen« bis auf 2999 Meter in den Himmel. Sie sind die Symbolberge der Dolomiten. Ihre senkrechten Nordwände leuchten gelb, rundherum breitet sich eine mit Geröll übersäte Hochfläche aus, in die glitzernde Bergseen und karge Grasweiden eingebettet sind. Die Besteigung der Zinnen, besonders der Nordwände, zählt zu den begehrtesten Kletterzielen der Alpinisten. Aber auch Wanderer kommen in diesem Gebiet auf ihre Kosten: bei einer leichten Rundwanderung um die Drei Zinnen gegen den Uhrzeigersinn, mit Startpunkt bei der Auronzohütte (2322 Meter). Ein guter, klar beschilderter Weg (Nr. 101) zieht sich an der Zinnen-Südseite entlang, nach einer knappen halben Stunde an der privat geführten Lavaredohütte (2334 Meter; italienisch: Rifugio Lavaredo) vorbei zum Paternsattel, wo sich herrliche Ausblicke zu den nahen Felswänden eröffnen. Hier zeigen sich die Drei Zinnen in ihrer ganzen majestätischen Größe und in der weltbekannten Silhouette. Ein kleiner Abstecher führt zur großen und viel besuchten Dreizinnenhütte (italienisch: Rifugio A. Locatelli), die für ihren Ausblick auf die Nordwände des Gebirgsstocks berühmt ist. Leicht bergab quert der Weg Nr. 105 das Rienztal und steigt wieder zur Langalm (gemütliche Einkehr, 2235 Meter) auf. Ein etwas schmalerer Steig umrundet auf der Westseite die Felstürme und führt wieder zum Ausgangspunkt an der Auronzohütte zurück.

Toureninfo:

Dauer: 3 Stunden, Länge: 9,6 Kilometer, 776 Höhenmeter | **Beste Zeit:** Juli bis September
Anfahrt über das Pustertal und Toblach in einer knappen Dreiviertelstunde durch das Höhlensteintal (Valle di Landro) und über Schluderbach auf den Misurinasattel. Die Abzweigung zur Auronzohütte wird vom kleinen Hotel L'albergo Dolomiti des Alpes markiert.

Geradezu das Must-see der Dolomiten: die Drei Zinnen, Paternkofel und Dreizinnenhütte im Gesamtblick.

Drei Zinnen

Die Dolomiten viel mehr als nur die Drei Zinnen, und dennoch ist diese Bergformation einfach sehr charakteristisch und unverkennbar. Am höchsten erhebt sich die Große Zinne (2999 Meter) in der Mitte zwischen der Westlichen (2973 Meter) und der Kleinen Zinne (2857 Meter) Zum Umrunden eignen sie sich genauso wie zum Erklettern – und lassen Wandernde obendrein fantastische Ausblicke erleben.

Vom Gipfelplateau des Roen bietet sich eine tolle Sicht auf Bozen.

Bergtour 9: Von der Mendel zum Roen

35 Kilometer lang und nur geringe Höhenunterschiede auf seinem Gipfelkamm – das Mendelgebirge wirkt oftmals beinahe so wie mit einem Lineal gezeichnet, das von Trentino nach Südtirol reicht. Der Roen überschreitet als Einziger die 2000-Meter-Marke.

Im Südwesten Südtirols überragt das Mendelgebirge das Etschtal und bildet die Sprach- und Provinzgrenze zum Trentino. Für die Bewohner aus Eppan, Kaltern und Tramin ist die Mendel ihr Hausberg, der durch eine Passstraße und eine Standseilbahn erschlossen wurde. Zu den beliebtesten Wanderungen zählt jene auf den »Roen«, die mit 2113 Meter höchste Erhebung des Mendelkammes. Ausgangspunkt der Tour ist der Mendelpass, auf den von Kaltern eine Standseilbahn führt. Sie ist eine der höchsten und steilsten der Welt, sodass bereits die Auffahrt in den Panoramawaggons ein Erlebnis ist. Bei der Bergstation auf 1369 Metern beginnt der mit Nr. 500 markierte Weg. Er zieht sich in Kammnähe in Richtung Süden mit leichter, konstanter Steigung zur Enzianhütte, zur Halbweghütte, einem Familienbetrieb seit 1959 samt Sonnenterrasse und Kinderspielplatz, und zur Alm Malga di Romeno (Roenalm), in der es auch Übernachtungsmöglichkeiten gibt. Bis hier beträgt die Gehzeit 2 Stunden. Nun beginnt der eigentliche Gipfelanstieg. In etwa einer Stunde ist die flache, grasige Gipfelkuppe erreicht. Die Aussicht ist großartig! Es gibt kaum einen Berg, der die Aufstiegsmühen mit einer so atemberaubenden Rundsicht belohnt: Tief im Tal liegt die Stadt Bozen, dahinter ragen die Dolomitenzacken empor, im Norden und Westen blitzen die auch im Sommer schneebedeckten Gipfel des Alpenhauptkammes und im Süden liegen die Brenta und die Gardaseeberge ausgebreitet. Der Rückweg ist aufgrund der Abschüssigkeit des Roen mit dem Hinweg identisch.

Toureninfo:
Dauer: Hin- und Rückweg: 6 Stunden. 840 Höhenmeter | **Beste Zeit:** Mai bis Oktober
Start Bergstation Mendelstandseilbahn, hier auch PKW-Parkplatz. Informationen zur Standseilbahn sind unter www.sii.bz.it zu finden. Lang, aber leicht. Keine alpinen Passagen.

Der Blick geht über den mit Dunst behangenen Kalterer See und die Weinberge hinweg hin zur atemberaubenden Bergkulisse.

Grandios ist der Rundumblick vom Weißhorn über die Schlucht.

Bergtour 10: Zur Bletterbachschlucht

Eine Tour durch Südtirols größte Schlucht ist zugleich eine Reise durch Jahrmillionen der Erdgeschichte. Wandernden gewährt sie einen Blick in das Innere der Berge und damit den Aufbau der Dolomiten – für Geologieinteressierte ein absolutes Muss.

Die Bletterbachschlucht gehört zum Teil des UNESCO-Weltnaturerbe Dolomiten.

Toureninfo:
Dauer: 3,5–4 Stunden, Länge: 10,8 Kilometer, 956 Höhenmeter | **Beste Zeit:** Mai bis September
Anfahrt von Aldein über Lerch zum Besucherzentrum in etwa nur einer Viertelstunde, Parkplatz (gebührenpflichtig: www.bletterbach.info).

Hoch über dem Etschtal, oberhalb der Dörfer Auer, Montan, Radein und Aldein, ragt das Weißhorn, ein einsamer Dolomitengipfel abseits der Hauptgruppe wie eine Laune der Natur steil empor. Auf seiner Westseite hat sich durch die Erosion eines Gebirgsbaches eine gewaltige Felsenschlucht gebildet – die Bletterbachschlucht. Wie in einem offenen Buch sind hier mehrere Kapitel der Erdgeschichte »nachzulesen«, denn an den Wänden des Canyons sind die einzelnen Gesteinsschichten, die sich in Jahrmillionen gebildet haben, klar sichtbar. Aufgrund ihrer Einzigartigkeit und wissenschaftlichen Bedeutung ist die Bletterbachschlucht in die Welterbe-Liste der UNESCO aufgenommen worden. Bei einer leichten Wanderung am Rande dieser Schlucht kann der Besucher in die Entstehungsgeschichte der Erde eintauchen. Der Wald-Lehrpfad beginnt am Parkplatz bei der Lahneralm (rustikale Einkehr) und führt auf breitem, geschottertem Weg, der mit Rollstuhl und Kinderwagen befahrbar ist, durch Wald und Wiesen zu einem Aussichtspunkt mit atemberaubendem Blick in den Canyon hinunter.

Wer es aufregender mag, leiht sich im Besucherzentrum einen Helm und nimmt an einer mehrstündigen Führung durch die Schlucht teil. Eine Wanderung durch die Bletterbachschlucht mit ausgebildeten Führern bietet unvergessliche Natur- und Gemeinschaftserlebnisse und eröffnet dem Wanderer völlig neue Blickwinkel.

Eine Wanderung über die gut angelegten Wege in der Bletterbachschlucht, eingerahmt von den Felswänden, ist ein Erlebnis für sich.

Register

A = Alamy; C = Corbis; G = Getty; M = Mauritius Images

S. 2-3 Look/Othmar Seehauser; S. 4-5 Look/Norbert L. Maier; S. 6 Look/ClickAlps; S. 7 Look/Jalag/Gregor Lengler; S. 10-11 Look/Othmar Seehauser; S. 12-13 Look/Bastian Linder; S. 14-15 G/Hiroshi Higuchi; S. 16 G/Anita Stizzoli; S. 17 M/David Lyons; S. 17 Look/Othmar Seehauser; S. 17 Andrew Mayovskyy/Shutterstock.com; S. 18 Look/ClickAlps; S. 18 Look/Bethel Fath; S. 19 Look/ClickAlps; S. 19 M/Alamy; S. 19 M/Norbert Eisele-Hein; S. 20 Look/Heinz Wohner; S. 20 Marco Taliani de Marchio/Shutterstock.com; S. 20 Edler von Rabenstein/Shutterstock.com; S. 21 Look/Andreas Strauß; S. 21 Look/O. Seehauser; S. 22-23 M/Martin Braito; S. 23 Zigres/Shutterstock.com; S. 23 G/Gianni Giansanti; S. 24 G/ Todd Gipstein; S. 24 Andrea Contrini/Shutterstock.com; S. 24 Look/Heinz Wohner; S. 25 Look/Othmar Seehauser; S. 25 Look/O. Seehauser; S. 26-27 Look/Stephan Schulz; S. 28 Artenex/Shutterstock.com; S. 28 Edith Czech/Shutterstock. com; S. 29 G/Simeone Huber; S. 29 Look/Stephan Schulz; S. 29 Look/Wolfgang Ehn; S. 30 Look/Helge Bias; S. 30 Look/ Othmar Seehauser; S. 30 Look/Helmuth Rier; S. 32 Look/ Helmuth Rier; S. 32 unununius photo/Shutterstock.com; S. 32-33 Look/Helge Bias; S. 33 M/Alamy; S. 34-35 G/ Helmuth Rier; S. 36 Look/Andreas Straufl; S. 36-37 Look/O. Seehauser; S. 37 Look/Rainer Martini; S. 37 Look/Wolfgang Ehn; S. 38 M/Fritz Breig; S. 38-39 Look/Othmar Seehauser; S. 39 Look/Peter von Felbert; S. 39 Look/age fotostock; S. 40-41 Look/Othmar Seehauser; S. 41 Look/robertharding; S. 41 Look/Helmuth Rier; S. 41 Look/Helmuth Rier; S. 42-43 Look/Andreas Straufl; S. 44 Look/Rainer Mirau; S. 45 Look/ Andreas Strauß; S. 45 Eder/Shutterstock.com; S. 45 Look/ Rainer Mirau; S. 46 Look/ClickAlps; S. 47 M/Dr. Wilfried Bahnmüller; S. 47 Look/Helge Bias; S. 48-49 C/Jose Fuste Raga; S. 48 Gimas/Shutterstock.com; S. 49 FooTToo/ Shutterstock.com; S. 49 G/DEA/A. De Gregorio; S. 49 Alexandros A Lavdas/Shutterstock.com; S. 50 M/Bernd Römmelt; S. 50 M/Christian Vorhofer; S. 51 Rabanser/ Shutterstock.com; S. 51 G/Bosca78; S. 52-53 Look/Andreas Straufl; S. 54 Look/Helmuth Rier; S. 54 Look/O. Seehauser; S. 55 Look/Othmar Seehauser; S. 56-57 Look/Andreas Straufl; S. 56 M/Dr. Wilfried Bahnmüller; S. 57 Look/Helge Bias; S. 58 Edler von Rabenstein/Shutterstock.com; S. 59 M/ Bernd Römmelt; S. 59 Bernhard Klar/Shutterstock.com; S. 60-61 Look/Helmuth Rier; S. 61 footageclips/Shutterstock. com; S. 61 footageclips/Shutterstock.com; S. 62 M/Dr. Wilfried Bahnmüller; S. 62-63 Look/Othmar Seehauser; S. 63 LianeM/Shutterstock.com; S. 63 Look/Marion Lafogler; S. 64 Look/O. Seehauser; S. 64 Artem Gorlanov/Shutterstock.com; S. 64 TonelloPhotography/Shutterstock.com; S. 65 G/Danita Delimont; S. 65 Look/age fotostock; S. 66-67 Look/Andreas Straufl; S. 68 M/Profimedia; S. 68 Look/O. Seehauser; S. 68 M/Dr. Wilfried Bahnmüller; S. 69 Look/Andreas Strauß; S. 69 M/Christian Handl; S. 70-71 Look/Helmuth Rier; S. 71 Look/ Helmuth Rier; S. 71 Look/Franz Marc Frei; S. 71 Look/Othmar Seehauser; S. 72-73 Look/Othmar Seehauser; S. 74 Look/ Andreas Straufl; S. 74-75 Look/Daniel Schoenen Fotografie; S. 75 Look/Andreas Straufl; S. 76 Look/Andreas Strauß; S. 76 Look/Rainer Mirau; S. 77 G/Andreas Strauss; S. 77 Look/ Andreas Strauß; S. 78-79 Look/Thomas Stankiewicz; S. 80 Look/Helmuth Rier; S. 80-81 Look/Andreas Strauß; S. 81 M/ Martin Braito; S. 81 M/Oliver Brandt; S. 82-83 Look/Othmar Seehauser; S. 82-83 Look/O. Seehauser; S. 83 Look/ robertharding; S. 84-85 G/Helmuth Rier; S. 85 M/Alamy; S. 85 Look/Helmuth Rier; S. 85 Look/Helmuth Rier; S. 86-87 Look/Othmar Seehauser; S. 86 G/Wilfried Krecichwost; S. 87 Look/Helmuth Rier; S. 87 Look/Helmuth Rier; S. 88-89 Look/ Martin Siering Photography; S. 90 Look/Othmar Seehauser; S. 91 Look/Othmar Seehauser; S. 91 Alexandros A Lavdas/ Shutterstock.com; S. 92-93 Sergej Borzov/Shutterstock.com; S. 93 M/Alamy; S. 93 Look/Helmuth Rier; S. 94 Look/Helmuth Rier; S. 94 Look/Helmuth Rier; S. 94 saiko3p/Shutterstock. com; S. 96 Look/Helge Bias; S. 96 Look/O. Seehauser; S. 97 Look/Rainer Martini; S. 97 Look/O. Seehauser; S. 98 Look/ Andreas Straufl; S. 98 Look/Helmuth Rier; S. 99 Look/O. Seehauser; S. 99 Look/O. Seehauser; S. 100-101 Look/ Andreas Straufl; S. 102 Look/Helmuth Rier; S. 102 Look/ Othmar Seehauser; S. 103 M/BAO; S. 103 Look/Helmuth Rier; S. 104-105 Look/O. Seehauser; S. 105 Look/Helmuth Rier; S. 105 Look/Marion Lafogler; S. 105 Look/O. Seehauser; S. 106 M/Allesfoto; S. 106 Look/age fotostock; S. 107 Look/ age fotostock; S. 107 Look/O. Seehauser; S. 107 Look/ Helmuth Rier; S. 107 Look/Helmuth Rier; S. 107 Look/ Helmuth Rier; S. 108 Look/Othmar Seehauser; S. 109 LuX Clara/Shutterstock.com; S. 109 C/Japy; S. 109 M/ CuboImages; S. 110-111 Look/David Köster; S. 112 Look/ Helmuth Rier; S. 112 Look/Jan Greune; S. 113 Look/Martin Kreuzer; S. 113 M/Christian Handl; S. 114 M/imageBROKER; S. 114 Look/Andreas Strauß; S. 115 Look/Franz Brugger; S. 115 Look/Helmuth Rier; S. 115 M/Hans Pfleger; S. 116 Daan Kloeg/Shutterstock.com; S. 116 Look/Helmuth Rier; S. 117 Look/Helmuth Rier; S. 117 gualtiero boffi/Shutterstock. com; S. 118-119 Look/age fotostock; S. 119 Look/Avalon. red2; S. 119 Look/ClickAlps; S. 119 G/Patrick Frischknecht; S. 120 Landscape Nature Photo/Shutterstock.com; S. 120-121 Look/Tobias Richter; S. 121 Look/Andreas Straufl; S. 121 Look/age fotostock; S. 121 Look/age fotostock; S. 122 Look/Steffen Hoppe; S. 122 Look/Othmar Seehauser; S. 123 Look/Thomas Stankiewicz; S. 123 M/Christian Handl; S. 124-125 Look/Othmar Seehauser; S. 125 M/Gillian Price; S. 125 Look/Andreas Straufl; S. 125 Look/Andreas Strauss; S. 126 M/Thonig; S. 126 Look/Helmuth Rier; S. 126 M/ CuboImages; S. 127 Look/Andreas Strauß; S. 127 G/ Hans-Peter Merten; S. 128 G/LatitudeStock - Bill Bachmann; S. 128 Look/Andreas Straufl; S. 129 Alessandro Pierpaoli/ Shutterstock.com; S. 129 G/Alberto Simonetti; S. 130-131 Look/Andreas Strauss; S. 131 venars.original/Shutterstock. com; S. 131 Look/Thomas Stankiewicz; S. 131 marcinswiostek/Shutterstock.com; S. 132-133 G/Stefano Rossi Photography www.srphoto.it; S. 134 Bildagentur Zoonar GmbH/Shutterstock.com; S. 134-135 G/; S. 135 M/Christian Handl; S. 136-137 Look/Ralf Gantzhorn; S. 138 Look/Rainer Mirau; S. 139 M/Alamy; S. 139 M/CuboImages; S. 139 M/ CuboImages; S. 139 M/CuboImages; S. 140 Bizi88/ Shutterstock.com; S. 140 M/CuboImages; S. 140 Look/Rainer Mirau; S. 141 G/De Agostini/A. Dagli Orti; S. 141 m.bonotto/ Shutterstock.com; S. 141 M/Ralf Gerard; S. 142-143 Look/ Danita Delimont; S. 143 M/CuboImages; S. 143 M/ CuboImages; S. 143 Look/Rainer Mirau; S. 144 M/ CuboImages; S. 144 M/CuboImages; S. 144 Look/The Travel Library; S. 145 C/Sopa RF; S. 145 G/DEA /S. Vannini; S. 146 Look/ClickAlps; S. 147 Look/ClickAlps; S. 147 M/Lisa und Wilfried Bahnmüller; S. 148-149 lorenza62/Shutterstock. com; S. 149 Look/ClickAlps; S. 149 MarinaGreen/ Shutterstock.com; S. 150 Look/ClickAlps; S. 150 M/United Archives; S. 151 C/Luciano Gaudenzio/SOPA RF; S. 151 G/De Agostini/A. Dagli Orti; S. 151 lorenza62/Shutterstock.com; S. 152-153 Look/ClickAlps; S. 154 M/CuboImages; S. 154 bayazed/Shutterstock.com; S. 155 M/CuboImages; S. 155 Look/Andreas Straufl; S. 155 Look/Helge Bias; S. 156 Look/ Andreas Strauß; S. 156 Look/Peter von Felbert; S. 157 M/ CuboImages; S. 157 Look/ClickAlps; S. 157 M/CuboImages; S. 158-159 M/CuboImages; S. 159 Look/Franz Marc Frei; S. 159 M/Alamy; S. 160 M/CuboImages; S. 160 Look/ ClickAlps; S. 161 Look/Andreas Straufl; S. 161 Look/Wolfgang Ehn; S. 161 M/CuboImages; S. 162-163 Look/Andreas Straufl; S. 164 Look/robertharding; S. 164 Look/ClickAlps; S. 165 Look/ClickAlps; S. 165 M/Alamy; S. 166-167 Look/ Ralf Gantzhorn; S. 168 gab90/Shutterstock.com; S. 168 Look/ Andreas Straufl; S. 168 M/CuboImages; S. 169 Look/Andreas Straufl; S. 169 M/CuboImages; S. 170-171 Look/Danita Delimont; S. 172-173 Look/Andreas Straufl; S. 174 Look/ Danita Delimont; S. 174 Look/Danita Delimont; S. 175 Look/ robertharding; S. 175 Look/Andreas Strauß; S. 176-177 Look/age fotostock; S. 177 Look/Andreas Straufl; S. 177 Look/Andreas Straufl; S. 177 G/Matteo Colombo; S. 178 Look/Danita Delimont; S. 178 Look/ClickAlps; S. 179 G/ Maremagnum; S. 179 Look/ClickAlps; S. 179 Look/Dave Derbis; S. 180 Look/age fotostock; S. 180 Look/ClickAlps; S. 181 Look/ClickAlps; S. 181 Look/ClickAlps; S. 182-183 Daniel Prudek/Shutterstock.com; S. 184-185 Look/Danita Delimont; S. 184 Look/Hans Georg Eiben; S. 185 Nicola Simeoni/Shutterstock.com; S. 185 M/Cesare Re; S. 186 Look/ Andreas Straufl; S. 186 Look/ClickAlps; S. 187 Look/Helmuth Rier; S. 187 Look/ClickAlps; S. 187 M/United Archives; S. 188 William.Vaccaro/Shutterstock.com; S. 188 Sergio Delle Vedove/Shutterstock.com; S. 189 Dragoncello/Shutterstock. com; S. 189 Look/ClickAlps; S. 190-191 Look/Andreas Straufl; S. 192-193 Look/Heinz Wohner; S. 195 Look/ Andreas Straufl; S. 196 LianeM/Shutterstock.com; S. 197 Look/Andreas Strauß; S. 197 Daan Kloeg/Shutterstock.com; S. 197 Look/Rainer Mirau; S. 197 Look/Heinz Wohner; S. 198 Look/age fotostock; S. 198 Look/Andreas Strauß; S. 199 Look/Helge Bias; S. 199 Look/Heinz Wohner; S. 200 M/ Christian Vorhofer; S. 201 Look/Andreas Strauß; S. 201 G/ Simeone Huber; S. 201 M/Markus Keller; S. 201 G/Slow Images; S. 202 Look/Helge Bias; S. 203 Look/Jalag/Gregor Lengler; S. 203 Look/O. Seehauser; S. 203 RudiErnst/ Shutterstock.com; S. 204 Look/Helmuth Rier; S. 205 Look/ Andreas Strauß; S. 205 G/F Pritz; S. 205 Look/O. Seehauser; S. 205 Look/Andreas Strauß; S. 206-207 Look/Rainer Mirau; S. 206 Look/Andreas Straufl; S. 207 Look/Thomas Stankiewicz; S. 208-209 Look/Bastian Linder; S. 212 M/ imageBROKER; S. 213 M/Go-images; S. 213 Look/Andreas Straufl; S. 214-215 M/Christian Handl; S. 215 Look/Stephan Schulz; S. 216-219 Look/Stephan Schulz; S. 218-219 M/ Christian Handl; S. 219 M/Christian Handl; S. 220 Look/ Helmuth Rier; S. 220 Look/Thomas Stankiewicz; S. 221 Look/ Jalag/Moritz Hoffmann; S. 222-223 C/Bildverlag Bahnmüller; S. 223 Look/Helmuth Rier; S. 222-223 M/Hans Lippert; S. 224 Look/Heinz Wohner; S. 224 shirmanov aleksey/ Shutterstock.com; S. 225 M/Gerhard Wild; S. 226 Look/ Othmar Seehauser; S. 226-227 C/Peter Sürth; S. 228 Look/ Andreas Straufl; S. 228 Look/Andreas Straufl; S. 229 M/ Sandra Schnitzer; S. 230 M/Norbert Eisele-Hein; S. 230-231 Look/Helmuth Rier; S. 232-233 Look/Norbert L. Maier; S. 234 Look/ClickAlps; S. 234-235 Look/O. Seehauser; S. 236 Look/O. Seehauser; S. 236 Look/O. Seehauser; S. 237 G/Franz-Marc Frei

Genehmigte Sonderausgabe für Weltbild GmbH & Co. KG
Ohmstraße 8a, 86199 Augsburg

b2b@kunth-verlag.de
Projektleitung: Micaela Verfürth

Umschlaggestaltung: Atelier Seidel, Teising
Umschlagmotive: Shutterstock / Yevhenii Chulovskyi; Felix Lipov

Printed in Slovenia

ISBN 978-3-8289-4059-8

Besuchen Sie uns im Internet:
www.weltbild.de

Verlagsleitung: Grit Müller
Redaktion: Anna Eckerl
Lektorat: Buch & Media GmbH, München
Gestaltung: Ulrike Lang
Texte: Robert Fischer, Oswald Stimpfl
Karten: © MAIRDUMONT GmbH & Co. KG, Marco-Polo-Straße 1, D-73751 Ostfildern